国家社会科学基金（教育学）重大项目（VDA200004）阶段性研究成果
北京外国语大学"双一流"建设标志性项目（BW202018）阶段性研究成果

"一带一路"国家文化教育大系　　　总主编　王定华

古巴
文化教育研究

República de Cuba
Cultura y Educación

李明　朱婕　居丽坤　著

外语教学与研究出版社
FOREIGN LANGUAGE TEACHING AND RESEARCH PRESS
北京 BEIJING

图书在版编目（CIP）数据

古巴文化教育研究 / 李明，朱婕，居丽坤著 . -- 北京：外语教学与研究出版社，2022.9

（"一带一路"国家文化教育大系 / 王定华总主编）
ISBN 978-7-5213-3974-1

Ⅰ．①古… Ⅱ．①李… ②朱… ③居… Ⅲ．①教育研究–古巴 Ⅳ．①G575.1

中国版本图书馆 CIP 数据核字 (2022) 第 173030 号

出 版 人　王　芳
项目负责　孙凤兰　巢小倩
责任编辑　巢小倩
责任校对　孙凤兰
装帧设计　李　高
出版发行　外语教学与研究出版社
社　　址　北京市西三环北路 19 号（100089）
网　　址　http://www.fltrp.com
印　　刷　北京盛通印刷股份有限公司
开　　本　787×1092　1/16
印　　张　17　　彩插 1 印张
版　　次　2022 年 10 月第 1 版　2022 年 10 月第 1 次印刷
书　　号　ISBN 978-7-5213-3974-1
定　　价　138.00 元

购书咨询：(010) 88819926　电子邮箱：club@fltrp.com
外研书店：https://waiyants.tmall.com
凡印刷、装订质量问题，请联系我社印制部
联系电话：(010) 61207896　电子邮箱：zhijian@fltrp.com
凡侵权、盗版书籍线索，请联系我社法律事务部
举报电话：(010) 88817519　电子邮箱：banquan@fltrp.com
物料号：339740001

"一带一路"国家文化教育大系编写委员会

顾　　问：顾明远　　马克垚　　胡文仲

总 主 编：王定华

委　　员（按姓氏音序排列）：

常福良	戴桂菊	郭小凌	金利民	柯　静	李洪峰
刘宝存	刘　捷	刘生全	刘欣路	钱乘旦	秦惠民
苏莹莹	陶家俊	王　芳	谢维和	徐　辉	徐建中
杨慧林	张民选	赵　刚			

"一带一路"国家文化教育大系编审委员会

主　　任：王　芳

副 主 任：徐建中　　刘　捷

秘 书 长：孙凤兰

委　　员（按姓氏音序排列）：

蔡　喆	柴方圆	巢小倩	杜晓沫	华宝宁	焦缨添
刘相东	刘真福	马庆洲	彭立帆	石筠弢	孙　慧
万作芳	王名扬	杨鲁新	姚希瑞	苑大勇	张小玉
赵　雪	祝　军				

巴拉德罗海滩

哈瓦那市街景

古巴节日庆典

何塞·马蒂纪念碑

内政部大楼外侧的切·格瓦拉铁线雕像

国会大厦

哈瓦那大剧院

棒球比赛

古巴小学生（1—3年级佩戴蓝领巾）

古巴小学生（4—6年级佩戴红领巾）

古巴中学生

哈瓦那大学

哈瓦那大学孔子学院课堂

哈瓦那大学孔子学院举办中国书法活动

2009年，古巴国务委员会代表利塞特·迪亚斯·卡斯特罗一行访问北京外国语大学

2011年，古巴与各国人民友好协会主席凯尼娅·塞拉诺一行访问北京外国语大学

出版说明

2013年9月7日，国家主席习近平提出共建"丝绸之路经济带"重大倡议。2013年10月3日，习近平主席提出共建"21世纪海上丝绸之路"重大倡议。两者合称"一带一路"倡议。以2013年金秋为起点，"一带一路"倡议作为构建人类命运共同体的伟大设想，在开拓和平、繁荣、开放、绿色、创新、文明之路的非凡征程中，孕育生机和活力，汇聚信心和期待，在世界范围内广受欢迎和响应。

文化交流、文明互鉴是构建人类命运共同体的人文基础。文化发展，教育先行。作为"共和国外交官的摇篮"、文化教育的主动践行者、"一带一路"倡议的踊跃响应者和构建人类命运共同体的积极参与者，北京外国语大学在党委书记王定华教授的带领下，放眼世界，找准坐标，勇于担当，主动作为，深耕文化教育相关领域，研究、策划并组织编写了"一带一路"国家文化教育大系（以下简称大系）。国内相关高校和研究机构的众多专家学者献计献策，踊跃参加，形成了一个范围广泛、交流互动、共同进步的"一带一路"国家文化教育学术研究共同体。大系旨在填补国内相关研究领域的学术空白，实现"一带一路"国家教育研究全覆盖，为中国教育"走出去"和相关国家先进教育理念"请进来"提供科学理论和实践指导，具有重要的学术价值。同时，大系服务国家重大战略，通过分期分批出版，形成规模和品牌，向中国共产党建党一百周年和"一带一路"倡议提出十周年献礼，具有深远的意义。

作为国家社会科学基金（教育学）重大项目"新时代提升中国参与全球教育治理的能力及策略研究"、北京外国语大学"双一流"建设标志性项目"'一带一路'国家文化教育研究"的课题研究成果和北京外国语大学党委的"奋进之举"，大系秉承学术性与可读性兼顾的原则，对"一带一路"国家文化教育理论与实践问题展开深入研究，从国情概览、文化传统、教育历史、学前教育、基础教育、高等教育、职业教育、成人教育、教师教育、教育政策、教育行政、教育交流等方面，全景擘画"一带一路"国家的教育风貌，帮助读者了解"一带一路"国家教育的历史与现状、经验与特点，为我国教育的发展和对外交流合作提供有益的借鉴、思考与启迪。

肆虐全球的新冠肺炎疫情严重影响了各国人民的生产生活，带来了二战以来人类面临的最严重的全球性危机，同时也再次阐述了人类命运共同体深刻内涵的世界性意义。在疫情防控常态化背景下，大系所有专家学者不畏困难，齐心协力，直面挑战，守望相助，化危为机，切实履行了响应和支持"一带一路"倡议的承诺。在此，特别感谢大系总策划、总主编王定华教授，以及所有顾问、编委和作者的心血倾注、智慧贡献和努力付出。

外语教学与研究出版社对大系的编写和出版工作给予了高度重视。自2019年项目启动以来，外研社抽调精锐力量成立大系工作组，多次组织相关部门和人员召开选题论证会，商建编委会，召开全体作者大会，制订周密、科学的出版计划，以保证项目的顺利开展和图书的优质出版。目前，大系的出版工作已取得阶段性成果，预计在2023年"一带一路"倡议提出十周年之前，将分期分批推出数量和规模可观的、具有相当科研价值和学术价值的系列专著。期望大系的编写和出版能为"一带一路"建设、中外教育交流及我国文化教育发展发挥基础性、服务性、广远性的作用。

外语教学与研究出版社

2021年4月

总　序

王定华

改革开放以来，中国各项事业取得了巨大成就。中国经济和世界经济高度关联，中国一以贯之地坚持对外开放的基本国策，构建全方位开放新格局，深度融入世界经济体系。2013年9月和10月，习近平主席在出访中亚和东南亚国家期间，先后提出共建"丝绸之路经济带"和"21世纪海上丝绸之路"的重大倡议（以下简称"一带一路"倡议），得到国际社会的高度关注。其中，"丝绸之路经济带"东边牵着亚太经济圈，西边系着发达的欧洲经济圈，是世界上最长、最具发展潜力的经济大走廊；"21世纪海上丝绸之路"串起连通东盟、南亚、西亚、北非、欧洲等各大经济板块的市场链，发展面向南海、太平洋和印度洋的战略合作经济带，以亚欧非经济贸易一体化为发展的长期目标。

一、精准把握"一带一路"倡议的时代意蕴

"经济带"概念是对地区经济合作模式的创新。其中经济走廊涵盖中蒙

俄经济走廊、新亚欧大陆桥、中国–中亚–西亚经济走廊、孟中印缅经济走廊、中国–中南半岛经济走廊等，以经济增长极辐射周边，超越了传统发展经济学理论。"丝绸之路经济带"概念不同于历史上所出现的各类"经济区"与"经济联盟"，同后两者相比，经济带具有灵活性高、适用性广以及可操作性强的特点，各国都是平等的参与者，本着自愿参与、协同推进的原则，发扬古丝绸之路兼容并包的精神。

"一带一路"倡议是我国在新时代推进全方位对外开放的重要举措，为当今世界提供了一个充满东方智慧、实现共同发展的中国方案，也是对历史文化传统的高度尊重，凝聚了世界各国利益的最大公约数。丝绸之路是起始于古代中国，连接亚洲、非洲和欧洲的古代陆上商业贸易路线，最初的作用是运输古代中国出产的丝绸、瓷器等商品，后来成为东方与西方之间在经济、政治、文化等方面进行交流的主要通道。1877年，德国地质、地理学家李希霍芬（F. P. W. Richthofen）在其著作《中国》一书中，把公元前114年至公元127年，中国与中亚、中国与印度间以丝绸贸易为媒介的这条西域交通道路命名为"丝绸之路"，这一名词很快为学术界和大众所接受，并正式运用。其后，德国历史学家赫尔曼（A. Herrmann）在20世纪初出版的《中国与叙利亚之间的古代丝绸之路》一书中，根据新发现的文物考古资料，进一步把丝绸之路延伸到地中海西岸和小亚细亚，并确定了丝绸之路的基本内涵，即它是中国古代与中亚、南亚、西亚以及欧洲、北非的陆上贸易交往通道。进入21世纪，海上丝绸之路也被纳入丝绸之路的涵盖范围，即从中国沿海港口过南海到印度洋并延伸至欧洲，从中国沿海港口过南海到南太平洋。随着时代的发展，"丝绸之路"成为古代中国与西方所有政治经济文化往来通道的统称。

推进"一带一路"建设既是中国扩大和深化对外开放的需要，也是加强和世界各国互利合作的需要，中国愿意承担更多责任和义务，为人类和平发展做出更大的贡献。文明交流互鉴是构建人类命运共同体的重要途径，是推动人类文明共同进步、实现世界和平发展的重要动力。共建"一带一路"要顺应世界多极化、经济全球化、文化多样化、社会信息化的潮流，秉持开放的区域合作精神，致力于推动"一带一路"各国实现经济政策协调，开展更大范围、更高水平、更深层次的区域合作，共同打造开放、包容、均衡、普惠的区域经济合作架构，维护全球自由贸易体系和开放型世界经济格局。

"一带一路"贯穿亚欧非大陆，一头是活跃的东亚经济圈，一头是发达的欧洲经济圈，中间广大腹地国家经济发展潜力巨大。根据"一带一路"走向，陆上依托国际大通道，以中心城市为支撑，以重点经贸产业园区为合作平台，共同打造新亚欧大陆桥以及中蒙俄、中国—中亚—西亚、中国—中南半岛等国际经济合作走廊；海上以重点港口为基点，共同建设通畅安全高效的运输大通道。

"一带一路"建设是有关国家开放合作的宏大经济愿景，需要各国携手努力，朝着互利互惠、共同安全的目标相向而行：努力实现区域基础设施更加完善，安全高效的陆海空通道网络基本形成，互联互通达到新水平；投资贸易便利化水平进一步提升，高标准自由贸易区网络基本形成，经济联系更加紧密，政治互信更加深入；人文交流更加广泛深入，不同文明互鉴共荣，各国人民相知相交、和平友好。

"一带一路"倡议是具有开放性和包容性的友好建议。当今世界是一个开放的世界，开放带来进步，封闭导致落后。中国认为，只有开放才能发现机遇、抓住并用好机遇、主动创造机遇，才能实现国家的奋斗目标。"一带一路"倡议就是要把世界的机遇转变为中国的机遇，把中国的机遇转变为世界的机遇。正是基于这种认知与愿景，"一带一路"倡议以开放为导向，冀望通过加强交通、能源和网络等基础设施的互联互通建设，促进经济要素有序自由流动、资源高效配置和市场深度融合，开展更大范围、更高水平、更深层次的区域合作，打造开放、包容、均衡、普惠的区域经济合作架构，以此来解决经济增长和平衡问题。"一带一路"倡议的开放包容性是区别于其他区域性经济倡议的一个突出特点。

"一带一路"倡议是超越地缘政治的务实合作的广阔平台。"和平合作、开放包容、互学互鉴、互利共赢"的丝路精神是人类共有的历史财富，"一带一路"倡议就是秉承这一精神与原则提出的新时代重要倡议，通过加强相关国家间的全方位多层面交流合作，充分发掘与发挥各国的发展潜力与比较优势，形成互利共赢的区域利益共同体、命运共同体和责任共同体。在这一机制中，各国是平等的参与者、贡献者、受益者。因此，"一带一路"倡议从一开始就具有平等性、和平性特征。平等是中国坚持的重要国际准则，也是"一带一路"建设的关键基础。只有建立在平等基础上的合作才能是持久的合作，也才会是互利的合作。"一带一路"倡议平等包容的合作特征为其推进减轻了阻力，提升了共建效率，有助于国际合作真正"落地生根"。同时，"一带一路"建设离不开和平安宁的国际环境和地区环境，和平是"一带一路"建设的本质属性，也是保障其顺利推进所不可或缺的重要因素。这些就决定了"一带一路"倡议不应该也不可能沦为大国政治较量的工具，更不会重复地缘博弈的老路。

"一带一路"倡议是政府、企业、团体共同发力的项目载体。"一带一路"建设是在双边或多边联动基础上通过具体项目加以推进的，是在进行充分政策沟通、战略对接以及市场运作后形成的发展倡议与规划。2017年5月发布的《"一带一路"国际合作高峰论坛圆桌峰会联合公报》强调了建设"一带一路"的合作原则，其中就包括市场运作原则，即充分认识市场作用和企业主体地位，确保政府发挥适当作用，政府采购程序应开放、透明、非歧视。可见，"一带一路"建设的核心主体与支撑力量并不是政府，而是企业，根本方法是遵循市场规律，并通过市场化运作模式来实现参与各方的利益诉求，政府在其中发挥构建平台、创立机制、政策引导等指向性、服务性功能。

"一带一路"倡议是与现有相关机制对接互补的有益渠道。参与"一带一路"建设的国家要素禀赋各异，比较优势差异明显，互补性很强。有的国家能源资源富集但开发力度不够，有的国家劳动力充裕但就业岗位不足，有的国家市场空间广阔但产业基础薄弱，有的国家基础设施建设需求旺盛但资金紧缺。我国目前经济总量居全球第二，外汇储备居全球第一，优势产业越来越多，基础设施建设经验丰富，装备制造能力强、质量好、性价比高，具备资金、技术、人才、管理等综合优势。这就为我国与其他"一带一路"建设参与方实现产业对接与优势互补提供了现实可能与重大机遇。因而，"一带一路"倡议的核心内容就是要加强基础设施建设和促进互联互通，对接各国政策和发展战略，以便深化务实合作，促进协调联动发展，实现共同繁荣。由此可见，"一带一路"倡议不是对现有地区合作机制的替代，而是与现有机制互为助力、相互补充。实际上，"一带一路"建设已经与俄罗斯主导的欧亚经济联盟、印尼全球海洋支点发展规划、哈萨克斯坦光明之路经济发展战略、蒙古国草原之路倡议、欧盟欧洲投资计划、埃及苏伊士运河走廊开发计划等实现了对接与合作，并形成了一批标志性项目，如中哈（连云港）物流合作基地。作为新亚欧大陆桥经济走廊建设成果之一，中哈（连云港）物流合作基地初步实现了深水大港、远洋干线、中欧班列、物流场站的无缝对接。该项目与哈萨克斯坦光明之路经济发展战略高度契合。

"一带一路"倡议是促进人文交流的沟通桥梁。"一带一路"倡议跨越不同区域、不同文化、不同宗教信仰，但它带来的不是文明冲突，而是各文明间的交流互鉴。"一带一路"倡议在推进基础设施建设、加强产能合作与发展战略对接的同时，也将"民心相通"作为工作重心之一。民心相通是"一带一路"建设的社会根基。民心相通就是要传承和弘扬丝绸之路友好合作精神，广泛进行文化交流、学术交流、人才交流往来、媒体合作、青年和妇女交往、志愿者服务等，为深化双边和多边合作奠定坚实的民意基础。一是扩大相互间留学生规模，开展合作办学；国家间互办文化年、艺术节、电影节、电视周和图书展等活动，深化国家间人才交流合作。二是加强旅游合作，扩大旅游规模，联合打造具有丝绸之路特色的国际精品旅游线路和旅游产品。三是强化与周边国家在传染病疫情信息沟通、防治技术交流、专业人才培养等方面的合作，提高合作处理突发公共卫生事件的能力。四是加强科技合作，共建联合实验室（研究中心）、国际技术转移中心、海上合作中心，促进科技人员交流，合作开展重大科技攻关，共同提升科技创新能力。五是整合现有资源，开拓和推进参与国家在青年就业、创业培训、职业技能开发、社会保障管理服务、公共行政管理等共同关心领域的务实合作。六是充分发挥政党、议会交往的桥梁作用，加强国家之间立法机构、主要党派和政治组织的友好往来，互结友好城市。七是加强各国民间组织的交流合作，重点面向基层民众，广泛开展教育、医疗、减贫开发、生物多样性和生态环保等主题的各类公益慈善活动，改善贫困地区生产生活条件；加强文化传媒领域的国际交流合作，积极利用网络平台，运用新媒体工具，塑造和谐友好的文化生态和舆论环境；通过强化民心相通，弘扬丝绸之路精神，开展智力丝绸之路、健康丝绸之路等建设，在科学、教育、文化、卫生、民间交往等领域广泛合作，使"一带一路"建设的民意基础更为坚实，社会根基更加牢固。"一带一路"建设就是要以文明交流超越文明隔阂，以文明互鉴超越文明冲突，以文明共存超越文明优越，为相关国家人民加强交流、增进理解搭起新的桥梁，为不同文化和文明加强对话、交流互鉴织就新的纽带，推动各国相互理解、相互尊重、相互信任。

"一带一路"是促进共同发展、实现共同繁荣的友谊之路。共建"一带一路"旨在促进各国发展战略的对接和耦合，有利于发掘区域市场的潜力，推动经济要素有序自由流动、资源高效配置和市场深度融合，促进投资和消费，创造需求和就业，增进各国人民的人文交流与文明互鉴，从而让各国人民相逢相知、互信互敬，共享和谐、安宁、富裕的生活。共建"一带一路"符合国际社会的根本利益，彰显了人类社会的共同理想和美好追求，是国际合作及全球治理新模式的积极探索，将为世界和平发展增添新的正能量。中国政府倡议秉持和平合作、开放包容、互学互鉴、互利共赢的理念，全方位推进务实合作，打造政治互信、经济融合、文化包容的利益共同体、命运共同体和责任共同体。

"一带一路"倡议已经得到世界上众多国家和地区的积极响应，成为维护全球自由贸易体系和开放型世界经济的重要支撑。截至2021年1月30日，中国已经同171个国家和国际组织签署205份共建"一带一路"合作文件。[1] 特别是2017年5月第一届"一带一路"国际合作高峰论坛、2019年4月第二届"一带一路"国际合作高峰论坛和2019年5月亚洲文明对话大会的成功举办，充分彰显了我国开放、包容的大国外交风范。在此背景下，我们一方面应致力于向世界介绍中国，推动中国文化"走出去"，讲好中国故事；另一方面也应加强对"一带一路"国家的历史、文化、语言、教育、艺术等方面的介绍和研究，让中国人民更多地了解"一带一路"国家的具体国情，特别是文化传统和教育体系。

"一带一路"倡议合作范围不断扩大，合作领域愈加广阔。它不仅给参与各方带来了实实在在的合作红利，也为世界贡献了应对挑战、创造机遇、强化信心的智慧与力量。

当今世界，新冠肺炎疫情带来诸多挑战，局部战争风险依然存在，经济增长动能不足，"逆全球化"思潮涌动，地区动荡持续，恐怖主义蔓延。和平赤字、发展赤字、治理赤字带来的严峻问题，已摆在全人类面前。这充分说明现有的全球治理体系面临结构性问题，亟须找到新的破解之策与应对方略。作为一个新兴大国，中国有能力、有意愿同时也有责任为完善全球治理体系贡献智慧与力量。面对新挑战、新问题、新情况，中国给出

---

[1] 中国一带一路网. 我国已签署共建"一带一路"合作文件205份[EB/OL].（2021-01-30）[2021-02-23]. https://www.yidaiyilu.gov.cn/xwzx/gnxw/163241.htm.

的全球治理方案是：构建人类命运共同体，实现共赢共享。"一带一路"倡议正是朝着这个目标努力的具体实践。"一带一路"倡议强调各国的平等参与、包容普惠，主张携手应对世界经济面临的挑战，开创发展新机遇，谋求发展新动力，拓展发展新空间，共同朝着人类命运共同体方向迈进。正是本着这样的原则与理念，"一带一路"倡议针对各国发展的现实问题和治理体系的短板，创立了亚洲基础设施投资银行、丝路基金等新型国际机制，构建了多形式、多渠道的交流合作平台。这既能缓解当今全球治理机制代表性、有效性、及时性难以适应现实需求的困境，在一定程度上扭转公共产品供应不足的局面，提振国际社会参与全球治理的士气与信心，又能满足发展中国家尤其是新兴市场国家变革全球治理机制的现实要求，大大增强了新兴国家和发展中国家的话语权，是推进全球治理体系朝着更加公正合理方向发展的重大突破。

"一带一路"倡议涵盖了发展中国家与发达国家，实现了"南南合作"与"南北合作"的统一，有助于推动全球均衡可持续发展。"一带一路"建设以基础设施建设为着眼点，促进经济要素有序自由流动，推动中国与相关国家的宏观政策的对接与协调。对于参与"一带一路"建设的发展中国家来说，这是一次搭中国经济发展"快车""便车"，实现自身工业化、现代化的历史性机遇，有利于推动"南南合作"的广泛展开，同时也有助于增进"南北对话"，促进"南北合作"的深度发展。不仅如此，"一带一路"倡议的理念和方向同联合国《2030年可持续发展议程》也高度契合，完全能够加强对接，实现相互促进。联合国秘书长古特雷斯表示，"一带一路"倡议与《2030年可持续发展议程》都以可持续发展为目标，都试图提供机会、全球公共产品和双赢合作，都致力于深化国家和区域间的联系。

二、深入推动"一带一路"国家的教育交流

2020年6月印发的《教育部等八部门关于加快和扩大新时代教育对外开放的意见》指出,教育对外开放是教育现代化的鲜明特征和重要推动力,要以习近平新时代中国特色社会主义思想为指导,坚持教育对外开放不动摇,主动加强同世界各国的互鉴、互容、互通,形成更全方位、更宽领域、更多层次、更加主动的教育对外开放局面。

教育为国家富强、民族繁荣、人民幸福之本,在共建"一带一路"中具有基础性和先导性作用。教育交流为各国民心相通架设桥梁,人才培养为各国政策沟通、设施联通、贸易畅通、资金融通提供支撑。各国间教育交流源远流长,教育合作前景广阔,大家携手发展教育,合力共建"一带一路",是造福各国人民的伟大事业。推进"一带一路"国家教育共同繁荣,既是加强与各国教育互利合作的需要,也是推进中国教育改革发展的需要,中国愿意在力所能及的范围内承担更多责任和义务,为区域教育大发展做出更大的贡献。

(一)教育合作的原则

"一带一路"国家教育合作应遵循四个重要原则。

一是育人为本,人文先行。加强合作育人,提高区域人口素质,为共建"一带一路"提供人才支撑。坚持人文交流先行,建立区域人文交流机制,搭建民心相通桥梁。

二是政府引导,民间主体。政府加强沟通协调,整合多种资源,引导教育融合发展。发挥学校、企业及其他社会力量的主体作用,活跃教育合作局面,丰富教育交流内涵。

三是共商共建,开放合作。坚持共商、共建、共享,推进各国教育发

展规划相互衔接，实现各国教育融通发展、互动发展。

四是和谐包容，互利共赢。加强不同文明之间的对话，寻求教育发展最佳契合点和教育合作最大公约数，促进各国在教育领域互利互惠。

（二）教育合作的重点

"一带一路"各国教育特色鲜明、资源丰富、互补性强、合作空间巨大。中国将以基础性、支撑性、引领性三方面举措为建议框架，开展三方面重点合作，对接各国意愿，互鉴先进教育经验，共享优质教育资源，全面推动各国教育提速发展。

1．开展教育互联互通合作

一是加强教育政策沟通。开展"一带一路"国家教育法律、政策协同研究，构建各国教育政策信息交流通报机制，为各国政府推进教育政策互通提供决策建议，为各国学校和社会力量开展教育合作交流提供政策咨询。积极签署双边、多边和次区域教育合作框架协议，制定各国教育合作交流国际公约，逐步疏通教育合作交流政策性瓶颈，实现学分互认、学位互授联授，协力推进教育共同体建设。

二是助力教育合作渠道畅通。推进"一带一路"国家间签证便利化，扩大教育领域合作交流，形成往来频繁、合作众多、交流活跃、关系密切的携手发展局面。鼓励有合作基础、相同研究课题和发展目标的学校缔结姊妹关系，逐步深化和拓展教育合作交流。举办校长论坛，推进学校间开展多层次、多领域的务实合作。支持高等学校依托优势学科和专业，建立"产学研用"相结合的国际合作联合实验室（研究中心）、国际技术转移中心，共同应对各国在经济发展、资源利用、生态保护等方面面临的重大挑战与机遇。打造"一带一路"国家学术交流平台，吸引各国专家学者、青年学生开展研究和学术交流。推进"一带一路"国家优质教育资源共享。

三是促进语言互通。研究构建语言互通协调机制，共同开发语言互通开放课程，逐步将国家语言课程纳入各国的学校教育课程体系。拓展政府间语言学习交换项目，联合培养、相互培养高层次语言人才。发挥外国语院校人才培养优势，推进基础教育多语种师资队伍建设和外语教育教学工作。扩大语言学习国家公派留学人员规模，倡导各国与中国院校合作在华开办本国语言专业。支持更多社会力量助力孔子学院和孔子课堂建设，加强汉语教师和汉语教学志愿者队伍建设，全力满足不同国家的汉语学习需求。

四是推进民心相通。鼓励学者开展或合作开展中国课题研究，增进各国对中国发展模式、国家政策、教育文化等各方面的理解。建设国别和区域研究基地，与对象国合作开展经济、政治、教育、文化等领域研究。逐步将理解教育课程、丝路文化遗产保护纳入各国中小学教育课程体系，加强青少年对不同国家文化的理解。加强"丝绸之路"青少年交流，注重通过志愿服务、文化体验、体育竞赛、创新创业活动和新媒体社交等途径，增进不同国家青少年对其他国家文化的理解。

五是推动学历学位认证标准联通。推动落实联合国教科文组织《亚太地区承认高等教育资历公约》，支持联合国教科文组织建立世界范围学历互认机制，实现区域内双边、多边学历学位关联互认。呼吁各国完善教育质量保障体系和认证机制，加快推进本国教育资历框架开发，助力各国学习者在不同种类和不同阶段教育之间进行转换，促进终身学习社会的建设。共商、共建区域性职业教育资历框架，逐步实现就业市场的从业标准一体化。探索建立各国教师专业发展标准，促进教师流动。

2．开展人才培养培训合作

一是实施"丝绸之路"留学推进计划。设立"丝绸之路"中国政府奖学金，为各国专项培养行业领军人才和优秀技能人才。全面提升来华留学人才培养质量，把中国打造成为深受各国学子欢迎的留学目的地。以国家公派留学为引领，推动更多中国学生到"一带一路"其他国家留学。坚持"出国留学和来华留学并重、公费留学和自费留学并重、扩大规模和提高质量并重、依法管理和完善服务并重、人才培养和发挥作用并重"，完善全链条的留学人员管理服务体系，保障平安留学、健康留学、成功留学。

二是实施"丝绸之路"合作办学推进计划。有条件的中国高等学校开展境外办学要集中优势学科，选好合作契合点，做好前期论证工作，构建科学的人才培养模式、运行管理模式、服务当地模式、公共关系模式，使学校顺利落地生根、开花结果。发挥政府引领、行业主导作用，促进高等学校、职业院校与行业企业深度产教融合。鼓励中国优质职业教育配合高铁、电信运营等行业企业"走出去"，探索开展多种形式的境外合作办学，合作设立职业院校、培训中心，合作开发教学资源和项目，开展多层次职业教育和培训，培养当地急需的各类"一带一路"建设者。整合资源，积极推进与各国在青年就业培训等共同关心领域的务实合作。倡议国家之间开展高水平合作办学。

三是实施"丝绸之路"师资培训推进计划。开展"丝绸之路"教师培训，加强先进教育经验交流，提升区域教育质量。加强"丝绸之路"教师交流，推动各国校长交流访问、教师及管理人员交流研修，推进优质教育模式在各国的互学互鉴。大力推进各国优质教学仪器设备、教材课件和整体教学解决方案的输出，跟进教师培训工作，促进各国教育资源和教学水平均衡发展。

四是实施"丝绸之路"人才联合培养推进计划。推进国家间的研修访学活动。鼓励各国高等院校在语言、交通运输、建筑、医学、能源、环境工程、水利工程、生物科学、海洋科学、生态保护、文化遗产保护等国家发展急需的专业领域联合培养学生，推动联盟内或校际教育资源共享。

3．共建丝路合作机制

一是加强"丝绸之路"人文交流高层磋商。开展国家间的双边、多边人文交流高层磋商，商定"一带一路"教育合作交流总体布局，协调推动各国建立教育双边和多边合作机制、教育质量保障协作机制和跨境教育市场监管协作机制，统筹推进"一带一路"教育共同行动。

二是充分发挥国际合作平台作用。发挥上海合作组织、东亚峰会、亚太经合组织、亚欧会议、亚洲相互协作与信任措施会议、中阿合作论坛、东南亚教育部长组织、中非合作论坛、中巴经济走廊、孟中印缅经济走廊、中蒙俄经济走廊等现有双边、多边合作机制的作用，增加教育合作的新内涵。借助联合国教科文组织等国际组织力量，推动各国围绕实现世界教育发展目标形成协作机制。充分利用中国–东盟教育交流周、中日韩大学交流合作促进委员会、中阿大学校长论坛、中非高校20+20合作计划、中日大学校长论坛、中韩大学校长论坛、中俄综合性大学联盟等已有平台，开展务实的教育合作交流。支持在共同区域、有合作基础、具备相同专业背景的学校组建联盟，不断延展教育务实合作平台。

三是实施"丝绸之路"教育援助计划。发挥教育援助在"一带一路"教育共同行动中的重要作用，逐步加大教育援助力度，重点投资于人、援助于人、惠及于人。发挥教育援助在"南南合作"中的重要作用，加大对相关国家尤其是最不发达国家的支持力度。统筹利用国家、教育系统和民间资源，为相关国家培养培训教师、学者和各类技能人才。积极开展优质教学仪器设备、整体教学方案、配套师资培训一体化援助。加强中国教育培训中心和教育援外基地建设。倡议各国建立政府引导、社会参与的多元化经费筹措机制，通过国家资助、社会融资、民间捐赠等渠道，拓宽教育经费来源，做大教育援助格局，实现教育共同发展。

三、精心组织"一带一路"国家文化教育大系的编著出版

在编写"一带一路"国家文化教育大系过程中，应当全面了解国内外对"一带一路"倡议的响应情况，关注进展，总结做法；应当在新冠肺炎疫情得到控制后到对象国去走一走，看一看，实地感受其教育情况和发展变化；应当广泛收集对象国一手资料，认真阅读，消化分析，吐故纳新；应当多方检索专家学者已经开展的相关研究，虚心参阅已有的研究成果。肆虐全球的新冠肺炎疫情，给人类身体健康和生命安全带来了巨大威胁，对世界格局和世界治理体系产生了重大影响，给全球各行各业带来了巨大挑战。教育置身其间，影响十分明显。因而，对"一带一路"国家文化教育进行研究时，必须观察分析疫情对相关国家文化教育和全球教育治理的深刻影响。

"一带一路"倡议提出后，中外已形成多个"一带一路"多边大学联盟。2015年5月22日，由西安交通大学发起的新丝绸之路大学联盟成立，迄今已吸引38个国家和地区的150余所大学加盟。该联盟是海内外大学结成的非政府、非营利性的开放性、国际化高等教育合作平台，以"共建教育合作平台，推进区域开放发展"为主题，推动"新丝绸之路经济带"国家和地区大学之间在校际交流、人才培养、科研合作、文化沟通、政策研究、医疗服务等方面的交流与合作，增进青少年之间的了解和友谊，培养具有国际视野的高素质、复合型人才，服务"新丝绸之路经济带"及欧亚地区的发展建设。

2015年10月17日，丝绸之路（敦煌）国际文化博览会筹委会文化传承创新高端学术研讨会在敦煌举行。中国的复旦大学、北京师范大学、兰州大

学和俄罗斯乌拉尔国立经济大学、韩国釜庆大学等46所中外高校在甘肃敦煌成立了"一带一路"高校战略联盟，以探索跨国培养与跨境流动的人才培养新机制，培养具有国际视野的高素质人才。46所高校当日达成《敦煌共识》，联合建设"一带一路"高校国际联盟智库。联盟将共同打造"一带一路"高等教育共同体，推动"一带一路"国家和地区大学之间在教育、科技、文化等领域的全面交流与合作，服务"一带一路"国家和地区的经济社会发展。

2016年9月，中国、中亚及丝绸之路经济带沿线7个国家的51所高校共同发起成立了中国–中亚国家大学联盟，旨在打造开放性、国际化互动平台，深化"一带一路"科教合作。

此外，高等教育合作研讨会也日渐增多，既有官方推动形成的研讨会，也有民间自发举办的研讨会。比如，中外大学校长论坛、新加坡–中国–印度高等教育论坛、"一带一路"教育对话论坛，以及北京师范大学举办的"一带一路"国家教育交流与合作高端研讨会，北京外国语大学举办的"一带一路"与行业国际化人才培养高峰论坛，北京理工大学主办的"一带一路"高等教育研究国际会议，浙江大学举办的"一带一路"背景下的工程科技人才培养国际研讨会等。这些多边研讨会的召开，不仅吸引了大量"一带一路"沿线国家的教育研究者与实践者参会，推动了研究与实践合作，而且创新了教育合作模式，促进了国际化高端人才培养，为"一带一路"建设奠定了民意基础。

"一带一路"倡议提出之后，中国学术界迅速开展了关于"一带一路"的研究活动，有关"一带一路"主题的图书主要有以下五类。第一类是倡议解读类图书，一般是梳理"一带一路"倡议的提出、发展及其理论内涵与外延。第二类是经济贸易类图书，专业性较强，主要为理论研究型图书。第三类是国情文史类图书，多为介绍"一带一路"国家国情概览、历史情况、发展概况的工具书，语言平实，部分图书学术性较强。第四类是丝路历史类图书，一般回顾古代丝绸之路的形成与发展、丝绸之路上的人物和大事记等，追古溯源，以便更好地开启"一带一路"新篇章。第五类是法律税收类图书，多为法律指引、税务规范手册等。

可以看出，国内对"一带一路"国家的研究已有一定基础，但是囿于语言翻译的障碍，已经出版的"一带一路"图书，大多是政策解读、数据报告、概况介绍等，对对象国的研究广度和深度还很不够，尤其是针对"一带一路"国家文化教育的系统研究还比较少。

在"一带一路"国家中，遴选具有代表性的对象，对其文化、教育进行系统性的研究，并在此基础上编写"一带一路"国家文化教育大系，分期分批出版，对于帮助中国普通读者和研究人员了解"一带一路"国家的文化教育情况，以及对于拓展我国比较教育研究领域、丰富比较教育研究文献，乃至对于促进中外文明互通、更好地参与推进"一带一路"建设，都具有重要意义。基于对选题背景与意义、相关出版产品调研和北京外国语大学比较优势的分析，"一带一路"国家文化教育大系坚持学术性、可读性兼顾原则，分批次推出，不断积累，以形成规模和品牌。

大系在内容上，一方面呈现"一带一路"国家的文化概貌，展示"一带一路"国家教育发展的文化背景和社会依托。大系采用专题形式，力求用简洁平实的语言生动活泼地介绍"一带一路"国家的自然地理、人文景观、历史发展、风土人情、文化遗产等内容，重点呈现对象国独有的文化现象和独特风貌，集中揭示其民族文化内涵、民族精神、人文意蕴。另一方面，大系重点研究、评价、介绍"一带一路"国家教育的基本情况、发展历史、发展战略、政策法规、现存体系、治理模式与师资队伍等，这方面内容占较大篇幅，是全书的重点和主要内容。

"一带一路"倡议正在成为我国参与全球开放合作、改善全球治理体系、促进全球共同发展繁荣、推动构建人类命运共同体的中国方案。作为国家社会科学基金（教育学）重大项目"新时代提升中国参与全球教育治理的能力及策略研究"的部分研究成果和北京外国语大学"双一流"建设重大标志性成果，"一带一路"国家文化教育大系计划在 2021 年中国共产党建党 100 周年和北京外国语大学建校 80 周年之际，推出首批图书。2023 年"一带一路"倡议提出 10 周年时，推出该项目二期成果。同时积极参与党和国家相关主题纪念活动，以及国家重大图书项目的申报评选工作。

北京外国语大学以外语见长，国际交往活跃，被誉为"共和国外交官的摇篮"，先后培养了 400 多位大使、2 000 多位参赞，以及更多的外交外事外贸工作者。凡是有五星红旗飘扬的地方，都能看到北外人的身影。北外不仅承担着培养各类国际化人才的任务，更担负着向中国介绍世界、向世界介绍中国的历史使命。迄今为止，北外已获批开设 101 种外国语言，成立了 37 个区域与国别研究中心，丰富的涉外资源正在助力"一带一路"国家的研究。

大系由外研社具体组织实施。外研社隶属北外，多年来致力于"一带一路"国家的合作交流，服务讲好"中国故事"，在中华思想文化传播、打造中外出版联盟、推动中外学术互译等方面积累了丰富经验，对于协助研究、编著、出版"一带一路"国家文化教育大系具有良好的工作基础。这也是北外及外研社的使命和担当之所在。

大系编著者以北外教师为主。服务国家重大战略，北外人责无旁贷。同时，国内有研究专长和研究意愿的专家学者也踊跃参与，他们或独自撰著一书，或与北外同仁合作。大系还邀请了驻外使领馆的同志和对象国的学者参加撰写或审稿，他们运用一手资料，开展实地调研，力图提升大系的准确性。

四、结语

"一带一路"倡议植根历史，更面向未来；源于中国，更属于世界。"一带一路"作为文明互鉴的桥梁，从亚欧大陆延伸到非洲、美洲、大洋洲，与世界各国发展战略及众多国际和地区组织的发展实现对接联通，在通路、通航的基础上更好地通商，进而开展文化教育交流与沟通，加强商品、资金、技术、文化、教育流通，达成互学互鉴的文明愿景。"一带一路"倡议的目标是中国与"一带一路"国家在互联互通基础上分享优质产能，共商项目投资，共建基础设施，共享合作成果，内容包括政策沟通、设施联通、贸易畅通、资金融通、民心相通"五通"。"一带一路"倡议肩负重大使命，它要探寻经济增长之道，将中国自身的产能优势、技术与资金优势、经验与模式优势转化为市场与合作优势，实行全方位开放，共享中国改革发展红利；它要实现全球化再平衡，鼓励向西开放，带动西部开发以及中亚、蒙古等内陆国家和地区的开发，在国际社会推行全球化的包容性发展理念，主动向西推广中国优质产能和比较优势产业，惠及沿途、沿岸国家，避免西方国家所开创的全球化造成的贫富差距和地区发展不平衡情况，推动建立持久和平、普遍安全、共同繁荣的和谐世界；它要开创地区新型合作，强调共商、共建、共享原则，超越了马歇尔计划和传统的对外援助活动，给 21 世纪的国际合作带来了新的理念。所以，新时代中国的教育学者应当将"一带一路"国家文化教育研究作为比较教育新的增长点，全面深入开展研究，以自己的聪明才智丰富学术，为国出力，服务国家重大发展战略；在加强与"一带一路"国家的交流合作中，推动"一带一路"建设高质量发展，努力建设高质量的中国教育体系，并积极参与全球教育治理体系改革，加快构建以国内大循环为主体、国际国内双循环相互促进的新发展格局。

2021 年春
于北京外国语大学

（王定华，北京外国语大学党委书记、博士、教授、博士生导师，国家督学。历任河南大学教师、中国驻纽约总领事馆教育领事、教育部基础教育一司司长、教育部教师工作司司长等。）

本书前言

在深入推进"一带一路"倡议的过程中,教育研究者愈发彰显其独特的价值。编写"一带一路"国家文化教育大系,更是全力服务"一带一路"倡议的奋进之举。在2019年10月举办的首届北外比较教育与国际教育论坛以及11月举办的2019年教育智库与教育治理50人圆桌论坛上,北京外国语大学党委书记王定华教授发表主题演讲,勾勒出"实现对'一带一路'国家文化教育研究全覆盖"的美好愿景。在新的时代背景下,聚焦"一带一路"国家文化教育的研究,可谓意义重大、影响深远!能够参与相关对象国书稿的撰著,作者更感幸甚至哉,引以为傲!

2020年7月,在外研社常务副社长刘捷编审的热情鼓励和引荐下,本人欣然接受邀约,决定参与撰写"一带一路"国家文化教育大系书稿;经反复斟酌与思考,最终选择以古巴为研究对象国,并开始积极筹备相关撰写工作。然而,在筹备过程中,本人感受到了前所未有的挑战,对象国的语言和文化障碍成为一颗绊脚石。

2021年7月,因研究的需要,本人为书稿先后增加了两名撰写核心成员:北京体育大学的居丽坤老师和北京工商大学的朱婕老师。她们均为北京外国语大学西班牙语专业的校友。此外,北京外国语大学西班牙语葡萄牙语学院硕士研究生郝雪琪、国际教育学院硕士研究生陆茜茜也参与了书稿的部分编译和修订工作。一支由跨校、跨专业的师生构成的书稿团队正式建立,而教育学专业和西班牙语专业背景的结合更是为本书稿的撰写增益颇多!

2021年8月，书稿团队召开了编写启动会，就编写提纲、编写思路、编写内容、资源获取、任务分工及其他事项进行了充分交流，建立了日常交流、每周交流、每月交流的工作机制。启动会确定了具体的任务分工：李明负责统筹书稿的整体写作，确定各章框架结构、遴选编纂内容、提升书稿学理性，并参与所有章节的编写和审校；朱婕负责其中五章的编写和撰写工作；居丽坤负责其中四章的编写和撰写工作；郝雪琪负责其中三章的审校和修订工作；陆茜茜担任书稿工作秘书，参与书稿的审校和修订工作。

2021年9月，书稿团队经过磋商、推敲，最终形成了编写框架，继而围绕文献检索进展、书稿编写分工、编写注意事项等进行交流，并正式启动了书稿撰写工作，最终于2022年5月完成书稿的撰写。

本书主要由前言、正文、结语和参考文献四部分内容构成。其中，正文共十二章，依次是国情概览、文化传统、教育历史、学前教育、基础教育、高等教育、职业与技术教育、成人教育、教师教育、教育政策、教育行政和中古教育交流。第一章从自然地理、国家制度、社会生活等视角，介绍古巴的基本情况和特点，勾勒该国的国情概貌。第二章围绕古巴历史沿革、风土人情、文化名人三部分介绍古巴的历史文化传统。第三章对古巴各历史阶段的教育发展和重大教育事件进行了分析总结，并通过对古巴杰出教育家的介绍，梳理古巴教育思想的演进脉络。第四至九章，全面展现古巴基础教育、高等教育、职业与技术教育、成人教育和教师教育的情况，总结和提炼了古巴教育的特点和经验、发展中遇到的困难和挑战，并提出应对策略。第十章选取古巴重要的法律法规、政策规划等文件，分析解读其教育的发展方向及政策的实施效果。第十一章主要介绍古巴的中央和地方教育行政机构，展现其职能与行政模式。第十二章介绍了中国与古巴的教育文化交流历史、现状、模式与原则，分析了哈瓦那大学孔子学院的成功经验和存在的问题，并对未来中古双方在"一带一路"框架下的教育文化交流提出了建议。

  本书受益于"一带一路"国家文化教育大系项目的支持得以顺利出版，作者倍感荣幸！本书在编写和出版的过程中，得到了大系总主编、北京外国语大学党委书记、中国教育学会国际教育分会理事长王定华教授，北京外国语大学国际教育学院院长秦惠民教授，外语教学与研究出版社常务副社长刘捷编审等有关领导和专家的大力支持和关切，在此深表感谢！也衷心感谢外语教学与研究出版社期刊出版分社社长孙凤兰编审、文化教育编辑部主任巢小倩副编审以及焦缨添编辑的殷切付出！另外，谢金廷先生、曹妍女士以及哈瓦那大学孔子学院工作人员为本书提供了宝贵的图片资料，在此一并致谢！

  最后，需要特别说明的是，本书的研究工作开展时间不长，相关研究依然处于探索阶段，书中可能有不足和舛误，敬请读者和同行予以指正！

李明
2022 年 9 月
于北京外国语大学国际教育学院

目 录

第一章 国情概览 1
第一节 自然地理 1
一、地理位置 1
二、气候条件 2
三、地形地貌 2
四、水文条件 3
五、自然资源 4
第二节 国家制度 4
一、国家标志 5
二、行政区划 6
三、政治体制 7
四、外交关系 10
第三节 社会生活 16
一、人口与语言 16
二、民族与宗教 16
三、农业与工业 17
四、财政与金融 18
五、对外贸易 19
六、交通运输与旅游 19
七、医疗卫生 21
八、通信与传媒 22
九、娱乐与体育 23

第二章 文化传统 ·· 24
第一节 历史沿革 ·· 24
一、殖民地时期 ·· 25
二、新殖民地时期 ······································ 29
三、革命及建设时期 ···································· 34
第二节 风土人情 ·· 40
一、饮食、服饰和民居 ·································· 40
二、风俗习惯和节假日 ·································· 43
三、多样的艺术形式 ···································· 46
第三节 文化名人 ·· 48
一、何塞·马蒂 ·· 49
二、尼古拉斯·纪廉 ···································· 50

第三章 教育历史 ·· 52
第一节 历史沿革 ·· 52
一、西班牙殖民时期 ···································· 52
二、新殖民地共和国时期 ································ 54
三、古巴革命胜利之后 ·································· 56
第二节 教育思想与教育人物 ······························ 75
一、教育思想概览 ······································ 75
二、教育人物 ·· 76

第四章 学前教育 ·· 80
第一节 学前教育的发展和现状 ···························· 80
一、历史沿革 ·· 80
二、基本现状 ·· 84

第二节 学前教育的特点 ··· 90
    一、统筹发展跨部门的学前教育系统 ························· 90
    二、促进家庭和社区参与 ··· 91
    三、注重儿童全面发展 ··· 92
第三节 学前教育的挑战和对策 ··· 93
    一、学前教育的挑战 ··· 93
    二、学前教育的对策 ··· 93

第五章 基础教育 ··· 96
第一节 基础教育的发展和现状 ··· 96
    一、历史沿革 ··· 96
    二、基本现状 ··· 97
第二节 基础教育的特点 ···107
    一、义务教育阶段重视道德教育 ·······························107
    二、高中教育阶段重视职业指导 ·······························107
第三节 基础教育的挑战和对策 ·······································110
    一、基础教育的挑战 ···110
    二、基础教育的对策 ···111

第六章 高等教育 ···113
第一节 高等教育的发展和现状 ·······································113
    一、历史沿革 ···113
    二、基本现状 ···121
第二节 高等教育的特点 ···133
    一、不断改进课程设置 ···133
    二、对文化和社会发挥塑造作用 ·······························135

第三节 高等教育的挑战和对策 ·············· 136
一、高等教育的挑战 ·············· 136
二、高等教育的对策 ·············· 137

第七章 职业与技术教育 ·············· 138
第一节 职业与技术教育的发展和现状 ·············· 139
一、历史沿革 ·············· 139
二、基本现状 ·············· 146
第二节 职业与技术教育的特点 ·············· 148
一、与国家发展需要联系紧密 ·············· 148
二、重视学员的全面发展 ·············· 149
三、积极对外开展医疗职业教育培训 ·············· 150
第三节 职业与技术教育的挑战和对策 ·············· 151
一、职业与技术教育的挑战 ·············· 151
二、职业与技术教育的对策 ·············· 152

第八章 成人教育 ·············· 153
第一节 成人教育的发展和现状 ·············· 153
一、历史沿革 ·············· 153
二、基本现状 ·············· 159
第二节 成人教育的特点 ·············· 163
一、政府和社会各界坚决发展成人教育 ·············· 163
二、教育部门致力于建设完整的成人教育
管理体制 ·············· 164
三、成人教育涉及范围十分广泛 ·············· 165
四、政府积极援助其他国家开展扫盲运动 ·············· 165

  第三节　成人教育的挑战和对策 …………………………… 166
    一、成人教育的挑战 ……………………………………… 166
    二、成人教育的对策 ……………………………………… 167

第九章　教师教育 …………………………………………………… 169
  第一节　教师教育的发展和现状 …………………………… 169
    一、历史沿革 ……………………………………………… 169
    二、基本现状 ……………………………………………… 173
  第二节　教师教育的特点 …………………………………… 177
    一、强调教师具备先进的思想政治水平 ………………… 177
    二、教师教育从注重数量增长转变为注重
      质量发展 ……………………………………………… 178
    三、教师教育充分体现理论与实践相结合
      的理念 ………………………………………………… 179
  第三节　教师教育的挑战和对策 …………………………… 179
    一、教师教育的挑战 ……………………………………… 179
    二、教师教育的对策 ……………………………………… 181

第十章　教育政策 …………………………………………………… 183
  第一节　法律与政策 ………………………………………… 183
    一、法律法规 ……………………………………………… 183
    二、政策方针 ……………………………………………… 187
  第二节　实施与挑战 ………………………………………… 189
    一、成功经验 ……………………………………………… 189
    二、问题与挑战 …………………………………………… 192

第十一章 教育行政 ·· 194
第一节 中央教育行政 ··· 194
一、教育部 ·· 194
二、高等教育部 ·· 196
第二节 地方教育行政 ··· 198
一、省教育厅 ·· 198
二、市教育局 ·· 200

第十二章 中古教育交流 ·· 205
第一节 交流历史 ··· 205
一、21 世纪以前 ·· 205
二、21 世纪以来 ·· 207
第二节 现状、模式与原则 ····································· 211
一、交流现状与模式 ···································· 211
二、交流原则 ·· 220
第三节 案例与思考 ··· 221
一、哈瓦那大学孔子学院 ······························· 221
二、问题与思考 ··· 223

结　语 ·· 226

参考文献 ··· 239

第一章 国情概览

古巴是加勒比海上美丽的岛国，素有"加勒比海明珠"之称。其气候温和宜人，自然风光旖旎，有充足明媚的阳光、蔚蓝清澈的海水、洁白细软的沙滩，令人流连忘返；其物产丰饶富庶，盛产蔗糖、雪茄、朗姆酒等，名声享誉世界；其人民热情好客，有独特的民族文化和坚韧的民族精神，为国家的建设与发展不断奋勇向前。本章将从地理、政治、经济、社会等角度介绍古巴的基本国情，回顾历史，展望未来。

第一节 自然地理

一、地理位置

古巴，全称古巴共和国，位于加勒比海西北部墨西哥湾入口，西经74°08′—84°57′、北纬19°49′—23°16′。东临向风海峡，距海地78公里；西靠墨西哥湾，距墨西哥210公里；南连加勒比海，距牙买加148公里；北隔佛罗里达海峡，距美国基韦斯特150公里；东北距巴哈马21公里。古巴是加勒比海上最大的岛国，由古巴岛、青年岛等1 600多个岛屿组成，总面积

109 884平方公里。古巴岛是古巴最大的岛，面积104 338平方公里，形状狭长，从最西端的圣安东尼奥角到最东端的迈西角跨度为1 250公里，最宽处约191公里，最窄处不到32公里。青年岛是古巴第二大岛，原名松树岛，位于巴塔瓦诺湾，距古巴岛60公里，面积2 419平方公里。[1]

二、气候条件

古巴基本位于北回归线以南，地处热带，但由于四周环海，其年平均气温不高，在24℃—26℃，年温差较小；又由于其地形平坦，岛内气候和温度缺乏差异性，大部分地区属热带雨林气候，仅西南部背风坡为热带草原气候。古巴雨水充足，大部分地区年平均降雨量在1 000毫米以上；降雨主要受东北信风影响，5—10月为雨季，降雨量占全年60%以上，11月到次年4月为旱季，降水较少。古巴湿度较大，年平均相对湿度为79%，雨季平均湿度为82%，旱季平均湿度为77%。由于气候和地形的特殊性，古巴易受飓风影响，每年6—11月为飓风季节，尤其多发于9—10月。[2]

三、地形地貌

古巴地势较为平坦，地形比较单一，以平原为主，占国土面积约3/4。古巴有三大山脉，分别为东南部的马埃斯特腊山脉、中部的埃斯坎布拉伊山脉和西部的瓜尼瓜尼科山脉。马埃斯特腊山脉是古巴最大的山脉，平均高度1 300米，主峰图尔基诺峰海拔1 974米，为古巴第一高峰。古巴平原

---

[1] 资料来源于古巴国家统计与信息办公室官网。
[2] 徐世澄，贺钦. 古巴[M]. 北京：社会科学文献出版社，2018：3.

大部分由石灰岩构成，覆盖肥沃的黏土，适于种植甘蔗等农作物。由于雨水和河流的作用，平原部分地区呈现喀斯特地貌，有利于形成地下岩洞。

四、水文条件

古巴地形狭长，东中西部多山地和丘陵，境内河流多为南北或北南走向，且短浅湍急，大部分河段不利于航运，也不利于水力发电；又由于其地理构造，地下水系较为丰富。古巴有 200 余条河流和众多溪流，其中最大的河流是考托河，全长 370 公里，发源于东南部的马埃斯特腊山，自东向西流经圣地亚哥和格拉玛两省，注入加勒比海瓜卡纳亚沃湾。考托河由孔特拉马埃斯特雷河、考蒂略河、巴亚莫河、萨拉多河等支流组成。除上述两省外，支流还流经奥尔金和拉斯图纳斯两省，流域面积达 9 000 余平方公里。考托河可通航河段长度为 110 公里，中下游适宜种植稻米、烟草和甘蔗等农作物。位于东南部关塔那摩省的托阿河是古巴流量最大的河流，每秒流量达 31 立方米。古巴第二大河为大萨瓜河，长度 163 公里；第三大河为萨萨河，长度 155 公里。[1]

古巴淡水湖泊较少，位于北部的莱切湖是古巴最大的淡水湖。古巴有不少潟湖，如位于中部的特索罗湖；离海岸较远的潟湖多为淡水湖，海岸附近的潟湖有淡水湖也有咸水湖。古巴海岸线复杂曲折，绵延 6 073 公里，一般北岸较南岸更加陡峭。古巴有 280 多个优良沙滩，有许多天然深水良港，如哈瓦那湾、尼佩湾、关塔那摩湾、圣地亚哥湾、翁达湾、西恩富戈斯湾和马坦萨斯湾等。

---

[1] 资料来源于古巴国家统计与信息办公室官网。

五、自然资源

古巴煤矿资源匮乏，已探明石油储量不高，主要依赖进口。古巴矿产资源较为丰富，镍、钴、铬、锰、铁和铜等矿产均有开采价值。其中，镍和钴的储量较大。2020 年，古巴钴储量为 500 万吨，居世界第三位；镍储量为 550 万吨，居世界第五位。[1] 2020 年，古巴森林面积大约为 33 012 平方公里，占全国总面积的 31.8%。古巴生物多样性丰富，是全球生物多样性最丰富的国家之一，也是安的列斯群岛植物种类最多的国家。现古巴已知有 19 164 种动物，8 657 种植物，其中 9 095 种动植物为本土物种 [2]，盛产红木、檀香木和古巴松等贵重木材。

第二节 国家制度

1492 年哥伦布航海发现古巴岛，1510 年西班牙开始对古巴实行殖民统治。1898 年美国在美西战争中胜利后占领古巴。1902 年美国扶植成立"古巴共和国"。1953—1959 年古巴爆发反对亲美独裁统治的民族民主革命战争。1959 年 1 月 1 日，菲德尔·卡斯特罗（1926—2016）率起义军推翻了独裁统治，建立革命政府。1961 年卡斯特罗宣布开始社会主义革命。

---

[1] 资料来源于美国地质勘探局官网。

[2] Ministerio de Ciencia, Tecnología y Medio Ambiente. Tercera Comunicación Nacional a la Convención Marco de las Naciones Unidas sobre Cambio Climático[R]. La Havana: Sello Editorial AMA, 2020: 80.

一、国家标志

古巴国旗启用于 1902 年。旗面呈长方形，长与宽之比为 2∶1。旗面右侧由三条蓝色横条和两条白色横条平行相间构成，左侧由一个红色的等边三角形和一颗白色五角星构成。三角形和五角星是古巴历史上秘密革命组织的标志，其中五角星代表自由、独立、主权和团结，红色的等边三角形象征自由、平等、博爱和爱国者的鲜血；两条白色的横条象征纯洁的信念和美好的品德；三条蓝色的横条象征当时古巴的东、西、中三个行政区划，蓝色代表爱国者崇高的理想。

古巴国徽为盾形。盾面上方的蓝色水面代表加勒比海；水面两侧有两块陆地，象征古巴位于北美与南美之间和国家的诞生；水面中间有一把金色的钥匙，象征古巴是通往"新大陆"的钥匙，是连接南北美洲、美国和欧洲的纽带；水面上方是冉冉升起的太阳，散发着十二道金色的光芒。盾面左下方由三条蓝色的斜纹和两条白色的斜纹平行相间构成，代表古巴的国旗。盾面右下方有一棵大王棕榈树，树叶在高处伸展，象征土壤的肥沃和古巴人坚强不屈的性格；背景为青翠的平原、高耸的山脉和蔚蓝的天空，代表了古巴的自然环境。盾面两侧为橡树叶和月桂树叶，分别象征力量和胜利。盾牌背后有 11 根束棒，并由红色带子捆绑，象征古巴人民的团结。盾牌顶部为一顶弗里吉亚帽，为法国大革命中自由的象征；帽子中央有一颗白色的五角星，代表国家的独立主权。

古巴国歌是《巴亚莫颂》。词曲作者为古巴民族英雄佩德罗·菲格雷多（1818—1870）。1868 年，菲格雷多参加第二次古巴独立战争，并为反对西班牙殖民统治、争取国家独立的起义者们创作该曲。1902 年，该曲被定为国歌。1959 年古巴革命胜利，该曲仍作为国歌并沿用至今。歌词如下：

前进，去战斗，巴亚莫人！
祖国在骄傲地注视着你们，
不要惧怕光荣的牺牲，
为祖国献身，就是永生。
活在枷锁中，
就是活在耻辱和屈从里。
听，那战斗的号角已经响起，
勇敢的人们，拿起武器，前进！

古巴国庆日又名革命胜利纪念日，为1月1日。古巴首都为哈瓦那。自1995年起，古巴实行货币双轨制，即分为古巴比索和可兑换比索。2021年1月，古巴实施货币和汇率并轨，取消可兑换比索，古巴比索成为唯一货币。[1]

二、行政区划

古巴的行政区划经历了多次调整。自古巴革命胜利后至1975年，古巴在行政上划分为6个省；1975—2011年，古巴在行政上划分为14个省和1个特区，省下设169个市；自2011年起，古巴在行政上划分为15个省（见表1.1）和青年岛特区，省下设168个市。

---

[1] 中华人民共和国外交部. 古巴国家概况 [EB/OL].（2021-08-01）[2021-09-22]. https://www.fmprc.gov.cn/web/gjhdq_676201/gj_676203/bmz_679954/1206_680302/1206x0_680304/.

表 1.1 古巴省份及省会城市

省份	省会城市
比那尔德里奥省	比那尔德里奥
玛雅贝克省	圣何塞·德拉斯哈拉斯
阿特米萨省	阿特米萨
哈瓦那	哈瓦那
马坦萨斯省	马坦萨斯
比亚克拉拉省	圣克拉拉
西恩富戈斯省	西恩富戈斯
圣斯皮里图斯省	圣斯皮里图斯
谢戈德阿维拉省	谢戈德阿维拉
卡马圭省	卡马圭
拉斯图纳斯省	拉斯图纳斯
奥尔金省	奥尔金
格拉玛省	巴亚莫
圣地亚哥省	圣地亚哥
关塔那摩省	关塔那摩

三、政治体制

1976 年 2 月 15 日，经全民公决，古巴颁布第一部社会主义宪法，并于同年 2 月 24 日正式生效，开始实行人民政权代表大会制。宪法规定古巴共和国是工人阶级领导的、以工农和其他劳动人民联盟为基础的社会主义国家，一切权力属于劳动人民；全国人民政权代表大会是国家最高权力机关，行使立法权，人民通过全国人民政权代表大会和地方人民政权代表大会行使国家权力；古巴共产党是古巴社会主义革命和建设的领导力量。古巴曾于 1978 年、1992 年、2002 年、2019 年先后对《1976 年宪法》进行四次修订。现行宪法于 2019 年 2 月 24 日通过公投，并于同年 4 月 10 日正式生效。现行宪法再次重申"古巴是一个法治的、社会公正的、民主的、独立的、主权的社会主义国家"[1]，明确指出古巴的"社会主义制度是不可逆转的""古巴共产党是古巴唯一合法政党"，并首次设立国家主席任期 5 年、可连任 1 届的制度，并恢复总理职位（《1976 年宪法》曾取消总理职位）。[2]

据现行宪法规定，古巴国务委员会主席不再兼任国家元首职务，设立古巴共和国主席（简称古巴国家主席）一职为国家元首和古巴革命武装力量的最高统帅。古巴国家主席由古巴全国人民政权代表大会选举产生，任期 5 年，最多可连任一届，有指导政策、签署法律、提名和撤销国家总理等人选、向全国人民政权代表大会提议部长会议成员名单等职权。自 1976 年以来古巴历任和现任国家元首如表 1.2 所示。

表 1.2 1976—2022 年古巴历任和现任国家元首

古巴国务委员会主席（1976—2019 年）	古巴国家主席（2019 年至今）
菲德尔·卡斯特罗 1976 年 12 月 2 日—2008 年 2 月 24 日	米格尔·迪亚斯–卡内尔·贝穆德斯 2019 年 10 月 10 日至今
劳尔·卡斯特罗 2008 年 2 月 24 日—2018 年 4 月 19 日	
米格尔·迪亚斯–卡内尔·贝穆德斯 2018 年 4 月 19 日—2019 年 10 月 10 日	

---

[1] 徐世澄. 新宪法将巩固古巴社会主义改革成果 [EB/OL].（2019-02-28）[2021-09-21]. http://ex.cssn.cn/zx/bwyc/201902/t20190228_4838874.shtml.

[2] 吴洪英. 试析古巴修宪的原因、内容及影响 [J]. 现代国际关系, 2019（4）: 38-46.

现行宪法还规定，取消原国务委员会主席兼任部长会议主席，将原国家元首与政府首脑由一人担任改为两人分担，设立古巴总理一职为古巴共和国政府首脑。古巴总理由古巴全国人民政权代表大会根据古巴国家主席的提议任免，任期 5 年，最多可连任一届。古巴总理对古巴全国人民政权代表大会和古巴国家主席负责，代表共和国政府，有组织和领导部长会议等职权。全国人民政权代表大会为国家最高权力机关，有修宪和立法权。据现行宪法规定，全国人大代表根据人口比例和法律规定程序由选民通过自由、直接和秘密的投票产生，每届任期 5 年。全国人民政权代表大会常设国务委员会，在全国人大休会期间行使立法等国家权力，全国人大主席和副主席同时担任国务委员会主席和副主席。

部长会议是古巴国家最高行政机关，由 1 名总理、若干名副总理、各部部长、部长会议秘书和法律规定的其他成员组成。

最高人民法院是国家最高司法机构。共和国总检察院负责行使司法监督权。最高人民法院院长、法官、总检察长、副总检察长均由全国人民政权代表大会选举和罢免。

古巴共产党（简称古共）是古巴唯一合法政党，是马蒂思想和马列主义先锋组织，是古巴国家和社会的最高领导力量。1961 年，古巴革命统一组织成立，次年更名为古巴社会主义革命统一党，1965 年正式更名为古巴共产党。自成立以来，菲德尔·卡斯特罗曾长期担任第一书记。2011 年，劳尔·卡斯特罗接任古共中央第一书记。现任古共中央第一书记为米格尔·迪亚斯-卡内尔·贝穆德斯，于 2021 年 4 月就职。古共现有党员约 80 万人。

古巴主要政府机构包括外交部、革命武装力量部、内务部、司法部、公共卫生部、劳动和社会保障部、交通部、文化部、教育部、高等教育部、旅游部、经济和计划部、农业部、科学技术和环境部、外贸外资部、国内贸易部、通信部、建设部、财政和价格部、食品工业部、工业部、能源矿产部、国家水利资源委员会、中央银行、总审计署、最高人民法院、共和国总检察院、广播电视局，及国家运动、体育和娱乐委员会等。

四、外交关系

古巴主张尊重各国主权和领土完整，尊重民族自决权，反对干涉别国内政。古巴主张世界各国和各国人民一律平等，谴责一切形式的霸权主义、干涉主义、单边主义和歧视政策，反对使用或威胁使用武力，反对包括国家恐怖主义在内的一切形式的恐怖主义。古巴是联合国创始会员国，是世界贸易组织、不结盟运动、拉美和加勒比国家共同体、拉美一体化协会、加勒比国家联盟、美洲玻利瓦尔联盟等国际和地区组织成员。目前，古巴驻外使领馆及派驻各国国际组织的外交机构达 390 个。[1] 古巴坚持发展同中国、俄罗斯、委内瑞拉、越南、老挝、朝鲜等国的关系，积极在拉美地区事务中发挥影响。

（一）对中关系

中古友好关系源远流长，最早可追溯到 19 世纪中叶。1960 年 9 月 28 日，古巴与中国正式建立外交关系，是第一个与中国建交的拉美国家。自建交以来，两国关系发展迅速。两国高层来往不断，党际合作密切，经贸合作发展势头良好，各领域合作交流不断深化。

在政治方面，中古双边多层次互访不断，来往密切。1993 年和 2001 年，时任国家主席江泽民两次访问古巴；2004 年和 2008 年，时任国家主席胡

---

[1] 商务部国际贸易经济合作研究院. 对外投资合作国别（地区）指南：古巴（2020 年版）[EB/OL].（2020-12-01）[2021-09-27]. http://www.mofcom.gov.cn/dl/gbdqzn/upload/guba.pdf.

锦涛也两次访问古巴；2014年7月，国家主席习近平对古巴进行访问。1995年和2003年，时任古巴国务委员会主席菲德尔·卡斯特罗两次访华；2012年，时任古巴国务委员会主席劳尔·卡斯特罗访华；2018年11月，古共中央第一书记、古巴国家主席迪亚斯-卡内尔（时任古巴国务委员会主席兼部长会议主席）对中国进行国事访问，两国政府签署"一带一路"合作谅解备忘录。

2019年5月，古共中央政治局委员、外交部长罗德里格斯访问中国，同王毅国务委员兼外长举行会谈，双方签署了《中华人民共和国外交部与古巴共和国外交部2020—2022年政治磋商计划》。

2020年新冠肺炎疫情暴发以来，中古积极开展抗疫合作，多次互相捐赠抗疫物资、分享诊疗经验。2020年是中古建交60周年，两国高层领导互致贺电，中古双方共同举办了一系列庆祝活动。

2021年7月1日，迪亚斯-卡内尔向习近平主席致函祝贺中国共产党建党100周年。古巴共产党在哈瓦那革命宫举行隆重庆祝仪式。7月6日，迪亚斯-卡内尔出席中国共产党与世界政党领导人峰会并致辞。8月30日，习近平主席同迪亚斯-卡内尔通电话，就中古关系以及抗疫等各领域合作交换看法，达成重要共识。

在经贸方面，近年来，中古双边贸易保持良好发展势头。目前，中国是古巴第一大贸易伙伴，古巴是中国在加勒比地区第二大贸易伙伴。2020年，中古贸易额为9.55亿美元，其中中方进口4.72亿美元，出口4.83亿美元。[1] 中国主要进口古巴的食糖、镍等产品，对古巴主要出口机电产品、船舶、高新技术产品、钢材、纺织品、汽车及零配件等。

中古两国政府间经贸混委会是两国主要的经贸合作磋商和工作机制，定期举行会议。据《中国对外直接投资统计公报》，截至2019年年底，中国

---

[1] 中华人民共和国外交部. 中国同古巴的关系 [EB/OL].（2021-08-01）[2021-09-27]. https://www.fmprc.gov.cn/web/gjhdq_676201/gj_676203/bmz_679954/1206_680302/sbgx_680306/.

对古直接投资为 1.2 亿美元；截至 2020 年年底，古巴在华投资项目 42 个，实际投资 6 047 万美元；截至 2020 年年底，中国企业在古累计签订承包工程合同额 80.9 亿美元，完成营业额 28 亿美元。[1]

2016 年 9 月 24 日，李克强总理访问古巴期间，中国国家发展改革委与古巴外贸外资部签署了部门间关于开展产能与投资合作的框架协议。双方将推动两国企业在能源、矿产、基础设施和物流、轻纺、旅游、医疗卫生及生物制药等领域开展产能与投资合作。[2] 2018 年 11 月，两国签署了"一带一路"合作谅解备忘录。双方将在"一带一路"倡议下推动基础设施建设等领域的合作。

（二）对美关系

自 1959 年古巴革命胜利至今，美国一直对古巴实行霸权主义、强权政治和经济封锁。古巴人民先后在菲德尔·卡斯特罗、劳尔·卡斯特罗的领导下，同美国的霸权主义和强权政治进行了不屈不挠的斗争。

1961 年 1 月 3 日，美国宣布与古巴断交。1962 年 2 月，美国对古巴实行经济、贸易和金融全面封锁，两国空中和海上直航均被取消，人员和货物往来都要途经第三国。苏联解体后，美国继续对古巴施压，并强化对古巴的经济封锁。从 1992 年开始，联合国大会每年都通过要求美国解除对古巴制裁的决议。

2009 年，奥巴马上台伊始开始寻求与古巴关系的"新开端"，美国解除对古巴裔美国人到古巴旅行和汇款的限制。2011 年，美国政府允许其公民

---

[1] 中华人民共和国商务部. 中国和古巴经贸关系简况 [EB/OL].（2020-12-01）[2021-09-27]. http://mds.mofcom.gov.cn/article/Nocategory/200612/20061204162672.shtml.

[2] 商务部国际贸易经济合作研究院. 对外投资合作国别（地区）指南：古巴（2020 年版）[EB/OL].（2020-12-01）[2021-09-27]. http://www.mofcom.gov.cn/dl/gbdqzn/upload/guba.pdf.

赴古巴从事学术研究、教学、文化和宗教等活动，并授权美国的国际航空公司在一定条件下，开通对古巴包机直航运营。2012年7月，古巴与美国之间通过谈判恢复了中断50多年的海上货运直航。2014年12月，古美两国领导人同时宣布启动重建外交关系进程。2015年7月20日，古巴外长罗德里格斯赴美出席古巴驻美国大使馆重新开馆升旗仪式，古美恢复正式外交关系。2015年12月11日和2016年2月16日，两国恢复了中断半个多世纪的直接邮递服务和商业航班。2016年3月20日，美国总统奥巴马对古巴进行正式访问，是88年来第一个访问古巴的美国总统，也是1959年古巴革命胜利以来第一个访问古巴的美国总统。2016年10月26日，美国首次在联合国大会上对"终止美国对古巴的经济、商业和金融封锁"提案投弃权票。2017年1月，古巴实现对美国的首次出口。

2017年6月16日，美国总统特朗普签署了《关于加强美国对古巴政策的国家安全总统备忘录》，宣布将在经贸和旅游等方面收紧奥巴马政府时期的对古政策，两国关系出现倒退；同年11月，特朗普政府强化对古封锁措施。2020年5月，美国宣布重新将古巴列为所谓"反恐行动不合作国家"。2021年，拜登就任新一届美国总统，其对古外交政策没有根本改变，仍会采取遏制和封锁政策。

（三）对欧关系

革命胜利后，古巴与大多数西欧国家都保持外交和经贸关系，其中交往较多的国家有西班牙、法国、德国、英国、意大利、荷兰、比利时等。苏联解体后，古巴及时调整外交政策，努力发展同欧共体（欧盟）之间的关系，以打破美国的孤立政策。20世纪90年代以来，古巴与欧盟国家之间的往来有所增加。

欧盟反对美国对古巴的封锁政策，并同古巴保持着经贸关系。东欧剧变后，欧盟一直是古巴最主要的投资者、最重要的贸易伙伴和最主要的游客来源地，但双方关系的发展常常出现波折。

在欧盟国家中，西班牙同古巴的关系最为密切，是古巴最主要的贸易伙伴和投资来源国，也是首个与古巴签订双边贸易协定的国家。古巴也努力发展与法国、意大利、英国等欧盟和西欧国家的关系。2016年12月，古巴同欧盟正式签署政治对话与合作协议，2017年7月该协议获欧洲议会表决通过。

（四）与邻国和本地区国家关系

革命胜利初期，古巴与大多数拉美和加勒比独立国家建立外交关系。20世纪60年代，在美国的压力下，拉美国家除墨西哥外均与古巴断交。20世纪70年代，古巴同拉美国家关系一度有所改善。1975年7月，在第16次美洲国家外长协商会议上，对古巴的集体制裁被取消。20世纪70年代后期及80年代，古巴又同一些拉美国家建交或复交。东欧剧变后，古巴调整了外交政策，重返拉美成为古巴外交的重点之一，绝大多数在60年代迫于美国压力同古巴断交的拉美国家先后同古巴复交。2009年，古巴已同所有其他拉美和加勒比国家建立了正式外交关系。

古巴与墨西哥一直保持友好关系。墨西哥是古巴革命胜利后唯一没有屈服于美国压力而与古巴断交的拉美国家，是古巴突破外交孤立、扩大与外部世界经贸联系的重要门户。墨西哥是古巴第八大贸易伙伴，古巴是墨西哥在加勒比地区的第一大贸易伙伴，两国双边贸易额徘徊在3亿—4亿美元。2015年，两国贸易额增加到5亿美元。

古巴与委内瑞拉有着特殊的关系。1959年古巴革命胜利后不久，菲德尔·卡斯特罗即访问委内瑞拉。1998年查韦斯当选委内瑞拉总统后，古巴在国际上有了一个地缘政治和经济的合作伙伴。2000年10月底，菲德尔·卡斯特罗再次访委时与查韦斯签署了"石油换医生"的双边协议，这标志着委古联盟的开始。2004 年 12 月，双方发表了关于创立"美洲玻利瓦尔替代计划"组织的联合声明并签署实施协定，委古两国宣布建立战略联盟。2013 年查韦斯去世后，继任马杜罗总统继续同古巴保持密切联系，高层来往不断。2014 年以来，由于国际市场原油价格大幅下跌等原因，委内瑞拉发生严重经济危机，不得不减少对古巴的原油出口，致使古巴经济发展遭受较大影响。2020 年，马杜罗在古委双边会议上特别强调古委关系牢不可破。[1]

（五）在拉美和加勒比国家共同体中的表现

拉美和加勒比国家共同体（简称拉共体）是西半球最大的区域性政治组织，成立于 2011 年。该组织的宗旨是在加强团结和兼顾多样性的基础上，深化地区政治、经济、社会和文化一体化建设，实现本地区可持续发展；继续推动现有区域和次区域一体化组织在经贸、生产、社会、文化等领域的对话与合作，制定地区发展的统一议程；在涉拉共体重大问题上进行协调并表明成员国共同立场，对外发出拉美声音。[2] 古巴作为拉共体 33 个正式成员国之一，始终发挥积极作用。2014 年 1 月 28—29 日，拉共体第二届峰会在古巴首都哈瓦那举行，地区 33 国政府首脑或代表出席，时任联合国秘书长潘基文、美洲国家组织秘书长因苏尔萨等国际或地区组织负责人与会。会议通过《哈瓦那宣言》《拉共体 2014 年行动计划》及包括《宣布拉美和加勒比为和平区的公告》在内的近 30 份成果文件。

---

[1] 刘雨萌. 1959 年以来古巴与委内瑞拉关系的演进及特点 [J]. 当代世界与社会主义，2021（1）：150-158.
[2] 中华人民共和国外交部. 拉美和加勒比国家共同体 [EB/OL]. [2021-09-28]. http://new.fmprc.gov.cn/web/wjb_673085/zzjg_673183/ldmzs_673663/dqzz_673667/lmhjlbgjhgtt_690392/gk_690394/.

第三节 社会生活

一、人口与语言

根据古巴国家统计与信息办公室2020年的数据，古巴人口约为1 118万；人口年增长率为–1.1‰，人口死亡率为10.1‰；城镇人口总量达862.25万人，约占总人口的77%，人口比较集中的城镇有首都哈瓦那（人口约213万）、圣地亚哥（人口约104万）和奥尔金（人口约102万）；男女人口比例为987∶1 000。[1] 古巴为拉美地区人口老龄化最严重的国家之一，人口平均预期寿命为78.73岁，老龄人口比例已超过总人口的19.4%，预计到2030年，这一比例将进一步上升至30%。[2]

古巴的官方语言为西班牙语，同时也较多使用英语、法语和俄语。古巴城市与农村居民、东部与西部居民所使用的西班牙语在发音和用词上略有差别。古巴西班牙语同西班牙和拉美其他国家使用的西班牙语也有一定区别。

二、民族与宗教

古巴是世界上种族最复杂的国家之一。16世纪初，西班牙殖民者到达古巴，西班牙后裔土生白人，即克里奥约人逐渐成为古巴人口的基础；此外，西班牙人开始同印第安人通婚，形成梅斯蒂索人；印第安人因遭受屠

---

[1] 资料来源于古巴国家统计与信息办公室官网。

[2] 商务部国际贸易经济合作研究院. 对外投资合作国别（地区）指南：古巴（2020年版）[EB/OL].（2020-12-01）[2021-09-27]. http://www.mofcom.gov.cn/dl/gbdqzn/upload/guba.pdf.

杀和疾病，其人口在古巴几乎灭绝。自 16 世纪起，非洲黑人作为奴隶被运往古巴，逐渐构成古巴人口的一部分，并同西班牙人大量混血，形成穆拉托人。17 世纪和 1791—1804 年海地革命期间，一些法兰西人来到古巴。19 世纪中叶，大量中国苦力作为契约劳工来到古巴从事廉价劳动。1889 年后，美国移民涌入古巴。两次世界大战期间及战后，从欧洲各国也来了大量移民，其中不少为犹太人。现古巴人口中，白人占总人口 66%，黑人占 11%，混血种人占 22%，华人占 1%。[1]

在宗教信仰方面，古巴宪法规定公民有宗教信仰的自由。目前古巴公民主要信奉天主教、非洲教派、新教和犹太教等。

三、农业与工业

古巴经济结构比较单一，受美国长期封锁的影响，生产和生活物资多依靠进口。古巴政府实行高度集中的计划经济体制，经济缺乏活力，发展迟缓。根据古巴国家统计与信息办公室公布的统计数据，按 1997 年不变价格计算，2018 年古巴国内生产总值为 570.25 亿比索[2]，增长率为 2.2%。受新冠肺炎疫情等因素影响，2019 年古巴国内生产总值为 569.32 亿比索，同比下降 0.2%；2020 年古巴国内生产总值为 506.98 亿比索，同比下降 10.9%。[3]

2020 年，古巴农业产值占国内生产总值比重为 4.6%。2020 年古巴农业用地 640 万公顷，耕地面积 312 万公顷，农业人口约 256 万人。古巴种植业分为经济作物和粮食作物两大类。经济作物有甘蔗、烟草、酸性水果、咖啡等。粮食作物有稻谷、玉米、豆类、薯类等。粮食作物中稻米生产占首

---

[1] 中华人民共和国外交部. 古巴国家概况 [EB/OL].（2021-08-01）[2021-09-29]. https://www.fmprc.gov.cn/web/gjhdq_676201/gj_676203/bmz_679954/1206_680302/1206x0_680304/.

[2] 美元与古巴比索之间的官方汇率为：1 美元 =24 比索。

[3] 资料来源于古巴国家统计与信息办公室官网。

要地位，其次是玉米。畜牧业和家禽饲养业是古巴农业的重要组成部分。此外，古巴渔业资源丰富，盛产龙虾、对虾、海蟹，以及各种热带海水鱼类，名贵鱼种比例也较高，其中龙虾、对虾、鲈鱼、复纹鱼、棘鬣鱼、长喙鱼等可供出口和旅游业消费。

2020年，古巴工业产值占国内生产总值比重为26.1%。古巴是世界主要的蔗糖生产国之一，有"世界糖罐"之称。制糖业在古巴国民经济中占有重要地位，是古巴历史上最重要的工业和出口创汇产业之一。20世纪70年代，古巴蔗糖产量在高峰时曾达到年产800多万吨。[1]古巴的镍矿收入是除旅游业之外最主要的外汇收入之一，在国民经济中占有举足轻重的地位。古巴电力主要依靠火力发电，水力发电十分有限，发电燃料主要是石油，其次是蔗渣。在可再生能源方面，古巴主要利用甘蔗生物质及太阳能光伏发电。古巴铁矿储量大，但品位较低，提炼困难。古巴烟草工业历史悠久，2017年生产雪茄4.16亿支。古巴工业制成品主要依赖进口，包括石油、机械、化肥、化工产品等。

四、财政与金融

古巴财政体系属于社会主义性质，中央政府对国家经济实行高度集中管理。古巴2018年财政收入576.4亿比索，占国内生产总值的57.6%；支出654.9亿比索，占国内生产总值的65.4%；财政赤字78.5亿比索，占国内生产总值的7.8%。

古巴国民银行是古巴最大的商业银行，1948年12月成立，自1997年5月起不再承担中央银行职能而改为商业银行，主要承办对国家有重大影

---

[1] 商务部国际贸易经济合作研究院. 对外投资合作国别（地区）指南：古巴（2020年版）[EB/OL].（2020-12-01）[2021-10-02]. http://www.mofcom.gov.cn/dl/gbdqzn/upload/guba.pdf.

响项目的贷款、转贷或担保业务，不办理存款和储蓄业务。1997年6月，古巴中央银行成立，承担监督和调控银行体系运作、发行货币、制定并执行货币借贷和汇率政策、谈判外债等职能。古巴现有9家商业银行、15家非银行金融机构、7家外资银行办事处和4家外资非银行类金融机构办事处。

五、对外贸易

1959年革命胜利后，由于外部环境复杂等因素，较长时期内，古巴政府对外国投资保持警惕和排斥态度。2011年经济社会模式更新启动以来，古巴在吸收外国投资方面改变了观念。近年来，古巴逐渐推进构建公平、多元的对外开放格局，取得了一定成绩，外国投资额由2011年的11亿美元上升至2017年的约20亿美元。自2017年起，美国政府再度对古巴实施严厉的经济、贸易和金融封锁制裁，对古巴经济造成较大负面影响。2019年，古巴新宪法首次承认市场的存在，让市场在资源配置、生产经营、管理调节等方面发挥作用，承认私有财产、肯定外国资本，将使古巴国民经济迎来一个新的发展高潮。

六、交通运输与旅游

古巴基础设施建设较为落后。2006年以来，政府加大在交通领域的投资，对基础设施进行修复和改造。公路交通是古巴主要的交通方式。现有公路总长6万公里。至2018年年底，古巴全国铁路网总长8 367公里，其中98%为标准轨，电气化铁路124公里。近年来古巴加大铁路运输业的发展力度，制定了面向 2028 年的铁路运输发展计划。2019 年 5 月，中国进出口银行提供买方信贷支持的首批 80 辆中国铁路客车运抵古巴。古巴共有国际机场 10 个，国内机场 15 个。2018 年，航空客运总数 60 万人次，航空货运总量 8 900 吨。古巴对外贸易主要靠海上运输。古巴共有 33 个贸易港口，其中主要包括哈瓦那、圣地亚哥、努埃维塔斯、西恩富戈斯、马坦萨斯、马里埃尔、关塔那摩等较大的港口。2018 年，古巴水运货物总量为 892.6 万吨，占全部货运量的 14%。[1]

古巴气候宜人，风光秀丽，阳光充足，旅游资源丰富，是加勒比海上著名的旅游胜地之一。近年来，旅游业成为古巴重点发展和主要创汇产业。2018 年，赴古巴外国游客达 495 万人次，同比增长 5.3%。2019 年，受到新冠肺炎疫情和美国赴古旅游政策收紧的影响，赴古旅游人次减少为 430 万。2020 年，赴古旅游人次约为 108.5 万，较 2019 年锐减约四分之三。[2] 古巴主要客源地为加拿大、美国、德国、意大利、英国、法国等欧美国家。古巴计划将旅游业的发展目光放至俄罗斯、中国等距离较远、潜力较大的国家。

前往古巴的游客首选旅游产品为阳光海岸休闲，其中位于马坦萨斯省的巴拉德罗是古巴最重要的旅游度假胜地之一。巴拉德罗海滩被誉为世界最美的海滩之一，有洁白的细沙、湛蓝的海水、完善的基础设施，提供游泳、潜水、深海钓鱼、游艇等水上活动，还有珊瑚、洞穴、生态保护区等自然景观。此外，卡马圭省北部的圣露西亚海滩也是古巴著名的海滨度假胜地，有 20 公里的细软白色沙滩，距离海滩不远还有加勒比地区最美丽、最广阔的珊瑚礁之一，非常适合潜水爱好者。

古巴也有丰富的人文景观，其中以首都哈瓦那老城区为主要代表的多个名胜古迹被联合国教科文组织列入世界文化遗产。哈瓦那建于 1514 年，

---

[1] 商务部国际贸易经济合作研究院. 对外投资合作国别（地区）指南：古巴（2020 年版）[EB/OL]. (2020-12-01) [2021-10-02]. http://www.mofcom.gov.cn/dl/gbdqzn/upload/guba.pdf.

[2] 资料来源于古巴统计与信息办公室官网。

是古巴最大城市，全国政治、经济、文化和旅游中心。哈瓦那分为老城和新城，新城是现代化大都会景象，老城则保留着教堂、城堡、广场、纪念碑、民宅等诸多古迹和特色建筑，风格迥异，历史悠久，布局和谐，至今保留完好。1982年，哈瓦那历史区和军事防御体系被列入世界文化遗产。

除哈瓦那之外，古巴其他省市也有众多重要的文化遗产。圣斯皮里图斯省的特立尼达历史上曾为糖业贸易中心，现城中保存有众多西班牙殖民时期的建筑，以鹅卵石街道、彩色房子、宫殿、广场等遗迹而著名，是加勒比地区保存最为完好的城市之一。特立尼达12公里外的洛斯因赫尼奥斯山谷曾为古巴重要制糖中心，有众多糖厂和蔗糖种植园。1988年，洛斯因赫尼奥斯山谷和特立尼达被列为世界遗产。圣地亚哥省省会圣地亚哥拥有重要人文景点圣佩德罗德拉罗卡城堡，该城堡由堡垒、军火库、工事、大炮等组成，是西班牙殖民时期拉丁美洲军事建筑中保存得最完整的一个，1997年被列入世界遗产名录。比那尔德里奥省的尼亚莱斯山谷主要以烟草种植农场、村庄和历史建筑为特色，于1999年被列入联合国教科文组织世界遗产名录。卡马圭省省会卡马圭市建于1524年，是古巴最早建城的城市之一，其历史区因牲畜养殖场、制糖厂、广场、小巷等独具特色的建筑群，于2008年被联合国教科文组织评为世界文化遗产。

七、医疗卫生

在医疗方面，古巴自革命胜利之后，一直实行全民免费医疗制度，建立了完整的医疗卫生保健体系。家庭医生、门诊医院、综合/专门医院构成的保健体系覆盖全国99.1%的人口。在发展中国家中，古巴的医疗保健水平较高。根据古巴国家统计与信息办公室公布的数据，2020年，古巴有306 441名医务工作者，有医疗卫生机构13 462个，总床位数62 344张。按

1997 年不变价格计算，2020 年古巴在医疗卫生方面的支出占国内生产总值的 18.8%。[1] 2015 年，世界卫生组织证实，古巴成为全球第一个有效消除艾滋病病毒和梅毒母婴传播的国家。

古巴的医药工业比较发达。2003 年，古巴已能生产 1 100 多种医药产品，提供国内所消费药品的 80% 以上，并有部分药品和医疗器械出口国外，成为古巴外汇收入主要来源之一。古巴的医学专家和医疗设备在世界上享有盛誉。新冠肺炎疫情暴发后，古巴向多国派遣了医疗服务人员，支援当地抗疫。截至 2020 年 4 月，古巴已累计向 22 国派遣 1 450 名医护人员。

八、通信与传媒

在通信方面，古巴手机信号已覆盖全国 75.3% 的面积和 85.4% 的人口。据古巴国有电信公司提供的数据，截至 2019 年 1 月底，古巴移动电话实际使用用户量已达 550 万户。[2] 古巴从 1996 年开始提供互联网接入服务，目前移动网络仍在建设中。2018 年 12 月 6 日，古巴电信公司面向国内所有手机用户开通移动互联网服务，古巴民众首次可以使用移动数据上网。近年来，古巴政府积极开展互联网建设。目前，古巴民众主要通过全国约 1 800 处公共无线网络热点和网吧上网，约 6 万个家庭已在家中接通互联网服务。

在新闻传媒方面，古巴有各级广播电台 96 个，其中国际性广播电台 1 个、全国性广播电台 6 个。截至 2019 年 5 月，全国共有各级电视频道 46 个，其中国际性电视频道 1 个、全国性电视频道 5 个，另有 3 个需要通过安装机顶盒收看的数字电台。自 2013 年 1 月 20 日起，总部设在委内瑞

---

[1] 资料来源于古巴国家统计与信息办公室官网。
[2] 商务部国际贸易经济合作研究院．对外投资合作国别（地区）指南：古巴（2020 年版）[EB/OL]．(2020-12-01) [2021-10-02]. http://www.mofcom.gov.cn/dl/gbdqzn/upload/guba.pdf.

拉、旨在推动拉美一体化的南方电视台每天晚上 8 点到第二天下午 4 点半在古巴同步播出节目，古巴民众也可以借此了解全球时事。

古巴主要的通讯社有拉美通讯社，为古巴官方国际通讯社，创建于 1959 年，在全球有 32 个分社；此外还有主要负责国内新闻报道的古巴通讯社。主要报刊媒体包括《格拉玛报》《起义青年报》和《劳动者报》。[1]

九、娱乐与体育

在娱乐休闲方面，古巴人民有多种多样的休闲娱乐活动，各种博物馆、图书馆、艺术厅等文化休闲场所遍布全国。除此之外，古巴还设有"文化之家"活动中心，分布在所有省份，向全体国民免费开放，为各年龄段的人提供发展其绘画、舞蹈、戏剧等领域艺术潜力的机会。2020 年，古巴有剧院 81 家、图书馆 361 家、书店 265 家、艺术馆 107 家、博物馆 235 家、"文化之家"活动中心 307 个。[2] 古巴人民能歌善舞，拥有较高水准的芭蕾舞团、交响乐团等文艺团体。

在体育运动方面，古巴十分重视群众性体育运动的发展，建立了全民参与的、免费的体育制度。古巴是世界体育强国之一，在拉美名列前茅，在国际比赛中成绩突出的项目有棒球、拳击、排球、篮球、田径和柔道等。在 2020 年东京奥运会上，古巴运动员夺得 7 金、3 银、5 铜，位列奖牌榜第 14 位。古巴全国共有 1 万多个体育活动场所。各级学校也十分重视体育教育，体育设备比较完善。

---

[1] 商务部国际贸易经济合作研究院. 对外投资合作国别（地区）指南：古巴（2020 年版）[EB/OL].（2020-12-01）[2021-09-27]. http://www.mofcom.gov.cn/dl/gbdqzn/upload/guba.pdf.

[2] 资料来源于古巴国家统计与信息办公室官网。

第二章 文化传统

古巴是一个历史悠久的国家。古巴曾遭受西班牙四百多年的殖民统治，后又有大量移民涌入这个国家。在这样的背景下，美洲、欧洲、非洲、亚洲等各民族文化在这里碰撞交融，逐渐形成了古巴独特而多元的民族文化。古巴也是一个英雄辈出的国家。在争取民族独立、抗击外国侵略、捍卫国家尊严的历史进程中，无数古巴人民顽强拼搏，造就了一种不屈不挠的民族精神，书写了属于古巴的英雄赞歌。本章将围绕古巴历史沿革、风土人情和文化名人三部分介绍古巴的历史文化和习俗传统。

第一节 历史沿革

纵观古巴历史，我们大致可以将其分成三个阶段：殖民地时期（1492—1898年）、新殖民地时期（1899—1958年）和革命及建设时期（1959年以来）。

一、殖民地时期

（一）历史发展

据研究，古巴岛在约公元前8000年即有人居住，他们主要由美洲大陆和安的列斯群岛的印第安居民迁徙而来。[1] 哥伦布到达古巴时，古巴岛上居住着约10万印第安人，主要属于3个部族：瓜纳哈塔贝伊人、西波涅人和泰诺人。总的来说，在哥伦布到达古巴之前，古巴岛上土著居民的文明还处在非常低的发展水平，生产方式很落后，没有超出石器时代。

哥伦布在第一次美洲航行时于1492年到达古巴岛东北部海岸，称古巴是"人类眼睛所能看到的最美丽的地方"，将古巴岛用西班牙国王公主的名字"胡安娜"命名。

1510年，西班牙人迭戈·贝拉斯克斯奉命征服古巴，并成为古巴岛第一任都统。1512年，西班牙征服者在古巴岛东北部建立了第一座城市巴拉科阿，并在3年间相继建立了6座城市。随着征服者对古巴大部分地区的占领，西班牙开始了对古巴的殖民。西班牙人殖民古巴的目的是淘金和发财，视印第安人为奴隶，对其肆意驱使和剥削。印第安人虽一直顽强抵抗，但由于西班牙人的残酷镇压及传染病的盛行，至西班牙在古巴的殖民统治结束时，古巴岛上的印第安人几乎全部消失。原始文明对古巴社会后来的经济、社会和文化发展的影响很小。

由于印第安人口大量减少，古巴缺乏劳动力。1513年，西班牙人开始从非洲运输大量黑人，黑人奴隶制开始在古巴合法化。黑人在古巴主要从事畜牧业和种植业。在长达三个半世纪的时间里，黑人在非人的条件下劳动和生活，没有自由。但与此同时，黑人一直在为自己的解放和古巴的独

---

[1] 资料来源于西班牙高等科学研究理事会网站。

立而斗争。1886年10月，古巴奴隶制完全废除。此外，第二次鸦片战争后，中国被迫与西方列强签订了《北京条约》，清政府被迫准许外国人在中国招募华工出国务工。1847年6月，第一批契约华工（又称苦力）乘船从厦门来到古巴哈瓦那港。随后，契约华工被源源不断运往拉美，古巴成为华工最集中的地区之一。华工在甘蔗种植园和蔗糖厂工作，受到非人待遇，境况困苦不堪。据国外学者统计，1847—1874年，共有20万—25万名华工被运往古巴。[1]

在西班牙殖民统治期间，古巴经济的发展主要可以划分为三个阶段。第一阶段是16世纪初到16世纪中叶的矿业阶段。在该阶段，古巴以开采金矿为主。但由于岛上金矿储量不丰富，多数矿井很快就宣告枯竭。第二阶段为16世纪中叶到18世纪初的畜牧业阶段。在该阶段，古巴作为欧洲与美洲的中转站，其畜牧业产品可为往来人口和船只提供补给。第三阶段为18世纪初到19世纪末的蔗糖和烟草种植业阶段。1596年，哈瓦那建立了最早的糖厂。到了1837年，古巴全国糖厂已有1 200家，被誉为"世界糖罐"。到17世纪末时，古巴烟草已名扬四海。

西班牙政府征服美洲后对美洲贸易实行垄断。所有殖民地的进出口贸易只能同西班牙进行，且只能通过西班牙的塞维利亚港口开展。因此，欧洲其他列强同西班牙矛盾日益加深。从16世纪30年代起，英国、法国、荷兰开始不断袭击古巴。此外，古巴岛常受海盗的侵扰，迫使西班牙不得不采取如修建防护城堡等预防措施。

18世纪末到19世纪初，由于西班牙残暴的殖民统治，古巴社会内部矛盾十分突出，阶级分化十分严重。处在上层的是西班牙殖民当局，包括奴隶主、奴隶贩子和进口商人；处在中层的是以土生白人为主的中小生产者，也有一些混血种人和自由黑人；处在底层的是数量极少的印第安人和数量

---

[1] 陈岚. 开启加勒比海的金钥匙——古巴[M]. 杭州：浙江工商大学出版社，2021：22.

众多的黑人。1775—1783 年美国独立战争期间，古巴积极支持英属北美 13 个殖民地人民争取独立。美国独立战争、法国大革命、海地革命和 19 世纪初拉美独立战争对古巴人民产生了很大的影响，推动了古巴独立运动的兴起。

古巴第一次独立战争（又称十年战争）爆发于 1868 年 10 月 10 日。卡洛斯·曼努埃尔·德·塞斯佩德斯（1819—1874）发动起义，发表著名的《亚拉宣言》，宣布古巴独立。该起义得到古巴各地响应。1869 年，起义军在卡马圭省瓜伊马洛召开制宪大会，通过《瓜伊马洛宪法》，任命塞斯佩德斯为总统。后因起义军内部分歧、西班牙兵力增加和战术调整等原因，卡马圭省起义军于 1878 年投降，双方签订了具有休战意义的《桑洪条约》，约定古巴起义军立即停止武装斗争、给予起义军中的黑人奴隶和亚洲移民以自由。而奥连特省起义军拒绝接受没有独立的和平和不取消奴隶制的和平，发表《巴拉瓜抗议书》[1]，号召人们继续斗争。《巴拉瓜抗议书》后成为古巴革命者不妥协的象征。古巴第一次独立战争虽以失败结束，但极大地鼓舞了民族士气，迫使西班牙殖民政府在 1886 年完全取消奴隶制，并使古巴各民族团结一致继续为独立而奋斗。1878—1895 年，古巴人民争取独立的斗争一直没有中断。

古巴第二次独立战争于 1895 年 2 月 24 日爆发，由何塞·马蒂（1853—1895）、马克西莫·戈麦斯-巴埃斯（1836—1905）、安东尼奥·马塞奥（1845—1896）等人领导。9 月，起义者在卡马圭省召开立宪大会，制定临时宪法，并成立政府。10 月，马塞奥和戈麦斯发动"突进战役"，在人民群众的大力支持下，攻克了几十个城镇，最终击败了装备精良的、总人数近 20 万的西班牙殖民军，控制了全国大部分领土。[2] 1896 年 2 月，西班牙当局为挽回局势，派巴莱里亚诺·魏勒尔任古巴都督，并采用集中营制度，造

---

[1] 徐世澄，贺钦. 古巴[M]. 北京：社会科学文献出版社，2018：58.
[2] 徐世澄，贺钦. 古巴[M]. 北京：社会科学文献出版社，2018：61.

成大量古巴人民死亡。同年12月，起义军继续进行战斗，并最终取得胜利。1897年10月，西班牙政府召回魏勒尔，并于11月宣布古巴建立自治制度。1898年1月1日，古巴自治政府成立，西班牙在古巴的统治逐渐瓦解。

在古巴独立战争取得胜利之际，美国因欲吞并古巴，以其军舰"缅因号"在哈瓦那港爆炸为借口，于1898年4月28日正式向西班牙宣战，美西战争爆发。美军进入古巴后，与古巴起义军配合，最终击败西班牙殖民军。7月，西班牙宣布无条件投降。12月，美国单独与西班牙在巴黎签订合约，要求西班牙放弃对古巴的主权，并由美国实施占领。

（二）文化发展

在殖民地时期，古巴的文化得到进一步的发展。古巴现存最早的文学作品是1608年出版的史诗《忍耐的镜子》，作者是西班牙人西尔维斯特雷·巴尔沃亚。该作品真实反映了16世纪古巴的社会生活。1733年前后，古巴人圣地亚哥·德皮塔出版剧本《假王子园丁和乔装的花神》，成为古巴第一位本土作家。但由于长期的殖民统治与压迫，古巴民族戏剧难以发展进步。

18世纪初，带有浓厚宗教色彩的作品十分盛行。到了18世纪末19世纪初，古巴作家主要创作反映古巴乡土风貌的诗歌，代表诗人有曼努埃尔·德塞凯拉-阿兰戈和曼努埃尔·胡斯托·德鲁瓦尔卡瓦，同时这一时期还有很多反映乡土历史题材的作品问世，如佩德罗·奥古斯汀·莫雷利·德圣塔克鲁斯所著《古巴岛的历史和教堂》（1760年）等。1790年，《哈瓦那报》创刊，古巴克里奥约人（土生白人）开始在该刊物上发表言论，大力赞扬古巴秀美的风光和丰富的物产，作品体现了当时盛行的崇尚自由、公正、平等、创新的克里奥约精神。

19世纪30—60年代，古巴开始涌现以反抗宗主国殖民统治、争取古巴独立和个人反抗命运不公为主题的作品。1834年，古巴文学研究院成立，成为反抗宗主国殖民统治的土生白人的活动中心，但该组织很快被取缔。主要代表作家及其作品有菲利克斯·瓦雷拉创办的首个倡导古巴独立的杂志《哈瓦那人》，何塞·德拉鲁斯–卡瓦列罗的《目录集》（1835年），安塞尔莫·苏亚雷斯–罗梅罗反对奴隶制的小说《弗朗西斯科》（1840年）、奴隶出身的诗人胡安·弗朗西斯科·曼萨诺倡导自由的诗作《自传》（1835年）等。[1] 首位在诗歌中明确提出古巴民族独立愿望的是诗人何塞·玛丽亚·埃雷迪亚，其诗歌充满爱国热情。这一时期的其他代表作家还有风俗主义小说家西里洛·比利亚维尔德，代表作为《塞西莉娅·巴尔德斯》（1882年）；浪漫主义诗人拉斐尔·玛利亚·门迪维，代表作为歌颂大自然的《露珠》；女诗人赫特鲁迪斯·戈麦斯·德阿维里亚内达；西博内主义代表诗人何塞·福尔纳里斯，该流派的抒情诗以古巴本岛土著居民生活习俗和田园景象为主题。

两次独立战争期间，古巴著名作家、评论家恩里克·皮涅罗、曼努埃尔·桑吉利与恩里克·何塞·瓦罗纳等积极创办宣传独立思想的报纸杂志。19世纪后期古巴文学史上最重要的作家是何塞·马蒂，他也是拉丁美洲现代主义运动的先驱和古巴民族英雄。

二、新殖民地时期

（一）历史发展

1899年1月1日，西班牙军队从古巴撤离，结束了长达四个世纪的殖民统治。而美国则通过美西战争窃取了古巴人民的革命果实，开始对古巴

---

[1] 冯平，刘东岳，牛江涛. 世界近代文学简史[M]. 北京：中国环境科学出版社，2006：188.

进行军事占领。1900年6月，在美国的威胁与欺骗下，古巴制宪会议通过了《普拉特修正案》，并作为附录加入古巴宪法。该修正案导致古巴成为美国的附庸，无法实行独立外交政策，使美国有权干涉古巴内政，控制古巴的财政和金融。1902年5月，亲美派托马斯·埃斯特拉达·帕尔马就任首届古巴共和国总统，古巴共和国成立，古巴取得名义上的独立。1903年2月，美国利用《普拉特修正案》租借了古巴的关塔那摩湾和翁达湾为海军基地。几年后，为扩大关塔那摩湾海军基地的面积，美国放弃翁达湾，并霸占关塔那摩湾至今。

帕尔马任期内，大量美国资本涌入古巴，控制古巴的蔗糖和烟草生产，古巴经济发展缓慢。1902年11月，古巴爆发第一次总罢工，次年发生两次武装起义和民众的大规模抗议活动，帕尔马政府均对其进行了残酷镇压。1903年起，古巴多地建立了早期马克思主义组织。1905年9月，古巴举行大选，帕尔马不择手段再次获得连任，激起人民的强烈反抗。1906年8月，古巴人民举行起义，史称"八月战争"。帕尔马遂要求美国进行军事干预。1906年9月，美国第二次军事占领古巴，一直持续至1909年1月。美国在军事占领期间，增强了对古巴政治和经济的统治。到1925年，美国已控制了古巴的经济命脉，包括蔗糖业、矿业、公共事业、银行、电力、通信、铁路、水泥、烟草、罐头等产业，此外还对工人的罢工等活动采取更加严厉的镇压。

帕尔马政府之后，何塞·米盖尔·戈麦斯于1909—1913年担任总统、马里奥·加西亚·梅诺卡尔于1913—1921年担任总统、阿尔弗雷多·萨亚斯-阿方索于1921—1925年担任总统。这三届政府的贪污腐败问题非常严重，在任期间，古巴人民反帝反寡头统治的情绪日益高涨。

在俄国十月革命和工人运动的影响下，古巴原有的共产主义小组日益壮大，并成立了一些新的共产主义组织。1925年8月，这些共产主义组织召开第一次代表大会，成立了古巴第一个马列主义政党古巴共产党，后于1944年更名为人民社会党。同月，古巴成立了第一个全国性的中央工会古巴全国工人联合会。

1925年5月，赫拉尔多·马查多-莫拉莱斯就职古巴总统，执政初期进行了一些大规模公共工程建设，并对民族工业采取了一定的保护措施，以促进民族工业发展。但在其第二个任期内，他实施独裁统治，并加深了古巴对美国的经济依附。1933年，在古巴共产党和古巴全国工人联合会的领导下，古巴爆发了总罢工，史称"1933年革命"，马查多被迫辞职，卡洛斯·曼努埃尔·德塞斯佩德斯-克萨达任临时总统。同年9月，富尔亨西奥·巴蒂斯塔·萨尔迪瓦发动军事政变，临时总统下台，由拉蒙·格劳·圣马丁出任总统。1934年，巴蒂斯塔策划政变并推翻格劳政权，由卡洛斯·门迭塔·蒙特富尔出任总统。自此，巴蒂斯塔开始掌握实际政权，并操纵了1934—1940年的7次总统更迭。[1]

1940年7月，巴蒂斯塔在大选中获胜。执政期间，他推行了一系列赢得民心的政策。1941年12月珍珠港事件后，巴蒂斯塔政府利用二战时机增加蔗糖的生产和出口，使古巴经济取得较快发展。1944年6月，格劳在大选中胜出，并于10月出任总统。由于冷战的开始，格劳政府开始反对共产党和共产主义者，支持右翼势力，导致古巴真正党党内出现分歧。1947年，爱德华多·奇瓦斯组织建立了更为激进的古巴正统人民党，并在1948年的大选中与真正党候选人卡洛斯·普利奥·索卡拉斯竞争，最终后者胜出并出任总统。普利奥政府贪污腐败严重，其任期被称为古巴共和国历史上"最极端、最贪污腐败、暴乱最多和最不民主"的时期。[2]

1952年大选前，巴蒂斯塔在美国的支持下发动军事政变上台，阻断了总统选举和民众运动的进一步发展。上台后，巴蒂斯塔解散了议会、政党、工人和农民组织，开始实行独裁统治，禁止罢工、公共集会和游行，逮捕和迫害共产党人和进步人士。据统计，在其第二任期内（1952—1958年），

---

[1] 戈特. 古巴史 [M]. 徐家玲，译. 北京：中国大百科全书出版社，2013：183.
[2] 戈特. 古巴史 [M]. 徐家玲，译. 北京：中国大百科全书出版社，2013：187.

约有两万人惨遭杀害。[1] 巴蒂斯塔积极投靠美国，并与苏联断交，使古巴在经济上进一步依附美国，人民生活水平显著下降。

在巴蒂斯塔独裁统治期间，古巴涌现了一些反对独裁的革命力量，其中以菲德尔·卡斯特罗为首的革命力量最受瞩目。从 1953 年年初起，卡斯特罗开始组织革命力量，准备进行武装斗争。1953 年 7 月 26 日清晨，159 名起义者在圣地亚哥和巴亚莫同时发动起义，但最终失败，多数起义者被杀害，卡斯特罗被捕入狱。同年 10 月 16 日，卡斯特罗在法庭上为自我辩护，发表了著名的辩词《历史将宣判我无罪》，最终被判 15 年监禁。1955 年 5 月 15 日，卡斯特罗在大赦中获释。获释后，卡斯特罗组织了革命组织"七·二六运动"，后于 7 月流亡墨西哥。1955 年 9 月，卡斯特罗在墨西哥与阿根廷革命者埃内斯托·切·格瓦拉（1928—1967）会面，格瓦拉自此成为古巴革命的重要领导人之一。

1956 年，卡斯特罗率游击队重回古巴领导古巴革命。游击队船只登陆后，游击队员与政府军进行了激烈的奋战，多人被杀或被俘。最终，幸存的游击队成员转移到马埃斯特腊山区，并终于与国内抵抗组织成员会合。

在马埃斯特腊山区，卡斯特罗领导的游击队伍逐渐取得当地农民的拥护，并与政府军展开斗争。起义军在战争中逐渐取得节节胜利，并形成以阵地战为主的作战方式，成立了由菲德尔·卡斯特罗领导的第一阵线，由劳尔·卡斯特罗领导的第二阵线，及后来的由胡安·阿尔梅达领导的第三阵线。随着古巴国内反独裁斗争愈加激烈，各方力量的协调合作不断加强。与此同时，巴蒂斯塔政府决定肃清马埃斯特腊山区游击队，但游击队在卡斯特罗的领导下顽强抵抗，独裁政府未能得逞。1958 年 8 月，卡斯特罗将战事扩展到古巴西部，开辟了新的阵线，并不断取得胜利。10 月，卡斯特罗颁布土地改革法《第三号法令》，对动员群众革命起到巨大作用。11 月，卡

---

[1] 徐世澄，贺钦. 古巴 [M]. 北京：社会科学文献出版社，2018：71.

斯特罗亲自指挥吉萨战役并取得胜利，标志着起义军转入战略反攻。[1] 与此同时，劳尔·卡斯特罗指挥的第二阵线和阿尔梅达带领的第三阵线在奥连特省也取得节节胜利。1958 年 12 月 31 日，起义军开始攻打中部省会圣克拉拉市。1959 年 1 月 1 日凌晨，巴蒂斯塔仓皇出逃。同天中午，格瓦拉攻克圣克拉拉。同天晚上，卡斯特罗攻克东部省会圣地亚哥，并宣布成立新政府，由曼努埃尔·乌鲁蒂亚任临时总统。古巴革命宣告胜利。1 月 8 日，卡斯特罗率军胜利进入哈瓦那。

（二）文化发展

1902 年古巴独立后，许多流亡海外的古巴作家回到祖国，其中一些作家积极宣传爱国主义，严厉抨击腐败统治。这一时期的代表作家有卡洛斯·洛维拉，其代表作《将军与博士》（1920 年）对新贵族和教权进行谴责和批判；米格尔·德卡里翁，其代表作《诚实的女性》（1918 年）和《不贞的女人》（1919 年）以自然主义手法写成，前者抨击了资产阶级道德观，后者反映下层阶级生活。古巴诗歌开始进入一个新的时期，一些诗人另辟蹊径，脱离现代主义，走上新的创作道路。

20 世纪 20 年代后，因经济危机和马查多的独裁统治，古巴社会问题加剧。1927 年，诗人雷西诺·佩德罗索以《向机械车间致以兄弟般的问候》（1927 年）一诗开启了以反剥削反压迫为主题的社会诗歌创作。同时，尼古拉斯·纪廉、菲利克斯·皮塔·罗德里格斯等诗人也发表了许多抗议社会不公正现象的诗作，古巴文学创作开始以民族觉醒和反抗为主题。

20 世纪 30 年代起，古巴黑人派运动代表作家开始以黑人或穆拉托人（黑白混血种人）的生活为题材，并运用黑人民间歌舞的韵律创作，著名作

---

[1] 徐世澄，贺钦. 古巴 [M]. 北京：社会科学文献出版社，2018：78.

品有尼古拉斯·纪廉的代表作《音响的主题》（1930年）和《松戈罗·科松戈》（1931年），以及民俗学家费尔南多·奥尔蒂斯的代表作《黑奴》（1916年）等。1946年，何塞·莱萨马·利马创办杂志《起源》，团结了一批古巴青年作家，他们主张寻求古巴民族艺术特性，写作主题多为儿时回忆与思乡之情。

古巴独立后到20世纪40年代，古巴戏剧发展主要围绕着商业性闹剧和滑稽剧，但也出现了一些严肃民族戏剧作家，如以创作哲理剧和问题剧为主的何塞·安东尼奥·拉莫斯。后期逐渐涌现了一些年轻的剧作家，通过戏剧作品比较深刻地反映了古巴的社会问题，如何塞·路易斯·德拉托雷、比尔西略·皮涅罗等。

三、革命及建设时期

（一）历史发展

古巴革命临时政府于1959年1月1日在圣地亚哥市成立。临时总统为资产阶级自由派代表乌鲁蒂亚，总理为何塞·米罗·卡尔多纳。革命胜利初期的临时政府由部分资产阶级自由派组成，他们拒绝进行深刻的改革，逐渐遭到革命力量的反对。2月中旬，政府内阁全部辞职，卡斯特罗就任总理，并进行了多次政府改组，革命力量逐渐获得优势。7月17日，奥斯瓦尔多·多尔蒂科斯·多拉多任总统。至此，建立革命政权任务基本完成。

同时，古巴革命政府也实施了一系列民主改革措施：在政治方面，于1959年2月颁布了具有宪法作用的《1959年根本法》；在经济和社会方面，于1959年5月颁布了《土地改革法》，没收大庄园主的土地，把美国垄断资本所占土地归为国有，并成立国营人民农场和甘蔗合作社。此外，古巴革命政府开始对本国企业和外国企业实施国有化改革，颁布《城市改革法》和相关措施确保就业和推行社会保险、全民免费医疗和免费教育，并开展大规模扫盲运动等。

在古巴进行改革的同时，美国开始对古巴采取敌对和孤立政策。1960年年底，美国停止对古巴的一切援助，对古巴实行贸易禁运。1961年1月，美国与古巴断交。在此背景下，社会主义国家对古巴进行了及时的支援。随着古巴革命的深入发展，1961年4月，卡斯特罗宣布古巴革命"是一场贫苦人的、由贫苦人进行的、为贫苦人的社会主义民主革命"[1]。同年5月1日，卡斯特罗宣布古巴为社会主义国家。面对美国的威胁，古巴决定向苏联寻求帮助。1962年，古巴同意苏联在古巴装备中程导弹，并从8月起开始安装中程导弹，运进战斗机和苏联士兵。这一军事行动后被美国发现。10月，时任美国总统肯尼迪宣布封锁古巴，要求苏联拆除在古巴安装的核武器，并进行战争威胁。11月，苏联从古巴撤出全部42枚导弹，古巴导弹危机宣告平息。

1963—1970年，古巴政府在社会主义道路上进行了一系列的探索。首先，在政治方面，1961年7月，古巴三个主要革命组织"七·二六运动""人民社会党"（1925年成立时称"古巴共产党"）和"三·一三革命指导委员会"合并成立"革命统一组织"，次年更名为"古巴社会主义革命统一党"。1965年10月，又在古巴社会主义革命统一党的基础上建立古巴共产党，并由卡斯特罗出任第一书记。其次，在经济方面，古巴针对城市私有制展开革命攻势，接管私人小企业、手工业作坊和商店，并扩大免费社会服务。1963年10月，古巴进行第二次土地改革，颁布《第二次土地改革法》。经过两次土改，古巴农村的大庄园制和富农经济均已被消灭，国有土地占全国土地面积的70%，小农和合作社土地占30%。[2] 1963年年底，古

---

[1] 卡斯特罗. 卡斯特罗言论集：第2册 [M]. 北京：人民出版社，1963：26.
[2] 徐世澄，贺钦. 古巴 [M]. 北京：社会科学文献出版社，2018：84.

巴提出集中力量发展蔗糖业，提出 1970 年年产 1 000 万吨糖的目标。但这一计划最终未能实现，反而导致国民经济各部门发展比例严重失衡。1964—1966 年，古巴领导层就经济发展战略和经济体制问题展开辩论，最终采取新的经济簿记制度。

1970 年年初，古巴参照其他社会主义国家，推进政治经济制度化和合理化，进行了政治、经济、军事、外交等方面的一系列改革调整。在政治方面，1972 年 12 月，古巴建立部长会议执行委员会，增设副总理。1975 年 12 月，古巴共产党召开第一次代表大会，通过《社会主义宪法草案》、第一个"五年计划"、《古巴行政区调整方案》和《党章》等。1976 年 2 月，古巴通过《1976 年宪法》。1976 年 12 月，全国人民政权代表大会召开，卡斯特罗当选国务委员会主席，即国家元首，同时当选部长会议主席，即政府首脑，取消原有总统职位。在经济方面，1971—1972 年，古巴调整国民经济结构，降低蔗糖业在国民经济中的比重。自 1972 年起，古巴开始加强宏观经济调控，执行三年经济计划；1976 年起执行五年经济计划。1977 年，古巴开始实行经济核算制。1978 年，开始实行价格、税收、银行信贷等制度。在外交方面，古巴大力加强同苏联的关系，包括与苏联签订长期经济协定。同时，古巴开始扩大其在国际事务中的影响。此外，古巴缓和了与拉美国家之间的关系，与不少国家恢复或建立外交关系。

20 世纪 80 年代前半期，古巴对经济政策做出重大调整。1980 年 12 月，古共第二次全国代表大会决定执行"新经济政策"，放宽经济管制，这使得古巴经济取得一定发展，人民生活水平有所提高，工业、农业和出口方面取得一定进步。1986 年，古共第三次全国代表大会（简称三大）举行，修订了以加速工业化为主要目标的发展战略。三大闭幕后不久，卡斯特罗提出要"纠正错误和不良倾向"（又称"纠偏"），以修正执行"新经济政策"中的一系列弊端，措施包括关闭农民自由市场、恢复国家统购统销、禁止私人买卖房屋等。"纠偏"措施未能促进古巴经济发展，但确保了古巴坚定社会主义方向。

20世纪90年代初，东欧剧变，苏联解体，这一事件对古巴经济造成很大冲击，能源严重短缺、蔗糖产量和出口收入锐减、食品等人民生活必需品供应减少。1990年9月，古巴宣布进入"和平时期的特殊阶段"，继续坚持计划经济，并采取一系列应急措施。1991年10月，古共四大提出"拯救祖国、拯救革命、拯救社会主义"的口号，并明确将对外开放政策作为国策执行。1996年6月，古巴建立自由贸易区，同年开始金融体制改革。1997年10月，古共五大召开，提出在不改变社会性质的前提下，继续进行经济改革，但之后总体改革力度不大。1998年，古巴加大征税力度，并开始进行国有企业管理体制改革。2000年，为对抗美国的敌视和封锁，卡斯特罗提出要打一场"思想仗"，全国掀起了一场爱国主义教育，打击了美国的反古势力，扩大了古巴的国际影响。2004年11月，古巴决定终止美元流通，只能使用"可兑换比索"兑换外币。总而言之，古巴的对外开放政策取得初步成效，宏观经济恢复增长，经济和外贸结构更加多元，所有制和分配方式更加多样，对外经济关系得到发展，人民生活水平得到基本保障，国际环境得到改善。面对美国的敌对和封锁，古巴维持与独联体国家的关系，发展同欧盟国家、加拿大、日本的关系，积极寻求亚太、中东和非洲发展中国家关系。同时，古巴与委内瑞拉关系得到迅速发展，2000年10月卡斯特罗访委期间与时任总统查韦斯签署两国一体化合作协定。

2006年，卡斯特罗因病将古共中央第一书记、古巴国务委员会主席兼部长会议主席职务暂时移交给劳尔·卡斯特罗。2008年2月，劳尔于古巴第七届全国人民政权代表大会上正式当选古巴国务委员会主席兼部长会议主席。自执政之日起，劳尔开始针对古巴发展模式采取一系列改革措施，包括政府改组、精简政府机构等政治改革措施，以及放宽商品流通和外汇交易、放宽对个体工商户限制等经济改革措施，并取得了一定成效。2011年4月，古共六大召开，此次会议具有重大历史意义。在政治方面，劳尔正式当选古共第一书记，并正式通过并实行党和国家最高领导人任期制。在经济方面，六大通过《党和革命的经济与社会政策纲要》，古巴经济模式自此开始全面的结构性改革。六大后，古巴在外交上也取得了一系列进展，其中最为显著的是与美国恢复外交关系。

2016年4月，古共七大召开，古巴国务委员会主席劳尔·卡斯特罗再次当选古共中央第一书记，会议选举产生新的中央委员会，古巴逐渐开始进行领导层的新老更替。会议还讨论并通过了其他重要文件。2016年11月25日，古巴革命领袖菲德尔·卡斯特罗逝世，享年90岁。2018年4月19日，米格尔·迪亚斯-卡内尔接任劳尔，当选国务委员会主席兼部长会议主席并于当日就职。同月，面对日益变化和复杂的国际和国内环境，古巴政府开始自《1976年宪法》颁布以来的第四次宪法修订。2019年2月，古巴举行全民公投并通过新宪法。同年4月，新宪法正式生效。新宪法首次承认私有财产，首次承认市场，实行总统任期制，恢复总理制。未来，古巴将在变革与发展中不断建设社会主义事业，取得更大成就。

（二）文化发展

古巴革命胜利之后，许多作家发表了大量反映社会变革的现实主义作品，积极投身革命建设。尼古拉斯·纪廉、菲利克斯·皮塔·罗德里格斯、何塞·莱萨马·利马等作家继续创作，同时涌现了许多新人作家。这一时期，以奥内利奥·豪尔赫·卡多佐、多拉·阿隆索等为主的作家群体开始以短篇小说为主要创作形式。同时，也涌现了许多优秀的中长篇小说作家和作品，如拉丁美洲魔幻现实主义先驱阿莱霍·卡彭铁尔描写海地独立革命的作品《人间王国》（1949年），吉列尔莫·卡夫雷拉·因方特的《三只忧伤的老虎》（1967年），何塞·索莱尔·普伊格的反巴蒂斯塔独裁小说《贝尔蒂雄166》（1960年），古巴作家和艺术家协会主席、古巴国务委员、古共中央委员米盖尔·巴尔内特的证实性小说《真实的生活》(1986年)、《在纽约的一位古巴人》(1990年)等。1983年，古巴最重要的文学奖项古巴国家文学奖创立。2020年，该奖项授予剧作家尤金尼奥·埃尔南德斯·埃斯皮诺萨。

在戏剧方面，古巴革命胜利后，涌现了一批年轻剧作家，如阿维拉多·埃斯托里诺，其现实主义作品《被偷的猪》(1964年)反映了农村生活中的重大问题。其他重要剧作家还有曼努埃尔·雷格拉·绍梅利、安东·阿鲁法特、何塞·特里亚纳等。1999年，古巴舞台艺术国家委员会设立国家戏剧奖。2020年，该奖项授予儿童木偶剧作家鲁本·达里奥·萨拉萨和舞台和木偶设计师森南·加莱罗。

在电影方面，1959年古巴革命胜利后，政府对影视发展给予了充分重视，于同年3月成立电影艺术和电影业委员会，后隶属于古巴文化部。20世纪60年代，古巴电影业进入了黄金时代，在拉美地区处于领先地位。这一时期，古巴涌现了许多描绘革命进程和社会现实的影片，如导演托马斯·古特雷斯·阿莱亚的作品《我们的土地》(1959年)。20世纪70年代，古巴电影得到进一步发展，题材和内容更加丰富，艺术创作手法更加多样，同时出现了大量反映其他国家或地区人民解放斗争的纪录片。20世纪80年代，古巴电影进入调整时期，涌现出一批新兴导演和演员，他们思想更加开放，艺术手法更加新颖，创作的影片更加注重反映现实生活。20世纪90年代，面对经济困难，古巴电影数量虽有减少，但质量有所提高，许多影片开始通过合资的方式继续维持拍摄。进入21世纪，古巴电影业得到长足发展，许多电影在国际电影节上斩获奖项，如胡安·卡洛斯·克雷马塔执导的影片《古巴万岁》(2005年)、莱斯特尔·哈姆莱特执导的影片《老房子》(2010年)、豪尔赫·路易斯·桑切斯执导的影片《自由古巴》(2016年)等。2003年，古巴文化部和古巴艺术与电影产业研究院共同设立古巴国家电影奖。2020年，该奖项授予编剧塞内尔·帕斯和制作人帕科·帕兹。

第二节 风土人情

一、饮食、服饰和民居

（一）饮食

古巴坐落于富饶肥沃的海岛上，有独特的饮食习惯和丰富的美味佳肴。古巴美食处处体现"融合"，既有本土特点和加勒比美食的特色，又受欧洲、非洲、亚洲等外来菜系的影响。

在酒水方面，古巴的朗姆酒十分出名，最著名的朗姆酒品牌为诞生于1878年的"哈瓦那俱乐部"。古巴朗姆酒一般按储存时间划分品级，储存3年的为白牌，储存5年的为金牌，储存7年的为陈酒。此外，多种以朗姆酒为基酒的鸡尾酒也诞生于古巴，其中最有名的是"莫吉托"，一般由淡朗姆酒、糖、青柠汁、苏打水和薄荷调制而成，另还有"自由古巴"，一般由可乐和朗姆酒兑制而成，再加入柠檬汁和冰块。古巴咖啡质量上乘，人们习惯用小杯品尝浓郁且加糖的咖啡。由于古巴盛产甘蔗，因此甘蔗汁也是古巴人民十分喜爱的饮品之一。

古巴人多以大米为主食，常用黑豆和大米煮成黑豆米饭，或用红豆和大米煮成红豆米饭，即"宫格里饭"。土豆也是古巴比较常见的主食，古巴人常用土豆、胡萝卜、玉米、鸡肉或猪肉制成有名的汤饭"阿西亚克"。大蕉也常作为古巴人的主食，其淀粉含量很高，常见做法为炸制，后加糖熬制，颜色焦黄，口感甜香。除此之外，古巴三明治、古巴面包等也是古巴人喜爱食用的主食。

古巴人喜食肉类，包括猪肉、鱼类等，也习惯于食用大蒜、洋葱、番茄、青椒等蔬菜。古巴人烹饪美食喜用丁香、芫荽、千里香、桂皮粉、番红花等调味料，尤其是番红花，可以让菜肴颜色更加鲜艳好看。烤乳猪是古巴的一道佳肴，有几个世纪的历史，传统的制作方式是用番石榴枝叶熏烤，味道十分鲜美。古巴其他特色菜肴还有鸡肉米饭，即将米饭与番红花共同焖制成黄饭，配上青豆、胡萝卜丁、碎番茄、青椒等蔬菜，用橄榄油、大蒜、洋葱、芫荽、胡椒粉等调味，最后放上鸡肉块。这道菜做法简单，咸鲜适口，受到古巴人民的喜爱。"旧衣服"炖牛肉也是古巴非常著名的菜品之一，主要由牛肉碎、番茄酱、洋葱、橄榄油、大蒜、青椒等烹制而成，配有米饭。该菜肴因牛肉碎炖煮软烂，形似旧衣服的碎布条而得名。古巴人经常食用海产品，其中"烘鳘鱼"这道菜深受当地人喜爱。该菜品的做法十分复杂，需配着面包片同食，口感咸鲜微酸，风味独特。[1]

古巴被誉为"世界糖罐"，因此古巴的甜品也独具特色。蛋奶布丁是古巴最传统的甜点之一，来源于西班牙。其原料为焦糖、鸡蛋、牛奶，表面光滑，口感细腻，非常受当地人和游客的欢迎。西班牙油条是古巴街头常见的甜点小食之一，同样也是从西班牙传入，并逐渐融入当地人的食谱。西班牙油条主要用淀粉、鸡蛋、黄油、糖等炸制而成，焦黄酥脆，香甜可口。此外还有糖渍番石榴、糖渍柚子皮、香子兰布丁等特色甜品。小吃炸丸子也常见于古巴街头，一般由面粉裹着火腿和芝士做成，出锅时再撒上海盐调味，吃起来外焦里嫩，咸香四溢。[2] 古巴地处热带，盛产水果，芒果、菠萝、柑橘等水果也是古巴餐桌上必不可少的美食。

（二）服饰

古巴一年四季气候温暖宜人，因此古巴人的穿着多以透气、清凉为主。一般来说，古巴人着装比较随意，各民族和种族之间穿着差异不大，流行

---

[1] 曹玲泉. 古巴人的饮食习俗 [J]. 中国食品，1999（5）：37.
[2] 黎瑾. 餐桌上的古巴——海盗、殖民、革命之后的饮食故事 [J]. 烹调知识，2018（8）：58.

款式也大体相同。

古巴男人喜穿长袖或短袖衬衫，一般不穿短裤和凉鞋，且必须穿袜子。古巴男士在休闲和正式场合都常穿古巴国服"瓜亚维拉"。瓜亚维拉是一种传统衬衫，颜色多为白色，或为蓝色、绿色、紫红色等。该服装的主要特点是胸前和背后各有两条平行的竖纹，胸前竖纹穿过胸前和腹部两侧四个衣服口袋，有时还有不同的花纹作为点缀，有一定的收腰设计。2010年10月，古巴政府正式宣布瓜亚维拉为古巴正式服装，可以穿着该服装出席所有官方正式活动。[1] 在瓜亚维拉的基础上，又逐渐演变出古巴领衬衫。这种衬衫保留了瓜亚维拉独具特色的领口细节，简化了竖纹和口袋的装饰，现已成为国际流行的衬衫款式。

古巴女人多穿连衣裙或牛仔裤，喜穿凉鞋或平底鞋，少穿高跟鞋。在节庆日，古巴女人常穿颜色十分鲜艳的古巴礼服裙。这种裙子一般为修身款，裙摆较大、层层叠叠，颜色多为亮色碰撞拼接，再配有鲜艳的头巾头饰，十分有民族特色和节日的喜庆氛围。[2]

古巴某些影院、剧场及餐厅对着装有比较严格的要求，如不能穿短裤等。因此在去往这些地方时，古巴人会比较注意衣着。古巴的在校中小学生一般穿校服，戴红领巾。

（三）民居

古巴的民居建筑风格多样，体现了不同历史时期的文明和不同国家的影响。在哈瓦那、圣地亚哥等大城市，至今仍能看到多种不同风格的建筑，如西班牙殖民时期留下的古典主义、新古典主义、巴洛克、安达鲁西亚风格建筑，20世纪50年代美国和西欧留下的现代风格的摩天大楼和豪华别墅，

---

[1] 资料来源于 Cubadebate 网站。

[2] 资料来源于 Hablemos de Culturas 网站。

以及古巴革命胜利后兴建的住宅。除大城市之外，古巴的中小城镇也保留有许多西班牙殖民时期的特色住宅。这类住宅墙体洁白，屋顶为两面坡或四面坡，多为红褐色，大窗户外部装有不同花色的铁窗棂。古巴革命胜利后，古巴政府颁布一系列改革措施以解决人民住房困难问题，其中包括在哈瓦那和圣地亚哥等市区兴建居民住宅。但由于飓风等自然因素的破坏和经济方面的困难，许多住宅年久失修，略显老旧。

在大城市，由于社会阶层和收入不同，古巴人有的住别墅，有的住公寓，有的住大杂院，但古巴没有贫民窟。在农村，得益于革命胜利，农村居民的住房条件有了很大改善。除了新建居民住宅外，传统的印第安土著居民的茅屋也得以保留。这种茅屋一般为圆形尖顶，由木头、树枝、稻草和泥土堆建而成。[1]

无论在城市还是农村，古巴的民居一般都有宽敞的门廊，用来遮阳或避雨。在门廊内，人们常放置木质或铁质摇椅，古巴人喜欢半躺在这些摇椅上聊天。

二、风俗习惯和节假日

（一）风俗习惯

在习俗方面，古巴人的姓名通常由三到四节组成，与其他西班牙语国家人名类似，即"名-父姓-母姓"，其中名又常由复名组成。但与其他西语国家不同的是，古巴女子婚后仍保留自己原来的姓名，不改用夫姓。不管在什么场合，人们身份如何，古巴人都习惯互称"同志"。当双方打过几次

---

[1] 资料来源于 Enrique Gallud Jardiel 网站。

交道后，可能会互称"朋友"或"兄弟"。

古巴人热情好客，性格开放，见面时，不管是亲友还是不相识的人，都会互相打招呼问候。有时根据与对方的亲疏程度，也会采取不同的问候方式，如关系不太密切的邻居、同事间问候，一般只点头打招呼；正式场合的问候一般需要握手；熟悉的亲友间问候一般会互相拥抱；与女士见面时还可亲吻面颊一次。古巴人友好淳朴，与人交往时常常滔滔不绝，无话不谈，但初次见面时一般不宜谈及收入、年龄、宗教、信仰等话题。

去古巴人家中做客或赴约时，一般可以携带礼物。古巴人喜爱对方精心准备的惊喜礼品。根据不同场合，礼物的选择也比较多样，如蛋糕、鲜花、酒水、衣物等。送礼时应注意包装精美。古巴人十分重视时间观念，赴约时应提前到场，不可迟到，赴约后应与主人交谈过后再离场。到古巴人家中做客时应注意着装礼仪，不得随意触碰主人家中物品。

在婚姻方面，古巴实行一夫一妻制。根据《家庭法》规定，古巴男女法定结婚年龄为18周岁以上。古巴婚姻一般分为世俗婚姻和宗教婚姻两类，前者到民政部门登记结婚并领取结婚证书，后者在宗教场所举行结婚仪式。古巴年轻男女一般为自由恋爱，农村男女恋爱和结婚的时间较城市男女更早。结婚时，古巴人一般会与新婚夫妇和家人朋友举办聚会，歌舞至深夜；如举办教堂婚礼，则会在牧师的见证下举行一系列结婚仪式；在农村，新婚家庭一般会杀牛、羊等牲畜，并自制蛋糕甜点，以丰盛的酒宴招待宾客。[1]

（二）节假日

古巴的法定节假日如表2.1所示。

---

[1] 徐世澄，贺钦. 古巴 [M]. 北京：社会科学文献出版社，2018：13-24.

表 2.1 古巴法定节假日

日期	节假日
1月1日	解放日（纪念1959年1月1日古巴革命胜利）
1月2日	胜利日（通常于该日举办阅兵仪式）
每年圣周[1]的星期五（3月22日—4月25日）	圣周星期五
5月1日	劳动节
7月26日	全国起义日（纪念1953年7月26日卡斯特罗攻打圣地亚哥市蒙卡达兵营）
10月10日	独立战争纪念日（纪念1868年10月10日古巴爆发反抗西班牙殖民统治的独立战争）
12月25日	圣诞节
12月31日	新年前夕

在以上法定节假日中，7月26日的全国起义日是古巴最重要的节日。为庆祝该节日，全国7月25—27日放假3天，届时会举行盛大的群众集会，古巴最高领导人通常也于该日发表重要政策性讲话。除法定节假日外，古巴还有一些官方纪念日和地区性节假日，如1月28日的独立先驱何塞·马蒂诞辰日、7月30日的革命烈士纪念日、10月8日的格瓦拉遇难日、12月2日的"格拉玛号"登陆日等。

可以看出，古巴的节假日主要分为以下几类：与历史事件有关的节日、与革命英雄人物有关的节日、与宗教有关的节日和其他世俗节日。每年7月中旬起，古巴各地还会举办盛大的狂欢节，狂欢节会持续10日左右。在节日里，人们衣着鲜艳，伴着明快的音乐，在彩车上载歌载舞，整个国

---
[1] 圣周是纪念耶稣基督受难前后事迹的节期，为复活节前一周。2014年古巴颁布的《劳动法》规定每年圣周的星期五为法定节假日。

家一片欢腾。古巴曾因甘蔗收获季与圣诞节假期相冲突的原因取消圣诞节，但 1997 年罗马教皇访古前夕，古巴政府再次恢复圣诞节为公众节日。如今圣诞节不只是宗教节日，已成为一个社会性节日。在圣诞夜，古巴人常食用火鸡、花生糖和苹果等。在 12 月 31 日新年前夕，古巴人也有一些独特的庆祝方式，如在一些街区，人们会烧掉穿着旧衣服的木偶；在新年的钟声敲响之时，每家每户都会向门外泼洒一桶水，以作辞旧迎新之意。[1]

三、多样的艺术形式

歌与舞是古巴人生活中必不可缺的一部分，许多世界知名的音乐和舞蹈体裁均起源于古巴。古巴的歌舞深受西班牙文化和非洲文化的双重影响，其中非洲文化的印记更为明显。古巴有名的音乐形式有"瓜希拉舞曲"，这是一种源于古巴民间的音乐体裁，具有浓浓的乡村风格，同时受到西班牙音乐的巨大影响。瓜希拉舞曲曲调平稳，略带忧伤，演奏乐器一般为吉他、三弦琴和一种名为克拉维斯的体鸣乐器。这种音乐主要表现形式有两种，一种是自由结构，即歌唱与音乐伴奏之间的自由组合，或伴奏乐器与方式灵活简洁；另一种是固定结构，即歌唱与伴奏密切配合。

古巴人能歌善舞。在古巴，歌与舞的关系十分密切，几乎所有的音乐都可以转换成舞曲，如著名的"萨尔萨""伦巴""颂""曼博""恰-恰-恰"等，均为古巴特色的音乐体裁，同时也是古巴有名的舞蹈形式。"萨尔萨"在西班牙语中本义是"调味酱"，在古巴歌舞中意为"火热"。萨尔萨舞起源于古巴，风靡于拉美，是一种混合舞，融合了古巴多种舞蹈形式，其音乐情绪热烈奔放，具有浓郁的拉丁美洲和加勒比海风情。伦巴起源于古巴

---

[1] 资料来源于 Revista Dime Club 网站。

黑人的音乐与舞蹈，在流传过程中主要形成哥伦比亚、瓜关科和杨布三种舞蹈形式。[1] 伦巴舞的音乐节奏比旋律更重要，也更突出，在演唱方面，常常以一段即兴独唱开始，后逐渐进入乐器伴奏；在舞蹈方面，伦巴舞舞者以"快-慢-快"为节奏，胯部和肩膀部位的动作比较突出，舞步比较简洁。"颂"起源于18世纪下半叶古巴东部地区的乡村，是一种热情欢快的歌舞曲，其独唱部分有浓烈即兴成分，同时还有独唱与合唱穿插进行的叠歌形式。"颂"的唱词题材非常广泛，几乎能够反映古巴社会的方方面面，一般采用吉他、邦果鼓、沙球、三弦琴、曼多林琴等作为伴奏乐器，同时展现节奏、和声和旋律；"颂"的舞蹈高度融合古巴各地的舞蹈成分。"颂"最突出的特点就是在音乐中引入了鼓，这在拉丁美洲音乐发展中有里程碑式的意义。[2] "曼博"于20世纪50年代风靡美国，吸收了大量美国爵士乐和摇摆乐元素。曼博舞节奏感强，气氛热烈。"恰-恰-恰"本是一个拟声词，指舞蹈中的跺脚声。作为音乐，"恰-恰-恰"在20世纪40年代末由小提琴家恩里克·霍林首创；作为舞蹈，"恰-恰-恰"从曼博舞演变而来，在曼博舞步中加入一个跳跃步伐，并在配套音乐中添加切分音，形成三连音的形式。该舞曲的节奏感比曼博舞曲更强，呈现"慢-慢-快快-慢"的节拍形式，后逐渐风靡全球。除以上歌舞曲之外，哈巴涅拉、丹松、博莱罗等同样也是古巴主要的音乐和舞蹈形式。

在乐器方面，古巴的乐器也体现了多民族多文化的特色。在古巴音乐中，沙球是必不可少的一种乐器。这是一种圆形或葫芦形的体鸣乐器，其中装有种子、谷物或碎石，使用时发出沙沙声，主要用来增强音乐中的节奏感。沙球是古巴早期印第安原住民唯一留下的音乐遗迹。此外，克拉维斯也是一种非常重要的体鸣乐器，由一对长20—30厘米的木质短棒组成，演奏时需用两根短棒互相撞击，并用拱起的手掌做共鸣，发出响亮清脆的

---

[1] 孙波. 加勒比海的岛国音乐风情 [J]. 音乐生活，2020（6）：58-60.

[2] 杨佳岚. 恰恰恰的前世今生 [J]. 尚舞，2021（7）：43-47.

咔哒声。[1] 在古巴合奏乐中，克拉维斯一般用来重复一段固定节奏，以保持器乐合奏的统一节拍。古巴的膜鸣乐器多源自非洲，包括巴塔鼓，一般由大中小三面鼓组成，用在宗教仪式中；卡洪鼓，又名箱鼓，形似大木盒，演奏者在演奏时坐在鼓上，用手敲击；康加鼓，鼓身细长，中部偏上部位向外鼓起，一般鼓面直径越小音越高。古巴其他特色乐器还有刮器、马林布拉等。

古巴的芭蕾舞团世界闻名。古巴著名芭蕾舞舞蹈家阿莉西娅·阿隆索于1956年创办阿莉西亚·阿隆索芭蕾舞团，后于1962年更名为古巴国家芭蕾舞团。该舞团演出的著名芭蕾舞剧有《吉赛尔》《堂吉诃德》等。舞团也曾多次到中国演出。

第三节 文化名人

独特的历史因素造就了古巴多元的文化，也促成了古巴丰富的文化形式，更给其带来深厚的内涵。在古巴众多文化形式中，文学对古巴摆脱殖民统治、反对帝国主义、获取民族独立起到至关重要的作用。同时，古巴人民奋勇抗争的历史和精神也给古巴文学带来丰富的写作题材和灵感。可以说，"殖民"与"革命"是古巴文学中最醒目的主题之一。本节将选取古巴文学史和革命史上重要的两名作家，介绍其生平、经历和主要成就，展现其对古巴文学、文化等领域发展做出的重要贡献。

---

[1] 谢佳音. 古巴音乐（下）[J]. 音乐生活, 2015（9）: 32-35.

一、何塞·马蒂

何塞·马蒂是古巴独立运动领袖、民族英雄、思想家、教育家、诗人。1853 年出生于哈瓦那的一个西班牙家庭,其父曾任军官。自幼时起,马蒂即目睹了西班牙殖民统治和奴隶制的不公与压迫,也受到爱国主义和独立自由精神的影响和熏陶。古巴爱国志士、教育家、诗人门迪维曾为马蒂的老师,他的爱国主义思想给后者留下了不可磨灭的印迹。青年时期,马蒂即投身于民族解放运动。1868 年,卡洛斯·曼努埃尔·德塞斯佩德斯发动反抗西班牙殖民统治的起义,得到全国各地爱国志士的响应,年仅 15 岁的马蒂也开始创办报刊、撰写诗歌,通过文字的形式表达对起义的支持,口诛笔伐西班牙殖民统治的罪恶行径,赞美祖国和自由。1869 年年初,马蒂在自己创办的报纸《自由祖国》上发表宣传革命的诗剧《阿布达拉》。同年 10 月,马蒂被西班牙当局逮捕,并被判 6 年监禁和苦役,1871 年初被流放至西班牙。流放期间,他先后在马德里中央大学和萨拉格萨大学攻读法律和哲学,亲眼目睹了殖民统治的腐朽与暴戾,并通过诗文声援古巴独立战争。1871 年中,他发表了《古巴政治犯》,以本人的真实经历,揭露了西班牙殖民者对古巴监犯实施的非人行径。

1874 年,马蒂乘船返回美洲,先后在墨西哥、危地马拉等地旅居,这段经历对"何塞·马蒂思想"的形成有巨大影响。在墨西哥期间,他入职《宇宙》杂志,并用奥列斯特和阿纳华克的笔名撰稿,发表政治观点,声援美洲国家的独立运动。1878 年,古巴十年战争结束,古巴与西班牙殖民者签署《桑洪条约》,马蒂认为此条约并未完全解决古巴的民族独立问题,遂返回祖国,继续组织革命活动,号召古巴人民为取得完全的独立而继续奋斗。1879 年,马蒂再次被捕,被流放至西班牙后他设法逃往法国,后经法国前往美国。

1880 年起,马蒂以美国纽约为主要活动场所,开始了其政治活动最密集、文学创作最臻成熟的阶段。[1] 在此期间，马蒂与拉丁美洲国家各大报纸杂志展开合作，为委内瑞拉《国家舆论报》、阿根廷《国民报》、洪都拉斯《共和国报》、墨西哥《自由党报》、美国《美洲报》等报刊撰稿，反映拉美国家的真实情况，积极宣传革命。马蒂的政治观点和主张赢得拉美许多国家政府的重视，乌拉圭、阿根廷和巴拉圭三国政府先后任命他为驻纽约领事。与此同时，马蒂还进行了大量的革命组织工作。1892年，马蒂联合古巴侨民成立古巴革命党，并被选为主席。同年，他创办《祖国》杂志宣扬革命理念，并开始第二次独立战争的准备工作。1895年3月，马蒂与第一次独立战争领导人马克西莫·戈麦斯共同签署了著名的《蒙特利克斯蒂宣言》，号召全体古巴人不分种族、肤色，团结一致，为祖国独立而战。同年5月19日，马蒂在战役中阵亡，年仅42岁。

何塞·马蒂短暂的一生完全奉献给了争取古巴民族独立和自由的事业，在革命斗争的过程中，形成了独特的"何塞·马蒂思想"，并成为古巴共产党和国家的指导思想。其在文学方面的造诣同样颇深，被认为是拉丁美洲现代主义文学的先驱，著有诗集《伊斯马埃利约》（1882年）、《纯朴的诗》（1891年）等，散文《我们的美洲》（1891年）、《美洲，我的母亲》（1889年）等在拉美脍炙人口。

二、尼古拉斯·纪廉

尼古拉斯·纪廉（1902—1989）被誉为"古巴民族诗人"。1902年，纪廉出生于卡马圭的一个非裔家庭，青少年时期曾在报纸印刷所任排字工，由此开始接触和创作诗歌。1920年，纪廉于哈瓦那大学攻读法律专业，但

---

[1] 中拉智讯. 我的理想不会消失——何塞·马蒂的文学与政治生命[EB/OL].（2017-12-29）[2021-11-25]. http://www.yidianzixun.com/article/0I0wV7Ij.

由于经济原因于次年辍学，同时开始从事新闻与报刊工作并逐渐投身于诗歌创作，其诗作受当时风行的现代主义诗歌影响较深。1930 年，纪廉发表组诗《音响的主题》，随即轰动文坛。该诗作的发表代表着长期被压迫和歧视的古巴黑人首次以他们独特的习惯和用词，描绘出他们生活的鲜活图景。1937 年，纪廉加入古巴共产党。1937—1938 年西班牙内战期间，他于西班牙参加声援西班牙第二共和国的文坛会议，与众多拉丁美洲和西班牙文坛巨匠相识。1940 年，纪廉返回古巴，开始密集地从事政治和文化活动，包括担任《今日日报》编辑，竞选卡马圭市市长等。1945—1948 年，纪廉开始周游拉美各国。

由于纪廉反对巴蒂斯塔独裁政权，其作品与革命活动为独裁政府所不容，因此曾被多次被捕入狱，后于 1953—1958 年流亡国外，并于 1954 年获得"国际列宁和平奖"。1959 年古巴革命胜利，纪廉同一些流亡国外的革命作家一样回到祖国，并撰写了一系列脍炙人口的诗歌。1961—1989 年，纪廉担任古巴作家和艺术家联合会主席。1975 年和 1980 年两次当选古共中央委员。

纪廉曾于 1952 年、1953 年和 1959 年三次访问中国，并创作了赞扬中国人民革命建设成就的诗歌，是中国人民的朋友和深受中国读者喜爱的拉美诗人之一。[1] 纪廉作为古巴黑人派代表作家，其诗歌受早期现代主义文学影响，同时吸收运用黑人民间诗歌和音乐的韵律与节奏，多通过对黑人生活的描述，反映种族和社会问题，体现其爱国主义和与种族主义抗争的精神。纪廉的诗歌除了在西班牙语国家得到广泛传播之外，还被译为多种语言。代表作品有诗集《音响的主题》（1930 年）、《松戈罗·科松戈》（1931 年）、《西班牙，四种苦恼和一种希望》（1937 年）等。

---

[1] 巴文. 纪念名诗人纪廉逝世 20 周年 [J]. 世界文学，2009（5）: 317.

第三章 教育历史

根据古巴的历史特点，其教育发展可以划分为以下三个历史阶段：西班牙殖民时期（16世纪初至19世纪末）、新殖民地共和国时期（1902—1958年）、古巴革命胜利之后（1959年至今）。本章将对古巴各历史阶段的教育发展和重大教育事件进行分析总结，并通过对古巴杰出教育家的介绍，梳理古巴教育思想的演进脉络。

第一节 历史沿革

一、西班牙殖民时期

西班牙殖民者于16世纪初在古巴岛上建立了第一批城镇，直到1898年被迫撤离，殖民统治长达约4个世纪。殖民者在古巴先后设立都督辖区和检审庭，并推行等级森严的委托监护制。当地的印第安人及非洲黑人奴隶身份低微，常常被任意驱使和剥削。在殖民统治的相当长时期内，对于身份低微的底层普通民众的教育鲜有进展。

西班牙殖民时期，关于古巴教育发展的历史记载见诸16世纪的西班牙皇家法律。法律规定，主要由牧师和传教士等神职人员为古巴当地的印第安人以及来自非洲的黑人奴隶开展西班牙语和基督教教义的教学。所以，古巴的教育最早是由多明我会和方济各会教士开展的。1522年，古巴设立神学教师一职。1574—1578年，神学教师在哈瓦那创办教会学校，学校设在修道院，科目很有限。[1]

该时期古巴教育深受宗主国西班牙的影响，等级分明，重视处于社会中上层地位的贵族阶级、神职人员和官僚团体的教育。中等教育和高等教育取得了一定发展，而初等教育的发展则停滞不前。

自18世纪起，古巴的经济和文化得到了一定发展。在此背景下，古巴的初等教育开始发展，为儿童开设的学校逐渐增多，就此渐渐形成了从属于宗主国西班牙教育体系下的早期古巴教育子体系。该时期诞生了古巴，同时也是拉美地区历史最悠久的一批大学，如：位于圣地亚哥、建于1722年的圣巴西里奥·马格诺神学院，它是现在古巴圣地亚哥东方大学的前身；以及建于1728年的哈瓦那圣赫罗尼莫王家与教皇大学，它是现在古巴哈瓦那大学的前身，该校最初设在修道院内，设艺术（哲学）、神学、教规、法律和医学5个系，可授予学士、艺术硕士和博士等学位，大学的管理权控制在教会手里，学生则不论信教与否均可入学。[2]虽然该时期古巴的大学实行的教育计划还很落后，但大学的建立仍然是文化进步的一种体现。此外，在一些学校，如1773年成立的圣卡洛斯王家神学院，许多世俗教师将欧洲科技方面的成就引入教育教学中，一定程度上推动了教育的革新。

在19世纪，古巴推出了几个旨在促进教育发展的计划，但这些计划依然主要是为统治阶级服务，不利于对广大奴隶和贫农阶层进行扫盲教育。该时期，古巴通过皇家律令出台了第一条学校法。该法律为建立初等教育

---

[1] 徐世澄，贺钦. 古巴[M]. 北京：社会科学文献出版社，2018：247.
[2] 顾明远. 世界教育大事典[M]. 南京：江苏教育出版社，2000：477.

学校、开展针对贫困儿童的义务教育、大学教育的世俗化奠定了基础。但由于社会等级制度的影响，该法律基本未付诸实践。

1895 年，古巴爆发了第二次独立战争，战乱使得古巴教育发展举步维艰，再加上缺乏校舍、师资、科学化的教材以及其他软硬件设施，古巴教育雪上加霜。1898 年，古巴起义军挫败西班牙殖民者取得独立战争胜利之际，古巴文盲率在 60% 以上。[1]

二、新殖民地共和国时期

1898 年美西战争后，美国占领古巴。在美国一手策划下，古巴共和国于 1902 年宣告成立，虽然获得了形式上的独立，但随后美国多次通过军事手段占领古巴并借助其他各种手段对古巴进行控制。在这样的背景下，美式教育被引入古巴。虽然该时期古巴教育总体仍然落后，但美式教育客观上促进了古巴教育体系的改革。

1899—1902 年，古巴成立了公共教育部。1899 年，职业教育在古巴起步，同年在哈瓦那诞生了第一所护理学校。随后还诞生了孤儿学校和少儿劳教所。

面对古巴教育贫乏的状况，美国驻古巴总督伦纳德·伍德意图推动古巴教育改革。1899 年，他任命古巴著名作家、哲学家、思想家和教育家恩里克·何塞·瓦罗纳为公共教育部部长。瓦罗纳着手改革古巴的中学和大学教育，推出了著名的"瓦罗纳计划"。该计划从 1900 年起生效，旨在革新教学方式、教学材料和课程设置，试图改变过去口头传授的方式和注重文学修辞的内容，采用客观科学的教育方法。改革后的中学开设了以下课程：

---

[1] GUERRA R. Historia de la Nación Cubana: Tomo VII[M]. La Habana: Editorial Historia de la Nación Cubana, S.A., 1952: 379.

西班牙语语法和文学、英语、法语、世界地理和历史、数学、物理、化学、生物、逻辑学、社会学、公民教育学等。

1909年6月8日，古巴共和国通过了首部学校法。该法律后来经过多次修订，确立了古巴初等教育的基本框架。1913—1921年，古巴新建了多所小学，将学校分为城镇和乡村两种类型，并将农业理论教育引入学校。在圣克拉拉、哈瓦那、东方省这三省（20世纪初古巴的行政区划）兴建了师范学校。1922年年末，在古巴大学生的推动下，大学在教学、学术、管理方面进行了深刻的改革。1937年1月的教育法规定成立全国教育和文化委员会。1940年，古巴共和国宪法规定成立古巴教育部。

20世纪50年代，尽管古巴对教师的需求很大，但教师失业率却很高，成千上万的儿童无法接受教育；文盲率居高不下，在城市里，每5个人中就有1个是文盲，在乡村地区情况更加糟糕，每2个农民中就有1个是文盲。该时期私立学校取得了发展，而公立学校发展却停滞不前：由于缺乏预算和必要的软硬件设施，工业教育开展非常有限，全国仅有16所工业技校，只能为少数技术工人进行有限的培训；古巴虽然是一个农业国，但农牧业教育却发展迟缓，仅有6所农业学校和1所林业学校，并且教育资源十分匮乏；经济与管理方面的商科教育取得了一定的发展，但多数商科学校由私人控制，只有11所公立学校；针对身心障碍者进行的特殊教育少之又少，少数的特殊教育机构主要依赖私人资助，国家给予的支持非常有限；仅有6所公立师范学校，分别位于6个省的首府，因招生人数有限，骗取师范生名额的现象时有发生；仅3个大学拥有教育系，分别为哈瓦那大学、拉斯维亚斯中央大学和圣地亚哥东方大学。

1953年，古巴的文盲率达23.6%，6—14岁儿童的入学率仅为55.6%；150万6岁以上的民众未接受过任何程度的教育；15—19岁青少年受教育比例不足17%。[1] 富尔亨西奥·巴蒂斯塔执政的最后时期（1957—1958年），教育方面的预算仅为7 940万比索，即人均约11比索。[2]

三、古巴革命胜利之后

1959年，以卡斯特罗为核心的革命党人推翻了专制独裁的巴蒂斯塔政权，取得了革命的胜利，古巴逐步进入由民族民主革命向社会主义革命和建设转变的时期，在一系列的民主改革中，教育是其中非常重要的组成部分。革命胜利后的古巴教育经历了以下几个发展阶段。

（一）第一次革命性转变（1959—1961年）

1. 通过教育立法，进行教育制度改革

古巴革命政府在建国后不久就成立了教育部，接管和改造旧学校，并建立新的教育管理体制。1959年，古巴政府下令立即清除教师中的反革命分子、全部撤换独裁政权所任命的教职人员，各地的教育领导权由革命政府掌管。古巴教育改革的最大阻力来自教会。长期以来，教会把持着古巴教育，对古巴革命带来的种种变革抱着十分仇视的态度，并把教会学校作为反对古巴革命的据点，不仅向学生大量散布反革命的言论，还为反革命分子藏匿枪支弹药。针对教会猖狂破坏古巴教育改革的情况，1960年11月，古巴革命政府举行会议，革命领袖菲德尔·卡斯特罗在会上强调，不许私立学校阻碍教育改革的进程。为了加强对教育改革的组织领导工作，

---

[1] 资料来源于EcuRed网站。
[2] 资料来源于古巴教育部官网。

古巴政府专门成立了全国教育委员会，各省市和学校也都相继建立了教育委员会。[1]

在立法方面，1959年12月，古巴部长会议通过了《教育改革法》，旨在建立真正大众化的道德教育、爱国主义教育和文化科技发展教育体系。1961年6月，古巴通过了《教育国有化法》，确定了教育是国家的职能，取消了私人教育，将所有学校收归国有并对全体人民实行免费教育。该法令的颁布为教育体制改革树立了明确的目标，为普及初等教育奠定了基础，受到了广大教师、学生和劳动人民的热烈拥护。法令颁布后，政府有计划有步骤地对私立学校进行了接管，先后接管了哈瓦那、圣地亚哥、奥尔金、马坦萨斯、曼萨尼罗、关塔那摩、比那尔德里奥等地的私立学校。[2]

2．开展扫盲运动

建国初期，古巴绝大多数人是文盲，只有不到10%的青少年和成年人的教育水平达到了六年级水平，接受过高等教育和特殊教育的人寥寥无几。根据古巴国家统计与信息办公室的数据，1959年古巴仅有2.5万名毕业生，超过50万名儿童无学可上，1万名教师处于失业中，中等教育几乎不存在，30%的古巴人是文盲。[3]

面对上述情况，在革命政权确立之后，古巴政府立刻着手建立全国扫盲和基础教育委员会，并宣布进行教育方面的综合改革，确定教育的首要目标是"人的全面发展"。

1960年4月，菲德尔·卡斯特罗号召成立由3 000人组成的志愿教师队伍前往偏远农村地区进行支教。随后，他又号召成立"弗朗克·派伊斯

---

[1] 曾昭曜，石瑞元，焦震衡. 战后拉丁美洲教育研究 [M]. 南昌：江西教育出版社，1994：78-79.

[2] 顾明远. 世界教育大事典 [M]. 南京：江苏教育出版社，2000：970.

[3] 资料来源于古巴国家统计与信息办公室官网.

先锋教师旅"到东方省和比那尔德里奥省山区从教。1960 年 8 月，在第一批志愿教师队伍建成之际，卡斯特罗宣布开展大规模扫盲运动的计划。1961 年，"安娜·贝当古农民教育计划"在哈瓦那开始实施，使 15 万名农村女青年在哈瓦那接受一段时间的裁剪、缝纫和文化方面的培训，再回到农村以推动农村的社会改革。[1]

1961 年，扫盲运动在古巴顺利开展。1961 年也被称为古巴"教育年"，口号是"知者教，不知者学"。26 万多人的扫盲大军分赴全国各地，其中学生大军 10 万人，职工大军 1.3 万人，命名为"誓死保卫祖国扫盲分队"；此外还有专业教师 3.5 万人，群众扫盲者 12 万人。经过 1 年的努力，古巴全国扫盲委员会宣布古巴文盲率由扫盲前的 23.6% 下降到 3.9%。古巴全国扫盲运动各路扫盲大队队员于 1961 年 12 月 22 日集会首都，庆祝扫盲运动取得胜利。会上，菲德尔·卡斯特罗宣布古巴为"扫除了文盲的土地"。自此，每年 12 月 22 日被定为古巴"教育工作者日"。[2]

3．普及初等教育，加强教育基础设施建设

革命胜利初期，古巴百废待兴，教育设施尤其匮乏，古巴政府拨出专款建设新的学校和改善设施。1959 年政府预算中的教育和科学文化经费同比增加了 3.6 倍。[3] 到 1959 年 12 月，古巴政府新建了约 1 万个新教室，6—12 岁的青少年入学率上升到 90%，将约 69 个巴蒂斯塔政权的军事设施改建成学校，可容纳 4 万名学生。[4]

古巴政府于 1960 年制定了《马埃斯特腊山区教育发展计划》（以下简称《计划》）。该计划主要包括以下内容。第一，《计划》针对山区极其缺

---

[1] 徐世澄，贺钦. 古巴 [M]. 北京：社会科学文献出版社，2018：248.
[2] 顾明远. 教育大辞典：第 12 卷 [M]. 上海：上海教育出版社，1992：452.
[3] 顾明远. 世界教育大事典 [M]. 南京：江苏教育出版社，2000：967.
[4] 资料来源于 EcuRed 网站。

乏学校的情况，决定兴建西恩富戈斯学校城，并使其成为农村儿童教育的一个重要中心。学校城计划建立40所学校，可容纳2万名学生，每年可有4 000名学生毕业。学校城的学校有两种：一种是培养专业人才的学校，共13所；一种是培养一般农业人才的学校，共27所。两类学校都分初级班（6—12岁）、中级班（12—14岁）和高级班（14—18岁）。第二，《计划》的主要目的是吸收工农和烈士子弟入学，使他们成为精通农牧业和工业的科学技术人员和经济建设干部。第三，《计划》特别强调教师的培训工作，要求教师不但要学习政治，要结合实际钻研业务，而且要关心和爱护学生，与学生同吃同住同劳动。第四，《计划》规定各学校直属教育部管辖，全部教育经费由教育部拨给。古巴政府还计划建设10个这样的学校城。在该计划影响下，仅在1959—1961年，古巴就建立了671所农村小学、339所城市小学、99所中学、326个工艺培训中心、113所劳动专科学校、1所大学预科学院、1个学校城和6所技术学校。到1961年，古巴全国已有小学上万所，基本满足了全国学龄儿童的上学要求。[1]

（二）向社会主义教育过渡（1962—1975年）

1. 继续强化革命性教育改革（1962—1970年）

该时期教育方面变化显著，扫盲运动继续开展，直接影响到教育大众化的发展。该时期的教育改革主要体现在以下几方面。

在工农教育方面，为了继续开展扫盲运动，工农教育于1962年应运而生。它在教育部的指导下、政治和群众性组织的支持下，致力于提高接受过3—6年级教育的成年人的教育水平，由此开启了"六年级战役"。为确保

---

[1] 顾明远. 世界教育大事典 [M]. 南京：江苏教育出版社，2000: 968-969.

工农群体的继续教育，1963年5月，教育部开设了高级工人中学课程，以拓展并巩固其初级水平知识。1965年，青年运动学校纷纷成立，由工农教育局管理。进入此类学校学习的为13—16岁学业落后的青年人，学校的宗旨为提高青年的受教育水平，同时为他们提供工作机会，以防他们因未受教育而只能从事体力劳动或者有反社会行为。

在体育教育方面，古巴政府于1961年2月成立了国家运动、体育和娱乐委员会，并建立了曼努埃尔·法哈多国家体育教育和运动中心，以培养第一批体育教师、指导员和教练员。此外，古巴政府还创立了体育启蒙学校，举办了全国学校运动会。

在高等教育方面，1962年1月，古巴政府颁布了《古巴大学教育改革草案》（以下简称《草案》），规定大学的职责是在数量和质量上为国家培养合乎需要的、德智体全面发展的、能忠实地为祖国和人民服务的高等专业人才。为了吸引更多的工农子弟入学，各高等院校开始从工农群众中招收新生，并在大学建立了助学金制度，还开办了夜大，为白天上班的青年创造了念大学的机会。《草案》提出了修改教学计划和教学内容的方案，要求在新教材中删除反动的不适用的内容，编入革命的内容，增添革命历史、政治经济学、辩证唯物主义和历史唯物主义等课程。《草案》规定对各高等院校进行院系调整，加强师资的培训工作，强调要提高教师和学生的出勤率、提高教学质量和改善学校的办学条件。[1]

在特殊教育方面，古巴政府于1962年成立了特殊教育部，由此开始了特殊教育体系的建设，而此前全国仅有8个专门从事特殊教育的中心，且仅有极少数儿童能享受到特殊教育。

在文艺教育方面，古巴政府于1963年兴建了艺术教师学校，为工人和农民开设了艺术和文化课程。

---

[1] 顾明远. 世界教育大事典[M]. 南京：江苏教育出版社，2000：968，971.

在职业技术教育方面，1964年，古巴成立了技术教育计划委员会，该组织致力于培养农业方面的工人和技术人员，并在全国建立了20个中心，随后合并到教育部。

在劳动教育方面，古巴教育部为了更好地贯彻教育与劳动相结合的方针，于1964年5月公布了关于"教育工艺化"的决议。决议规定小学和初级中学实行工艺教育，要求学生参加劳动，通过联系生产实际的学习将学生培养成为新型的社会主义建设者。为此，所有学校要逐步形成新的教育思想，实行新的教育方法，做到普通教育同工艺教育相结合。决议还规定了学生参加劳动的方式。一般有3种，即校内劳动、农牧业劳动和社会公益劳动。小学低年级学生一般在校内劳动，如打扫教室、维护环境卫生和公共设施等，同时也参加一些公园内的公共义务劳动。小学高年级学生和初中生则主要参加工厂、合作社和国营农场的劳动，每周都要上2个小时的劳动基本技术课和参加6小时的劳动。他们一般要参加收割甘蔗、咖啡，或在校办工厂制作家具，生产工具、零配件和教学用具等劳动。[1]

2．改革和完善国家教育体系（1971—1975年）

1971年4月，古巴政府组织召开了第一届全国教育和文化大会，大会召集了全国各界的代表思考和讨论与教育相关的问题。几乎全国的教师都参加了这次大会，人数接近10万人，大会讨论了413份报告，收到了7 843条建议，批准通过了2 000余条决议。[2] 大会明确了古巴教育体系中存在的问题，并对20世纪60年代的教育改革进行了修正和完善。

古巴教育在20世纪60年代取得的成就主要表现为学校数量的增加，但

---

[1] 顾明远. 世界教育大事典[M]. 南京：江苏教育出版社，2000：968，971.
[2] 资料来源于古巴政府网。

教育质量却并不理想。小学的入学率很高，但毕业率不高，教学方法单一，培养方向出现偏差，毕业的学生不能满足经济发展的需要。中等教育滞后，成人教育也亟待加强。鉴于以上情况，卡斯特罗在1972年召开的古巴共产主义青年联盟第二次代表大会上发出了"教育革命"的号召，为20世纪70年代的教育改革和发展指明了方向。此后，古巴政府着重抓三件事：以改革的精神发展中等教育、提高教育质量、建立成人教育系统。[1]

在中等教育方面，古巴政府于1972年批准成立中等工农学校，并决定将义务教育延长至九年级。为解决中等教育的师资问题，政府号召十年级学生（即大学预科学生）成立"曼努埃尔·阿斯昆塞·多门内奇教育分队"，一边学习大学课程，一边学习教师专业，去农村中学任教。通过这种方式，古巴派遣了2万名教师前往各地正在新建的初中和高中开展中等教育，推动了古巴中等教育的发展。

在成人教育方面，扫盲运动后，古巴绝大多数人达到了小学一、二年级的文化水平，也有少数人达到了小学六年级以上的文化程度。然而，1973年，古巴仍有100多万职工的文化程度低于小学六年级水平。为了提高成人的文化水平，古巴政府进行了成人教育改革。在1973年召开的古巴工会第十三次大会上，古巴决定发起以"六年级战役"为中心的群众性成人教育运动，要求在1975年，国家第一个五年计划的开局之年，在全国范围内全面启动"六年级战役"，参加对象主要是工人、家庭妇女和部分农民。古巴政府还建立了直属教育部领导的成人教育学校，各地也成立了成人教育中心。成人教育学校和成人教育中心均设有日课班和夜课班，学习年限为4个学期。[2]

在科技教育方面，古巴政府于1972年成立了教育发展中心，负责教

---

[1] 毛相麟. 古巴教育是如何成为世界第一的——古巴教育发展模式的形成和特点[J]. 拉丁美洲研究，2004（5）：44.

[2] 顾明远. 世界教育大事典[M]. 南京：江苏教育出版社，2000：968，1212.

育方面的科技问题。该中心是现在隶属于教育部的中央教育科学研究所的前身。

该时期在教育方面最突出的事件之一是 1975 年 12 月召开的古巴共产党第一次代表大会上通过了《教育政策论述》。该文件是古巴教育的指导方针，标志着社会主义性质的教育在古巴正式确立。文件明确了《全国教育体系改进计划》正式生效。

（三）深化社会主义教育的根基，完善教育体系（1976—1990 年）

1. 实行第一轮《全国教育体系改进计划》

1975 年，古巴政府启动了第一轮《全国教育体系改进计划》（以下简称《计划一》），并从 1976 年开始正式实行。1976 年，古巴政府成立了中央教育科学研究所，在指导全国科学教育研究方面发挥了重要作用。该机构负责《计划一》的指导工作。《计划一》改进了国家教育体系的结构、学习规划的内容，制定了学校的教材和教学资料，同时也改进了高等师范学院对于教师的培养方案。

《计划一》将全国教育系统划分为 6 个子系统，即学前教育、普通科技与劳动教育（包括初等教育、中等教育和高等教育）、特殊教育、技术与职业教育、成人教育、师资培训与进修，并针对每个子系统制定了完善的计划。一是加强学前教育，保证所有儿童都接受至少为期 1 年的幼儿教育。二是缩短学制年限，普通学校教育由 13 年改为 12 年。三是提高初等教育质量，将小学划分为两个阶段：1—4 年级为第一阶段，实行教师包班制；5—6 年级为第二阶段，实行分科教学。四是在课程设置上，加强语文和理科的教学，后者包括数学、物理、化学和生物，实行综合理科教学，使学生掌握理科基本知识。五是延长课堂教学时间，除普通高中外一律不设选修课。

六是成立高等教育部（1976年正式成立，随之创办了18所大学），负责除师范院校外的所有大专院校的指导工作。[1]

在实施《计划一》时，中央教育科学研究所于1981—1984年进行了分部门调查，以评估计划的实施效果，以此来进行必要的调整和转变。该时期，古巴强化了政治意识形态、爱国主义与国际主义。1976年通过的《古巴共和国宪法》明确了人才培养的类型以及教育在社会中应发挥的作用。1980年，古巴共产党的第二次代表大会召开，会上重申了教育政策论述的原则。

1977年，古巴开始完善特殊教育，并为其配备了必要的设施。到1983年，智力方面有残疾的学生开始参加世界特殊奥林匹克运动会，并取得了优异的成绩。

在国际学校建设方面，1978年，古巴青年岛上设有48所各类学校，其中有5所为农村基础中学，专门接纳非洲国家的青年学生。当时在这些学校学习的有安哥拉学生500多名、莫桑比克学生2 000名、埃塞俄比亚学生1 200多名。这些学生和古巴学生一样，实行半农半读制。到20世纪80年代初期，已有埃塞俄比亚、莫桑比克、安哥拉、纳米比亚、加纳、几内亚比绍、圣多美和普林西比、尼加拉瓜等国家的12 000名学生在青年岛享受古巴的免费教育。他们都是12—20岁的青少年，分别按其不同的国籍分配到24所学校学习。古巴政府为每所学校的建设资助了120万比索。这些学生毕业后都回到各自的国家，担任本国的建设工作。古巴国际学校的建立，不仅加强了文化交流，同时也促进了国际关系的发展。[2]

在成人教育方面，古巴在1976—1980年开设了"六年级战役"电视节目，作为支持该运动最后阶段的手段，该节目主要面向准备参加成人考试

---

[1] 毛相麟. 古巴教育是如何成为世界第一的——古巴教育发展模式的形成和特点[J]. 拉丁美洲研究，2004（5）：45.

[2] 顾明远. 世界教育大事典[M]. 南京：江苏教育出版社，2000：68，1213.

的人。1978年，古巴工会在哈瓦那举行了第14届全国代表大会。大会的中心报告强调，提高工人的文化水平和技术水平是提高劳动生产率的关键问题。大会提出，到1980年，古巴工会将要使100万名工人达到六年级文化水平，并在此基础上争取在1985年前打好"九年级战役"，以便在1990年前使这些工人提高到十二年级文化水平。古巴围绕"九年级战役"采取的主要措施包括以下三个方面。第一，在全国各地的成人教育中心开办各种类型的职业技术学校、中等专业学校、夜校、短期技术训练班以及为成人进入高等学校服务的大学预科班等。第二，把学习成绩优异的学员送入适合各自所学专业的全日制高等院校进修或深造。第三，各省市开办各种专门培训干部和工人的学校。1981年，古巴有近64万的工人得到了进修的机会。1982年又有28万人进入了专业进修学校。领导干部和管理人员也都通过各种途径得到了培训。"九年级战役"于1985年结束，基本上完成了普及成人九年级教育的计划。[1]

在干部培训方面，为适应国家经济发展对于干部素质的需要，古巴政府于1976年成立了古巴经济领导干部培训中心，目的是把一些曾参加过革命但文化水平不高的干部培养成名副其实的经济领导干部。1980年之前，培训中心主要对经济领导干部进行普遍轮训，使他们能从整体上了解经济体制的各个宏观环节。1980年以后，培训中心开设了夜大，随后改名为古巴高等经济管理学院，并从中央到地方先后设立若干分院。与此同时，该学院的招生工作也纳入全国招生计划，但仍根据学院的能力给一些单位和企业下达招收学员的指标。从1984年起，学院还逐步推行经济专题务虚会，其任务主要是揭示和提出经济活动中存在的重要问题，并对问题进行分析、研究，找出解决的方法，为中央政府的决策提供依据。在教学工作中，学院特别重视有关世界经济发展的信息，强调学院的课程

---

[1] 顾明远. 世界教育大事典[M]. 南京：江苏教育出版社，2000：968，1213.

必须适应现代科学的高速发展，注意把现代化管理手段应用于经济管理之中。[1]

2．实行第二轮《全国教育体系改进计划》

从 20 世纪 80 年代中期起，古巴教育界针对教育质量与数量之间的矛盾，以及教材内容、教师教学、学校管理等方面存在的问题展开了大规模的论战。在 1986 年 2 月召开的古巴共产党第三次代表大会上，许多代表批评教育质量下降的状况，要求尽快进行以提高教育质量为主要内容的教育改革。古巴政府和教育界对上述问题的看法一致，认为教育数量与质量的矛盾是教育普及和提高的矛盾，应该把教育工作的重点及时从数量转到质量上来，要立即做出最大努力来解决质量问题。[2]

鉴于此，该时期古巴启动第二轮《全国教育体系改进计划》（以下简称《计划二》）。《计划二》详细分析了以下方面措施的实施情况：学习计划、课程、教材、思想指南以及学生对课程内容的适应程度。通过分析讨论，对上述内容做了现代化和灵活化的处理。《计划二》注重把科技和信息通信技术引入教育领域，从而完善教育机构的结构和职能运转。《计划二》对教育体系的完善主要体现在以下方面：分析并借鉴世界上不同国家的教育体系改革经验；对以往的教育改革进行深刻的诊断，并将 1981—1984 年的分部门调查延续到 1987 年，以便对教育改革中的薄弱点进行修正；减少课程内容中繁多抽象的概念教学，更加重视能力的培养；形成由编写教材的教师广泛参与的委员会。

在国际教育交流方面，1986 年 1 月，在菲德尔·卡斯特罗的主持下，古巴召开了 1986 年度国际教育会议，开启了古巴和拉美地区教育发展的新

---

[1] 顾明远．世界教育大事典 [M]．南京：江苏教育出版社，2000：968，1213，1214．

[2] 曾昭曜，石瑞元，焦震衡．战后拉丁美洲教育研究 [M]．南昌：江西教育出版社，1994：78，91．

阶段。来自19个国家的3 286名代表参加了本次会议，其中，来自外国的教师、校长、系主任、部长、领导人和国际教育组织的代表有2 237人，古巴本国的参会者有1 049人。[1] 会议分析和讨论了各代表的提案，更好地思考了拉美国家的教育问题。古巴领导人举行了四次中央会议，讨论了古巴教育发展的基本问题，包括劳动与学习相结合的教育创新问题。古巴还举行了9场圆桌会议，其中特别提到在古巴开展的拉美文学教育和特殊教育，会议促进了古巴和其他拉美国家在教育方面的交流与联系。1990年，古巴召开1990年度国际教育会议，来自16个国家的2 756位代表参会，其中1 585位为外国代表，1 171位为古巴代表。本次大会继续教育方面的经验交流，并建立了拉丁美洲和加勒比教育者协会以及拉美和加勒比教育研究院等学术机构。这些地区性非政府教育组织旨在提高拉美国家教育者的专业水平，以及寻求解决拉美各国教育问题的办法。

该时期古巴对初等教育、中等教育和大学预科教育进行了全面的改革。尽管教育改革起到了一定的作用，但整个改革进展并不顺利，许多改革措施没能收到预期的效果。这主要有两个原因：一方面，苏联解体、东欧剧变和美国加紧对古巴推行"和平演变"，从意识形态上阻碍了教育改革计划的顺利实施；另一方面，古巴国内的经济形势不断恶化，从经济上严重制约了《计划二》的实施。

（四）艰难中发展的古巴教育（1991—1999年）

20世纪80年代，古巴高度依赖苏联和东欧国家，因此苏联解体、东欧剧变使得古巴遭受政治、军事、经济上的多重严厉打击。面对此种情况，从1990年9月起，古巴宣布进入"和平时期的特殊阶段"。1991年10月召

---

[1] 资料来源于Pedagogiacuba网站。

开的古巴共产党第四次代表大会提出了"拯救祖国、拯救革命、拯救社会主义"的口号。

在这样的背景下，古巴加强了思想教育工作，努力保持已有的教育成就，古巴政府提出"不关闭一所学校，不让一个孩子失学"的口号，千方百计保证教育事业的正常运行，为经济的恢复和社会的稳定做出了贡献。[1] 在如此艰难的情况下，古巴政府对教育的投入仍维持在80年代的水平，教育经费占财政支出的10%左右。90年代中期以后，随着经济形势的好转，古巴政府对教育的拨款逐年增加。

该时期古巴仍在推动教育发展进程，最突出的举措就是启动"教育你的孩子计划"。该计划针对的是0—6岁儿童的学前教育，最初在农村地区开展，目的是帮助儿童做学前准备。90年代以前，古巴人民尚未特别重视学前教育，即便开设了很多学前教育机构，入学率仍然不足30%。该计划的成效显著，计划实施之后，根据中央教育科学研究院学前教育部的调查结果，学龄前儿童的入学率达到了98%。[2]

在成人教育方面，从1993年起，古巴的成人教育从正式教育体系中分离出来，成为了基于"社区替代计划"发展的非正式教育体系的一部分，每年有超过25万的青年和成年人从这些围绕社区需求和利益开展的教育计划中受益。

1991年，古巴共产党第四次代表大会将对外开放定为国策，这加快了古巴对外开放的步伐，使得该时期古巴的国际教育交流得到加强。该时期在古巴召开的大型国际教育会议主要包括：1993年度国际教育会议、1995年度国际教育会议、1997年度国际教育会议、1999年度国际教育会议。参会者主要是拉美国家的教育专家、学者和教育工作者，以及来自联合国教科文组织、伊比利亚美洲国家组织等国际组织的代表。与会者通过参加会

---

[1] 徐世澄，贺钦. 古巴[M]. 北京：社会科学文献出版社，2018：249.

[2] 资料来源于 Monografias 网站。

议研讨、参观古巴学校等方式对古巴及拉美地区的教育做了分析，提出了宝贵的建议，促进了古巴教育的国际交流，推动了古巴和拉美教育的继续完善。

（五）21世纪的古巴教育（2000年至今）

自2000年开始，古巴将教育的主要目标设定为促进全古巴人民的发展，促进青少年一代的文化培养，促进知识深度和广度的融合。古巴强调终身教育需要培养与古巴社会形态一致的价值观，关注学生个体的多样性发展，动员教育机构、学校教职员工、家庭、医保人员、社会组织和社工等参与全民终身教育。为了达到这一目标，古巴政府在各个范围内逐步实施新的教育和社会发展计划，以满足人民在民主、教育普及、就业与文化等方面的要求。[1]

1. 古巴"思想战"之下的教育革命

研究21世纪的古巴教育无法绕开古巴的"思想战"。"思想战"并非一个新名词。早在19世纪中期，古巴反抗西班牙殖民统治的革命先驱何塞·马蒂就曾提出这一说法。东欧剧变后，面对美国的经济封锁和分裂企图，以卡斯特罗为核心的古巴领导人继承和发扬了这一思想，以加强对人民群众的爱国主义、社会主义教育，提高其政治觉悟和文化素质，使之自觉地捍卫社会主义政权，收到了良好的效果。[2] 1998年古巴共产主义青年联盟第七次代表大会上，卡斯特罗明确提出，军事侵略的危险尚不能完全

---

[1] 雷拉. 古巴的义务教育发展与改革[C]// 中国义务教育发展研究项目组. 义务教育国际研讨会论文集. 北京：中国民主法制出版社，2005：122-123.

[2] 李锦华. 古巴共产党开展"思想战"战略[J]. 当代世界，2007（11）：40.

排除，但今天，"思想战"才是重要的。"思想战"包括五方面的"战役"，其中一项是"教育与文化战役"。教育是开展"思想战"的重要方式，所以，进入21世纪以来，古巴在教育方面实行了一系列措施，达近百项，其中突出的几项为：将小学的班容量减少至每间教室20余名学生，并配备一名负责老师；每15名初中学生配备一名综合教育教师；为每间教室配备一台电视机；为每100名学生配备一台录像机；为所有的教育中心配备电脑；开发教育软件；开发与课程相关的及文化类的电视节目；利用太阳能电池板为数千所学校供电；为青少年开展综合提升课程；普及高等教育；建设和维修学校；开设青年计算机和电子俱乐部。

基于上述改革，截至2008年古巴教育取得的成效如下。

在初等教育方面，为了实现为每20位学生配备一名教师从而提高对学生个性化关注的目标，古巴加强了对新教师的培训，共计19 428名基本科目教师和12 958名计算机教师毕业；每个教室都配备了电视机和录像机，将其作为教学工具，学生和教师通过它们接收教育频道的转播并观看视频课程；小学实现了计算机化；通过光伏系统为学校供电，为偏远地区的2 447所学校实现了通电；将社会工作者和学校联系起来，深化家校联系；调整了自然科学、西班牙语、数学等课程，并从三年级开始引入英语课程。[1]

在初中教育方面引入综合教育老师，运用视听媒体教学手段，形成了每15名学生1名教师的课堂；对课程内容进行修改，增加了数学、西班牙语、古巴历史课程的学时；为中学配备了在高等师范学院接受过培训、能承担基本科目教学任务的教师。

在大学预科教育（高中教育）方面，形成了不超过30名学生的教学小组单元，增加了西班牙语文学、数学和古巴历史课程的学时；开始实施艺术教育计划，并根据教师的研究领域开展课程。

---

[1] 资料来源于Fidelcastro网站。

在高等教育方面,为参与到"思想战"教育规划的青年和组织者提供了持续学习的保障;为由于种种原因辍学或者没有工作的青年人开设了综合素质提升班,为他们提供接受高等教育的机会;实行管理方面的"去中心化",将大学的管理权下放给地方,使每个城市可以利用自己的人力资源进行大学管理。

在特殊教育方面,2002年1月,菲德尔·卡斯特罗在马里亚瑙市开设了孤独症儿童特殊学校多拉·阿隆索学校。从此,古巴对于生理、心理有残疾的青少年关注度进一步提高。之后,在圣地亚哥省和西恩富戈斯省也开设了特殊教育学校,从而推动了古巴特殊教育的发展。

在教育普及方面,从2000年10月开始,古巴利用国家电视台、学校视听媒体、青年视频俱乐部、家庭以及工作中心的电视,向大众传授知识以提升人口素质,尤其是青少年的综合文化素养。其中有代表性的电视节目如"圆桌会议""全民大学"。截至2008年,已经开设了99门电视课程,共计3 861小时,出版了27 486 000份与电视课程内容相关的小型报纸,1 531名专业人士参与其中,其中有607人是博士。[1]

可以看出,该时期的古巴教育强调信息技术的使用,尤其是将电视作为多媒体教育的重要手段,开设了专门的电视教育频道,为开展各级教育提供了便利,同时将计算机和软件技术引入各级教育中,从而提高了古巴教育的现代化水平。

2. 实行第三轮《全国教育体系改进计划》

在2011年召开的古巴共产党第六次代表大会上,古巴强化了对私有财产以及新的经济和生产形式的重视,同时还制定了新的社会发展标准,旨

---

[1] 资料来源于Fidelcastro网站。

在促进公平以消除现存的不平等现象。在此背景下，古巴教育体系也有必要做出相应调整以加强教育机构的内部民主和促进文化交流。此外，2010—2013年，古巴对基础教育进行实证调查和理论分析后，发现教育系统中存在课程负担过重、课程内容更新不及时、课程材料联系不紧密的问题。古巴亟需吸收和融入科学进步和技术发展元素，使教育更加灵活和适应时代的发展，加强教师和教学管理人员培训，完善学习计划，发挥学生、家庭和社区在教育中的主导作用，并评估和考虑不同社会群体对国家教育体系的看法。

基于以上社会经济及科技的发展情况，以及对社会各界进行的意见调研，古巴于2014年正式开启了第三轮《全国教育体系改进计划》（以下简称《计划三》），该计划与古巴前两次的教育体系完善计划一脉相承，与古巴整体的发展相适应。

从2014年起，古巴在全国6个省的57所学校开始了试点工作，对以下方面做了调整：学校的管理、网络工作、教育项目、思想意识工作。2015年，古巴首次引入课程改革，截至目前已经推出了多项课程改革措施，以改变古巴学校的教学工作模式。《计划三》实施后，古巴教育系统主要发生了以下变化。

确定教育内容和综合培训的组成部分，包括爱国主义教育、公民与法律教育、科学技术教育、健康与性教育、美学教育、综合技术与劳动教育、经济学教育、沟通与交际培训、可持续发展环境学教育、社会规划学教育。这些内容体现在学习计划、方法论指导、教科书和教学工作簿中，重塑不同层次的教育理念以提高对多样性、差异化和情境化工作的关注，促进学生个性的综合发展和培养。将学前教育纳入普通教育中，并作为普通教育的第一层次。更新学生在个性发展中不同阶段的教育心理学特征，完善其在不同教育层次中的概念。改变教学工作的形式、方法、手段和过程，从而增强教育体系内部的关联性，促进教育的包容性和对农村教育的关注，从而有助于完善学生在不同教育层次之间的渐进式过渡。革新了教育机构的工作方式和教育理念，使管理方式更具灵活性。加强教育机构和学生及其家庭的积极和自觉参与，同时加强教育机构和社区机构之间的联系。完善教育和教学过程中的技术开发，加强实践活动和信息通信技术的应用。

《计划三》由试点逐步向全国普及，教育体系发生的变化对古巴的经济和社会也产生了积极影响，同时影响了不同层次教育结果的评估情况，引发了教师培训体系的改变，从而使教育更加适应古巴的整体发展需要。然而，由于新冠肺炎疫情影响和美国的封锁与制裁，《计划三》面临着严峻挑战，急需古巴政府的持续改进和不断调整。

3．古巴教育的国际化

在国际教育交流方面，古巴始终保持十分积极的态度。2001—2021年，古巴每两年举行一次教育学国际研讨会，与前文提到的教育学国际研讨会一脉相承。2001—2019年均为线下会议，每届大会都有来自约40个国家的教育者参会，2009年参会国家甚至达到了53个。古巴组织召开的2021年度国际教育会议由于新冠肺炎疫情，首次以线上会议的方式召开，包括中国在内的超过25个国家的教育工作者参会，大会致力于实现《联合国2030年可持续发展议程》中"确保包容和公平的优质教育，让全民终身享有学习机会"这一目标，并特别讨论了在新冠肺炎疫情的挑战之下教育开展的情况。大会涉及11个一般主题，讨论了古巴、拉美、世界教育的问题、经验与对策以及合作和交流的可能性，使得古巴教育进一步走向世界。[1]

此外，从1998年起，古巴每两年举办一届国际高等教育会议，旨在讨论与国际高等教育议程相关的多个主题，如教学趋势、研究生教育、大

---

[1] 资料来源于Pedagogiacuba网站。

学规模、教育国际化、远程教育等。大会汇集了世界上多个国家的教育代表，推动了国际教育的发展。最近的一届会议是于 2022 年 2 月在哈瓦那会议宫举行的第十三届国际高等教育会议，主题是"为了促进可持续和包容性发展的大学与创新"，共有来自 30 多个国家约 200 名代表参加。受新冠肺炎疫情影响，本届大会为线上线下同步进行，围绕教育领域在实现联合国 2030 年议程目标方面面临的挑战进行探讨。

面对新冠肺炎疫情的严峻挑战以及被美国加紧封锁和制裁的困境，古巴加快了教育国际化，尤其是高等教育方面的国际化，主要包含课程、教师培训、科研、大学与社会联系的国际化。古巴革命胜利后，古巴培养了来自 127 个国家的 60 000 名外国留学生，同时受益于其他国家的奖学金政策，数以千计的古巴学生在世界其他国家和地区接受了教育与培训。古巴与俄罗斯、中国、比利时、西班牙、法国等国签订了政府间协议或校际协议，每年约有 500 名古巴学生和学者从中受益。近年来，古巴大部分学术交流是同委内瑞拉、墨西哥、阿根廷、巴西、加拿大、西班牙、比利时、德国、俄罗斯、中国、越南等国展开的。

古巴每年开展 200 多个学术和科学交流项目，50 余个合作项目，为古巴的高等教育机构发展做出了贡献。此外，古巴还接受了许多国家和国际组织的项目资助以促进国际教育合作，如比利时的 VLIR 奖学金项目、瑞士的 Cosude 奖学金项目、西班牙的 AECID 奖学金项目、德国的 DAAD 和 BMBF 奖学金项目，参与合作的国际和地区组织包括法语国家大学机构、联合国教科文组织、拉美及加勒比地区高等教育国际研究所、联合国开发计划署、联合国粮农组织。

古巴高等教育机构已加入 300 多个学术和科学网络，积极参与拉美地区的高等教育组织，并同这些组织签署了协议，积极参与高等教育的交流与决策。古巴高等教育机构加入的组织主要包括伊比利亚美洲大学理事会、伊比利亚美洲研究生大学机构、拉丁美洲和加勒比高等教育空间、拉丁美洲和加勒比大学联盟、蒙得维的亚大学联盟、中美洲大学高级理事会、加勒比大学和研究所协会。[1]

第二节 教育思想与教育人物

一、教育思想概览

古巴的教育传统源远流长，成熟的教育思想可以追溯到18世纪下半叶，那时出现了"古巴身份"这个概念。这种意识形态在19世纪和20世纪得到加强，在21世纪得到继续弘扬和发展，并和拉美以及世界的教育思想融合发展成为古巴独特的教育思想财富。

古巴历史上有很多著名教育家。19世纪上半叶的教育家有何塞·阿古斯丁·卡瓦列罗、费利克斯·瓦雷拉·伊·莫拉莱斯和何塞·德拉鲁斯–卡瓦列罗等人。他们以开明和自由的思想丰富了古巴的教育思想。19世纪下半叶非常杰出的两位教育家是实证主义的代表人物恩里克·何塞·瓦罗纳和具有超前的人文主义观念思想的何塞·马蒂，后者是古巴杰出的思想家，是前人教育思想的集大成者，同时又为古巴教育思想开辟了新方向和新范式，到如今都对古巴的教育有着重要的指导意义。

20世纪是古巴教育发展的重要阶段。20世纪头30年，卢西安诺·马丁内斯、拉米洛·盖拉和阿图罗·蒙托对古巴教育的科学思想和实证主义思想做出了重要贡献。此外，还有一批将欧洲的"新学校运动"（也称新教育运动）引入古巴的教育家，如阿尔弗雷多·米盖尔·亚古约、迭戈·贡

---

[1] 资料来源于古巴教育部官网。

萨雷斯、安娜·埃切戈扬。此外，还有一批成长在殖民地共和国时期的教育家，他们思想进步，其中一些人还接受了马克思主义思想，为古巴革命做出了杰出的贡献。比如，达尔茜·玛丽亚·埃斯卡洛纳、埃米尼奥·阿尔门德罗斯、胡里奥·洛佩兹·伦杜埃莱丝、马克思·菲格罗亚·阿劳约、劳尔·费勒，他们的教育理想同古巴革命的理想一致，并倾尽毕生精力为之奋斗。1953年，菲德尔·卡斯特罗在著名的自我辩护词《历史将宣判我无罪》中对教育做了经典论述，这标志着古巴教育史上的一次重大转变。从1959年古巴革命胜利至今，卡斯特罗的教育思想一直是古巴教育改革的重要指导思想，他创造性地将马克思主义思想和何塞·马蒂的教育思想结合起来，并根据古巴在各个历史阶段社会经济发展的不同特征对教育做了适时的调整和改革，使得古巴教育领先整个拉美地区，取得了不俗的成绩和可喜的成果。

下面以古巴三位著名的教育人物为例，阐释其杰出的教育思想和理念。

二、教育人物

（一）恩里克·何塞·瓦罗纳

恩里克·何塞·瓦罗纳，古巴著名的政治家、教育家、作家、哲学家和记者，1881—1883年担任古巴人类学协会主任，曾任《祖国》杂志主编、《古巴评论》杂志主编。他积极参加独立运动，是《古巴对西班牙宣言》的作者。他于1892年获得哈瓦那大学的哲学与文学硕士学位，1893年获得哈瓦那大学的哲学与文学博士学位；1902年起担任哈瓦那大学教授，是哈瓦那大学心理学、道德哲学、社会学教研室的创始人和负责人；1913—1917年担任古巴共和国副总统。

瓦罗纳是古巴第一个用科学观点考察古巴社会问题的人。他的社会学思想根源是实证主义。其主要社会学著作《盗匪活动》(1888年)是对殖民地社会病态的描述性分析。瓦罗纳促进了社会学在古巴的发展，被誉为"古巴社会学思想家之首"。[1]

19世纪末20世纪初，西班牙对古巴的殖民统治结束后，瓦罗纳对古巴的教育产生了显著的影响。在殖民地共和国期间，瓦罗纳先后担任资产部、公共教育部和文艺部的部长，制定了"瓦罗纳计划"，并于1900年正式推行该计划，旨在改革古巴的中学和大学教育。他将教育视为维护古巴民族性、对抗美国殖民干涉的重要途径，推动了古巴教育的现代化进程。晚年的他主要致力于大学生教育以及推动大学改革。

（二）何塞·马蒂

何塞·马蒂·伊·佩雷斯是古巴独立运动的领袖，民族英雄，著名的思想家、革命家、诗人、文学家，同时也是一位教育家。他非常重视教育的体系、计划、纲领、方法和活动。他认为，人类接受教育不应该有阶级、种族、性别之分，应该从幼年时期就接受教育。这体现了马蒂教育思想中的人文主义特点。

马蒂在大众教育方面的思想如下：[2] 教导不等于教育，前者指思想，后者主要指情感，然而没有教导就没有好的教育；道德品质因智力的提高而提高；大众教育不只是针对贫困阶层的教育，而是国家的各个阶层即全体人民都接受良好的教育；知识就是财富，知识储备越多的人，价值越大；最幸福的人民是其子女在思想和情感方面拥有最好教育的人民，接受过良好教育的人民会热爱工作并懂得从中受益；所有人生而有权接受教育，作

---

[1] 袁世全. 誉称大辞典[M]. 上海：汉语大词典出版社，2002：139.
[2] MARTÍ J. Obras Completas: Volumen 19[M]. La Habana: Editorial de Ciencias Sociales, 2011: 375-376.

为回报，有义务为他人的教育做出贡献；受过教育的民族永远是强大的和自由的，教育是让自身免于奴役的唯一途径。

由此可见，马蒂非常重视教育对民族的作用，认为教育是平等、无阶级差别的。他的这一理念为古巴共产党所继承和发扬，对古巴教育的发展和改革产生了深远的影响。根据2020年联合国教科文组织发布的《区域比较和说明性研究报告》，古巴将何塞·马蒂的教育观念作为古巴教育学的指导原则，由此可以看出其教育思想对于古巴的深远影响。

（三）菲德尔·卡斯特罗

菲德尔·卡斯特罗是古巴共产党和国家最高领导人，著名政治家、思想家、军事家、革命家，被誉为"古巴国父"。他早年就读于教会学校，1945年进入哈瓦那大学法律系，1950年获得法学博士学位。他一直坚持开展反独裁斗争，1961—1965年先后任古巴革命统一组织和古巴社会主义革命统一党的第一书记；1965—2011年任古巴共产党中央委员会第一书记；1976—2008年任古巴国务委员会主席兼部长会议主席；2006年7月底因病将其担任的党政军最高职务移交给其弟劳尔·卡斯特罗；2008年和2011年先后正式卸任政府和党内最高职务；2016年11月25日逝世。

卡斯特罗为古巴教育做出了巨大的贡献。早在1953年，他在法庭上发表的著名自我辩护演说《历史将宣判我无罪》中，首次公开阐述了其关于教育改革的思想，他将教育问题归纳到当时古巴存在的六个基本问题（土地、工业化、住房、就业、教育、人民健康）之中，表示将在恢复公众自由和政治民主的同时，立即采取措施着手解决。他指出了当时古巴的教育窘境："在那些农民不是土地主人的乡村，干吗要农业学校呢？没有工业的城市干吗要技校或工业学校呢？一切都出于一个荒谬的逻辑：这也没有，那也没有。任何一个欧洲小国都有200所以上技术和工艺学校；在古巴，这类学校不超过 6 个，而毕业的青年还无处就业。到乡下的公立学校去上学的是些赤足裸体、骨瘦如柴的孩子，而且不到学龄儿童的一半，教师常常不得不用自己的薪金购买必需的教育用品。这如何能使祖国强大呢？"[1] 他将何塞·马蒂奉为自己的导师，并援引了马蒂关于大众教育的观点：最幸福的人民是其子女在思想和情感方面拥有最好教育的人民，受过教育的民族永远是强大的和自由的。他承诺革命政府将对教育进行全面改革。

卡斯特罗在《历史将宣判我无罪》中的教育改革思想始终贯穿于他领导的教育改革实践中，他在领导军民进行反独裁的斗争中就践行了这一点。在马埃斯特腊山革命根据地期间，他把军队的军事训练与文化学习结合起来，为夺取政权后的教育改革积累了教材、组织工作等方面的实践经验。[2]

1959 年古巴革命胜利后，卡斯特罗将教育改革付诸实践。在其领导下，古巴于 1959 年和 1961 年分别通过了《教育改革法》《教育国有化法》，确立了教育公平、平等、免费的原则；与此同时领导开展全国扫盲运动，使得 1961 年年底古巴的文盲率下降到 3.9%，成为世界上识字率较高的国家之一。在 20 世纪 60—90 年代，卡斯特罗领导古巴建立了完善的教育体系，并分阶段重点完成了教育改革。在改革的过程中，卡斯特罗不断反思已有的教育实践，分别于 20 世纪 70 年代、80 年代实施了两轮全国教育体系改进计划，使得古巴教育体系逐步适应时代的发展。进入 21 世纪之后，同样是在何塞·马蒂的思想指导下，卡斯特罗进行了教育方面的"思想战"，加强了对古巴人民的思想教育，不断向古巴全民普及教育，同时加大了教育中的信息技术投入，革新了教学手段，面对美国的封锁和制裁，进一步加大了古巴教育的对外交流，使得古巴教育向着更加现代化和国际化的方向发展。

卡斯特罗的教育思想和改革实践为古巴甚至整个拉美都留下了宝贵的财富，为世界其他国家的教育发展提供了借鉴意义。

---

[1] 卡斯特罗. 历史将宣判我无罪 [M]. 史之, 译. 北京：世界知识出版社, 2003: 49.
[2] 曾昭曜, 石瑞元, 焦震衡. 战后拉丁美洲教育研究 [M]. 南昌：江西教育出版社, 1994: 77-78.

第四章 学前教育

古巴的学前教育由国家教育预算提供资金，针对6岁以下的儿童，以《古巴共和国宪法》（第39条和第51条）、1978年《儿童和青年法》（第17条专门针对6岁以下儿童的照顾和教育）和《家庭法》为基础，主要由教育部、高等教育部、公共卫生部负责指导、执行和监督实施。本章分别考察了古巴机构式和非机构式学前教育的发展和现状，从整体上分析了古巴学前教育的三个主要特点，并提出了当前面临的主要挑战和相应对策。

第一节 学前教育的发展和现状

一、历史沿革

（一）机构式学前教育

幼儿成长和发展一直是古巴政府关注的重点问题。在不断完善各类服务、计划和组织架构的过程中，古巴政府始终贯彻着一个方针：以跨部门协调合作的方式，最大化地实现每个儿童公平、全面的发展。

古巴革命胜利后，广大妇女投入到了社会工作中去，因此大量家庭面临着儿童缺少照料的难题。当时，古巴国内专门的幼儿教育机构很少，提供托儿服务的机构主要是各类慈善机构，且只面向个别处境极度艰难的儿童，比如单亲家庭的孩子、孤儿、弃儿等。而且，尽管这些机构能够提供基本的食宿照管，但并不足以让儿童接受充分教育、身心健康成长。

于是，菲德尔·卡斯特罗在1960年8月举办的古巴妇女联合会成立大会上提出要建立新型幼儿园，并将这一任务交给了比尔马·埃斯平。埃斯平带领着数以千计的女同志满怀热情地投入了这项事业，并发起了义卖等活动来为新型幼儿园的建设筹募资金。同时，新型幼儿园工作人员的培训工作也在持续推进。1961年，通过发动社会各部门的力量，古巴最早的幼儿园成立了。此类新型幼儿园不仅为6岁以下的儿童提供教育，而且还提供营养和保健服务。和之前的托儿机构相比，膳食和卫生条件得到了很大的改善，医疗服务水平也显著提高。自那时起，古巴的学前教育机构就始终以实现儿童的和谐发展、预防儿童疾病以及协助父母了解和教育自己的孩子为目标。

1971年，儿童研究所成立，旨在协调幼儿园和各个参与幼儿保育的机构的工作。通过扩大幼儿园覆盖网、新建幼师培训学校，儿童研究所在扩大学前教育的覆盖面、保障学前教育的质量等方面发挥了重要作用。儿童研究所还负责开展对幼儿发展的相关研究，这有助于完善古巴学前教育系统，提高家长对学前教育在子女教育和发展中的作用的认识。1981年，儿童研究所的工作被移交给古巴教育部，学前教育被纳入国家教育系统。

为履行在1990年纽约世界儿童问题首脑会议上的承诺，古巴于1991年制定了《国家行动计划》，并在其中提出要在2000年为70%的古巴儿童提供早期教育的目标。古巴最初的计划是扩大幼儿园覆盖面；然而，1991年苏联解体导致古巴出现了严重的经济危机，鉴于资源有限，而幼儿园的基础设施、人员配置和材料要求过高，古巴不得不放弃最初的计划。在这种情况下,"教育你的孩子计划"出台,并成为了国家教育政策的重要组成部分。

(二)"教育你的孩子计划"

"教育你的孩子计划"源于古巴为所有儿童提供早期教育的承诺,通过各种指导和培养活动,为儿童进入小学打下良好的基础。该项目的设计基于耗时 10 年以上的实证研究,不仅建立了自身的理论体系和方法论基础,而且进行了可行性和有效性测试。

20 世纪 80 年代,山区和农村地区没有幼儿园和学前班,阻碍了儿童的早期发展和学前准备,因此古巴教育部开始研究向这些地区的儿童提供早期教育的非机构式替代渠道。最初的研究集中在 5—6 岁儿童。研究人员选择了一组母亲进行测试,让她们每周带着 5—6 岁的孩子到一所小学上课,接受关于如何为孩子进行学前准备的指导,鼓励孩子坚持上学,从而降低辍学率。由于缺乏照料人手,母亲们经常把更小的孩子也一起带来,研究人员由此看到了将该项目的覆盖范围扩大到 0—6 岁儿童的可能性。

在研究了其他拉丁美洲国家的经验后,一个由教师、心理学家、儿科医生、营养学家、儿童生长发育专家、体育专家、社会学家等专业人士组成的跨学科项目组设计出了第一套方案。这套方案的基本构想是指导和培训家长,使其能够自己教育孩子。为此,项目组制作了一套宣传册,为家庭提供教育指导,以促进儿童的全面发展。其内容涉及儿童的体力、智力、情感和语言发展,以及关于保健、营养、卫生、预防事故或意外伤害的建议。古巴提出的这套方案与其他拉丁美洲国家经验的本质区别在于,家庭在早期教育活动中作为儿童发展的主导者,持续不断地发挥着根本性的作用。

1983—1987 年,研究人员对 92 名 18 个月以下的儿童进行了第一次试点研究。[1] 参与研究的一半家庭作为对照组，另一半家庭作为实验组，实验组家庭每月接受一次或两次家访，接受指导和培训。从研究结果来看，实验组家庭的儿童的表现明显更好，从而证明了这样的假设：获得早期教育相关的必要指导和培训会促进家长对儿童的教育，有利于儿童的早期发展。

1987—1992 年，研究人员实施了第二次试点研究，这次样本范围更大，方法也有所调整。这一次的实验组分为 0—2 岁的儿童和 3—6 岁的儿童，对其分别组织家访和集体活动，并由跨部门小组在市一级进行协调。研究结果证明了该方案的有效性以及在市一级实施的可行性。

1992—1994 年，"教育你的孩子计划"实现了从试点研究到全面实施的过渡。但该项目在全国范围内迅速落实的过程中出现了一些方法层面的偏差，如忽视家庭参与、部门间统筹不足等。

1994—1999 年，"教育你的孩子计划"针对具体落实中出现的问题进行了改进，回归项目最初的理念。具体措施包括：成立跨部门协调小组，负责监督管理每一级的项目落实；推动和巩固不同社会组织的参与，尤其鼓励教育以外的部门自愿参与；将幼儿园建设成为项目培训中心，加强与项目的联系；重视突出家庭的核心作用并纳入孕期服务；认可并鼓励社区志愿者在提高社区意识、确定活动场地、普及推广项目等方面做出的贡献；延长项目时间。

1999—2008 年，"教育你的孩子计划"得到巩固，质量也有所提高。从不同组织部门各行其是到团结一致开展行动，跨部门性得以巩固，并渗透到整个项目的方方面面中。项目吸收了大批具有学前教育学位的专业人士作为全职员工，其中包括特殊教育专业人士，这对项目质量的提高有很大帮助。项目通过建立儿童发展档案开展监测工作，跟踪每个儿童发展目

---

[1] LAIRE C. El desarrollo en la primera infancia en Cuba[R]. La Habana: UNICEF Cuba, 2016.

标的实现情况。项目进一步改进了家庭培训环节，以便于根据具体家庭的需求灵活调整培训内容。最后，项目还被推广到监狱等其他特定场所。

二、基本现状

古巴的学前教育针对0—6岁儿童，分为机构式和非机构式两种。机构式教育主要由幼儿园和学前班提供，非机构式教育则主要指"教育你的孩子计划"。

（一）机构式学前教育

古巴学前教育机构主要包括幼儿园和学前班，其机构设置安排基于实地调研和各类相关专家意见，机构教师为毕业于师范学校或师范大学学前教育专业的专业人士。根据古巴教育部数据，2019年全国范围内幼儿园入学率为19%，学前班入学率为13.3%。[1]

2013—2019年古巴幼儿园基本情况见表4.1。

表4.1 2013—2019年古巴幼儿园基本情况[2]

年份	2013	2014	2015	2016	2017	2018	2019
幼儿园数量（所）	1 082	1 078	1 083	1 084	1 084	1 088	1 085

---

[1] 资料来源于古巴国家统计与信息办公室官网。
[2] 资料来源于古巴国家统计与信息办公室官网。

续表

年份	2013	2014	2015	2016	2017	2018	2019
可容纳人数（人）	152 469	152 786	152 044	152 514	151 223	151 331	152 970
实际入园人数（人）	139 878	137 501	137 454	135 851	136 060	134 276	134 914
入学率	18.76%	18.29%	18.30%	18.22%	18.71%	18.72%	19.03%
受益家庭数量（个）	129 988	125 801	123 694	124 458	123 473	122 314	121 956
教师数量（人）	23 734	23 292	23 010	22 032	20 476	20 843	20 549
教学助理数量（人）	114 303	110 002	111 625	110 822	109 030	116 848	111 660

据表 4.1，截至 2019 年，古巴国内共有 1 085 所幼儿园。[1] 职业女性的孩子享有优先入园权，一旦学会走路就可以进入幼儿园。幼儿园开放时间为从早 6 点至晚 7 点，实行全天轮班制。幼儿园的每日食谱根据各个年龄段儿童的营养需求制定。幼儿园在满足孩子的饮食、卫生、睡眠等基本生理需求的同时，还提供一系列促进儿童全面发展的教学活动。每所幼儿园都配有医疗服务人员和言语治疗师、艺术指导等其他专业人士。

学前班面向 5—6 岁的儿童，开设在某些小学或幼儿园内。学前班的在校时间一般为早 8 点到下午 4 点 30 分；在某些农村地区，在校时间仅半天。

其他类型的学前教育机构包括走读生与寄宿生混读的混合型幼儿园、接收父母因身体障碍、精神障碍或入狱被剥夺抚养权的儿童的全寄宿型机构、接收有特殊教育需求的儿童的特殊幼儿园。这些机构由教育部特殊教育与学

---

[1] 资料来源于古巴国家统计与信息办公室官网。

前教育局负责管理。对古巴的机构式学前教育的评估主要考虑以下几个方面。

一是空间环境。古巴的学前教育重视生活环境对儿童发展的决定性作用,力图创造一个没有潜在风险的健康、愉快的环境。在学前教育机构里,儿童活动的场地和使用的器材、设备都经过专门设计或调整,符合卫生和健康要求,不会对儿童构成任何程度上的危险。

二是教师资格。学前教育机构的教学人员均毕业于师范学校或师范大学的学前教育专业。除这些专业教学人员之外,各机构还配备有接受过特殊培训的教学助理。教学助理也可以通过学习课程成为专业教学人员,以不断提高儿童教育工作人员的水平。教学人员每年要接受两次评估,以分析其优势和劣势,并确定个性化的专业发展计划。

三是师生比。学前教育机构的师生比例设置(包括专业教学人员和教学助理)因每个年龄组的不同需求而不同。各个年龄组别下对应的最大比例分别是1名教师对5名1—3岁的儿童,1名教师对7名3—5岁的儿童,以及1名教师对13名5—6岁的儿童。

四是多学科教学活动。学前教育机构的教育活动将涉及不同发展领域的内容有机融合起来,以促进儿童的社会认知和情感能力(包括如何理解和处理情绪、人际关系、社会行为规则等)、体育能力、对世界的认识、数字概念、语言能力、形象表达、音乐和体态表达等多方面发展。可开展的活动包括角色扮演、绘画、模型制作、搭建积木、体育游戏、戏剧表演、音乐游戏、散步等。开展活动时的一个重要因素是,儿童可以自主选择想参与的活动,或提出新的活动,这有助于培养儿童的创造性和独立性。

(二)非机构式学前教育

非机构式学前教育即"教育你的孩子计划"。该项目针对没有参加幼儿园或学前班的儿童,是一项面向家庭培训的社会教育保障项目,旨在推动和完善家庭环境中的儿童早期教育，使儿童得到最大程度的全面发展。该项目已明确落地，针对古巴0—5岁儿童的覆盖率达到了67.5%。

"教育你的孩子计划"以家庭和社区的积极参与为基础，并采取跨部门方式，由多个政府部门和组织参与其中，包括公共卫生部、文化部、体育部、古巴妇女联合会、全国小农协会、革命保护委员会等。在教育部的领导下，各部门委派代表组成协调小组在各社区内开展工作。在项目具体实践中，既有学前教育老师、教学助理、图书管理员、家庭医生和护士、体育教师、文化指导员等专业人员负责指导，也有家庭主妇、退休人员等社区志愿者义务提供帮助。

该项目自妇女孕期开始，通过国家基础卫生系统为孕妇提供个人医疗保障和孕期及生产相关知识培训。孕妇生产后，该项目继续通过育儿知识咨询、家访等服务来帮助新生儿家庭。在幼儿0—1岁时，家庭医生和护士发挥着尤为重要的作用。幼儿满1岁后，按照社区规划安排，社区家庭根据儿童年龄组成不同的小组，并在培训人员的指导下，开展每周一到两次的教育活动，时间和地点视各家情况决定。

"教育你的孩子计划"以三个基本要素为基础：家庭、社区和跨部门合作。

首先，家庭在项目中发挥着核心作用，对儿童发展影响最大。整个项目的核心理念就在于，一旦家长得到适当的培训，意识到家庭教育的影响，家庭就会在儿童发展中发挥关键作用。一方面，家庭是该项目的直接受益者。该项目的实质是通过培训，为家庭提供教育孩子的科学知识和方法论基础，提高家长的育儿技能，使他们了解在家长与孩子进行的每项活动背后都有需要实现的发展目标。另一方面，家庭也对该项目的结果负有直接和主要的责任，因为家长需要确保为孩子提供足够的营养、生存空间、安全保障和情感支持，并负责具体实施促进儿童发展的教育活动。

其次，儿童和家庭并不是孤立地生活着，而是社区的一部分，享有社区共同的文化、价值观和传统。"教育你的孩子计划"的社会愿景是，让儿童发展成为社会上每个人的责任。除了家庭内部，儿童发展还需要安全的社区环境和积极的社区互动。社区可以提供各种资源，从参与项目的社会志愿者，到组织活动的社区公共空间，再到传播和共享教育资源的家庭小组，社区是项目实施的最佳平台。

再次，跨部门合作也很重要。该项目以社区一级的现有服务网络为基础，每个级别都有协调小组，负责具体规划、活动设计、项目实施和后续效果追踪，由多个部门和组织派代表参与其中。跨部门合作带来的好处是方便开展文化、体育、艺术等多学科的教育活动，有利于实现儿童的全面发展。

2013—2019年古巴"教育你的孩子计划"参与儿童数见表4.2。

表4.2 2013—2019年古巴"教育你的孩子计划"参与儿童数[1]

年份	2013	2014	2015	2016	2017	2018	2019
参与儿童数（人）	462 854	456 918	464 055	454 265	463 393	458 528	471 234

（三）周期性的教学计划

在古巴，无论是机构式还是非机构式的学前教育，基本教学计划都是周期性的。学前阶段的儿童发展是非常丰富、广泛的，以至于一些学者认为，人的能力与个性中有超过75%（甚至高达95%）的部分是在这个阶段实现的。因此，通过对儿童早期发展阶段的规律性分析，可以根据心理过程和功能、特点和属性以及彼此之间的相互关系，区分出几个不同的发展时期。这些不同的发展时期在儿童的活动类型、交流形式、与成人和其他儿

---

[1] 资料来源于古巴国家统计与信息办公室官网。

童的关系以及在社会关系中的位置有着不同的表现。这构成了对学龄前儿童按周期组织教学工作的理论基础。

这种教学计划以生命周期为基础,在儿童成长的每一年都有对应的发展指标和目标。这不仅符合儿童发展的规律,也给教育者提供了关注儿童学习和发展节奏差异的机会。这种周期性目标具备很强的灵活性。一方面,在教育工作中,可能有儿童在某一年没有完全实现某一特定目标,但是教学计划是持续推进的,只要他们在整个周期结束前实现这一目标即可。另一方面,这种计划可以根据不同儿童的需求和发展水平以及所在地情况进行适当的调整。例如,在农村地区讲授社会生活和工作时,内容侧重于农业,而在城市地区则不同。教育工作者需要根据面向的群体来确定具体的教学内容。

为了确保儿童能从一个周期顺利过渡到下一个周期,并促进教育工作者之间的协调,该教学计划已形成了一些特定程序:例如,教育工作者可以连续几年始终负责同一个小组,陪伴同一群孩子度过数个周期;教育工作者经常组织交流会,就每个孩子取得的发展成果、可能存在的困难和影响其发展的家庭特征等方面交流信息,并将这些系统性的观察记录在儿童档案中。在每一个周期后,教育工作者需要填报儿童档案,然后将其移交给下一年负责的教育工作者。得益于儿童档案,在一般的升学和转学情况下,从幼儿园到幼儿园或从幼儿园到小学的交接过程都变得很容易。这种交接过程也可能发生在幼儿园和特殊教育机构之间,或者发生在幼儿园和"教育你的孩子计划"之间。事实上,即使是接受非机构式教育的儿童也有一份档案,由家庭负责填写。

在计划的具体落实中,无论教育工作者选择何种形式和内容,都需要基于以下原则:儿童是整个教育过程的中心;成人在儿童教育中发挥指导作用;在教育过程中兼顾活动和交流;将儿童教育与周围的环境联系起来;家庭在儿童教育中发挥重要作用;教育过程的不同组成部分之间相互影响、相互依赖;关注个体差异。

第二节 学前教育的特点

一、统筹发展跨部门的学前教育系统

古巴学前教育系统的优势和特点之一是儿童早期发展服务的跨部门性。各个相关机构不是单独工作、分头干预，而是在国家行政组织架构的各个层面相互协调和统筹发展。古巴教育部和公共卫生部与国家、省、市级别的人民政权代表大会以及地方的人民委员会协调行动。

教育部和公共卫生部之间的协调工作始自 1961 年。1997 年，教育部和公共卫生部之间签署了第一份联合决议，以便在儿童早期发展服务方面的工作实现更大的一致性。该决议强调了整合教育和卫生服务的重要性，并确定了 23 个可联合实施的方案，包括"教育你的孩子计划"。

如今，古巴的公共健康干预措施已与教育紧密结合起来。例如，家庭医生和护士根据诊所提供的《教育你的孩子》宣传册，向家长提供如何促进孩子发展的指导；家庭医生定期访问幼儿园，监测儿童的健康状况；综合诊所与学前教育机构开展密切合作，以便在发现问题时，可以及时交由专家处理。

此外，学前教育机构均配有具备专业资质的护士，以便为儿童提供医疗服务。该护士负责每天监测机构的卫生条件以及儿童和工作人员的健康，并确保儿童的基本饮食和居住需求得到满足。在儿童进入机构之前，护士会进行家访，以了解家庭的生活习惯、儿童的健康状况等。护士还会为孩子进行医疗检查，包括贫血检查、视力和口腔健康检查等。

除教育部和公共卫生部两个儿童早期发展的主要部门之外，其他部门和机构也参与到合作中，如各所师范大学和教育学研究所、拉丁美洲学前教育研究中心、古巴妇女联合会、全国小农协会和大学生联合会等。产妇之家是跨部门合作的一个实例。教育部、公共卫生部与古巴妇女联合会合作，在此实施"教育你的孩子计划"，以指导产妇的育儿活动。

儿童早期发展方案需要教育、卫生、司法、社会保障部门和其他力量的共同参与，帮助弱势家庭尤其需要多个部门的参与和合作，跨部门合作的方式有利于具体案例具体分析，找到最合适、最有效的解决方案。

二、促进家庭和社区参与

古巴学前教育系统的一大指导原则是，家庭是儿童发展的基本要素。这不仅符合将家庭定义为"其所有成员，特别是儿童的幸福成长的自然环境"的《儿童权利公约》，而且也体现在古巴的法律中。《古巴共和国宪法》第 35 条中提出家庭是社会的基本细胞，并赋予其教育和培养下一代的基本责任和职能；《儿童和青年法》特别强调家庭（第 4 条）、社会和国家（第 9 条）在促进儿童全面发展方面的责任；《家庭法》则详细规定了家庭对其子女的责任。

除了这些法律规定外，家庭和社区的参与构成了所有儿童早期发展服务的一部分。高质量的学前教育既需要一个好老师，也需要一个好家庭，因此学前教育机构鼓励家庭积极参与到教育活动中去。幼儿园理事会由所有家庭投票选出的 1 名家长领导，每月组织会议，探讨如何促进家庭和幼儿园的合作和交流。会议的参与者有幼儿园园长、社区代表和家长代表。此外，还有家访、家庭培训活动、借阅家庭指导相关书籍，以及每月一次的集体活动等。

在残障儿童早期教育方面，家庭也可以发挥关键作用。一方面，儿童发展迟缓问题的发现和诊断主要依赖家长的持续观察。另一方面，在特殊教育专业人员设计的特殊教育方案实施过程中，家庭对于方案的具体落实至关重要。

在诊所里，家庭医生和护士定期围绕该地区最重要的健康卫生问题开展教育讲座，并为家庭提供与营养相关的教育培训，以保障儿童的健康成长。这些医疗工作者的职责还包括与社区组织建立工作关系，协同组织健康保障和疾病预防活动。例如，古巴妇女联合会有一支经过培训的卫生队，专门帮助医疗工作者在社区开展疾病预防宣传活动。

除教育和健康之外，古巴倡导保护儿童安全要成为每个人的责任。所有与儿童接触的组织和个人都有义务监测、发现和报告针对儿童的暴力、虐待或忽视的案件。

三、注重儿童全面发展

古巴的学前教育系统注重儿童的全面发展，重视音乐教育、其他艺术教育、体育教育以及各种文化教育。

音乐教育由专门从事音乐教育的学前教育工作者提供。每个幼儿园都至少配有 1 名拥有相关学位的专业人士。

其他艺术教育由接受过相关培训的普通学前教育工作者提供，涉及视觉艺术、舞蹈、戏剧等多个方面。面向儿童的这种艺术教育可以采取各种各样的形式，且没有具体时间限制。学前教育机构还设有舞蹈团或合唱团等组织，让所有儿童都参与其中。

体育教育由普通学前教育工作者提供，按照国家运动、体育教育和娱乐研究所的专业人员提供的方案进行教学。在这些促进儿童运动发展和体育教育的方案中包括专门教授幼儿游泳的方案，已在部分省份实行。古巴国内共有 924 个社区级的体育中心，向居民免费提供各种运动的场地。国家运动、体育教育和娱乐研究所负责组织国家、省、市和地方级别的体育节，并鼓励儿童积极参加。此外，卫生和体育工作者会协同组织患有慢性病的儿童以及年龄较小的儿童、孕妇和哺乳期妇女系统地进行体育运动。

除了在幼儿园和"教育你的孩子计划"中开展的活动外，儿童和家庭还有许多其他机会接触文化教育。例如，古巴"文化之家"活动中心为儿童提供发展其绘画、舞蹈、戏剧等领域艺术潜力的机会。此外，还有专业舞蹈团和戏剧团（如古巴国家芭蕾舞团）为儿童和青少年组织的讲习班。此类活动在全国范围内开展，并且鼓励社区参与其中。

第三节 学前教育的挑战和对策

一、学前教育的挑战

古巴学前教育系统面临的最大挑战是机构式学前教育资源有限，这使得通过机构渠道普及学前教育十分困难。学前教育机构需要的物质资源涉及玩具和其他教学材料的供应，幼儿园设施的维修和保养等；人力资源涉及教师、教学助理，以及适应不同情况的差异化培训等，这都意味着高昂的经济成本，为保障学前教育质量带来了极大挑战。

二、学前教育的对策

（一）继续落实非机构式教育

"教育你的孩子计划"灵活性很高，可以根据儿童的需要进行调整，这在很大程度上弥补了机构式学前教育资源不足的缺陷。例如，根据残障儿童的教育需求，该项目专门设计了补充性活动，为社区志愿者和协调小组提供关于如何照顾这些儿童的具体培训，并对残障儿童所在家庭开展家访，为家长提供专门指导。这减轻了特殊学前教育机构的压力。另一个例子是在学前教育资源匮乏的山区。项目实施者会开展家庭培训，组织由不同家庭轮流负责的集体活动，并安排每两周或每月一次的小组会议。此外，"教育你的孩子计划"在医院或监狱等特定环境下开展时，会根据儿童的特殊需要进行调整。虽然在医院的项目仍未完全落实，但在监狱的项目已扩展到全国各地。研究表明，该项目不仅有助于父母被监禁的儿童接受教育，而且对被监禁父母的行为产生了直接而积极的影响。

（二）开办私立机构

私立托儿所的出现和持续发展主要是由于政府开设的学前教育机构数量不足，不能满足国内所有适龄儿童的学前教育需要。私立托儿所开办者在获得公共卫生部、劳动和社会保障部的事先授权后，就可以在私人场地招收学龄前儿童，并由这两个部门负责监管私立托儿所是否符合健康和卫生标准。值得注意的是，私立托儿所的看护人员并不都专门从事幼儿教育工作，有的甚至不是教育工作者。他们通过公共卫生部和劳动和社会保障部的培训，了解照顾儿童所需的最低条件以及儿童保育的基本知识。教育部也参与了该培训课程指导手册的设计。进入私立托儿所的儿童通常同时参加"教育你的孩子计划"。

（三）开展针对非机构式教育的系统培训和监测

古巴政府对"教育你的孩子计划"的质量给予了极大的关注，对各级相关人力资源进行了系统培训。这种培训是跨部门的、多样化的，与被培训者的教育经验和教育需求相适应。幼儿园教师、师范大学的教授、家庭医生、协调小组的成员和来自不同领域的专家等项目实施者通常每月进行一次主题培训。培训内容以试点阶段开发的材料为基础，并定期持续更新。培训主题包括不同年龄组儿童的特点、低成本玩具的制作说明、家长小组活动的组织、游戏在儿童全面发展中的重要性，等等，还涉及其他特定主题，如营养、疾病、预防意外伤害等。

保障项目质量的另一个工具是不断监测和定期评估项目的结果，以衡量其有效性并在必要时修改相应流程。"教育你的孩子计划"包括几个监测机制：每月由项目实施者开展家访，评估孩子的发展水平和家庭的教育能力；每学年由项目协调小组进行项目结果评估；每隔几年，由国家技术小组就项目对儿童（评估所达到的发展水平）、家庭（评估促进儿童发展的能力）、社区（评估项目参与度）和项目实施者（评估协调小组的跨部门合作以及工作具体实施状况）产生的影响进行评估。迄今为止，古巴已分别于1994年、1999年、2006年和2014年开展了四次全国监测活动。[1] 各项监测和评估活动使该项目的质量得以提高、实施流程得以优化。例如，在1999年的第二次监测之后，项目加强了对0—3岁的儿童的关注，并采取了一定措施以提高护理质量，如加强教育工作者、家庭医生和护士的能力建设，制定新的指导方针，以及为相应年龄段的儿童组织小组活动，等等。

---

[1] LAIRE C. El desarrollo en la primera infancia en Cuba[R]. La Habana: UNICEF Cuba, 2016.

第五章 基础教育

古巴基础教育包括初等教育、中等教育两个层次。初等教育由城市小学和农村小学提供，针对6—11岁的儿童。中等教育分为初中和高中（大学预科）两个阶段，主要由城市初中、农村初中和城市高中、农村高中提供，分别针对12—14岁和15—17岁的青少年。职业艺术学校和综合体育学校也属于基础教育机构。在古巴，小学和初中属于义务教育阶段。本章主要聚焦于古巴革命胜利后的基础教育发展和现状，分别总结了义务教育阶段和高中教育阶段的特点，并基于数据分析了古巴基础教育当前面临的主要挑战和相应对策。

第一节 基础教育的发展和现状

一、历史沿革

1959年以前，古巴几乎不存在中学教育。古巴革命取得胜利时，全国小学6年级毕业生的数量总共不超过40万人。从20世纪60年代开始，随着扫盲运动的发展，古巴的基础教育系统开始稳步建设发展。

1975年，古巴开始实施新的教学计划和教学指标，基于一系列科学研究和决策对国家教育系统进行改进。到20世纪80年代，国家教育系统的改革得到了巩固，古巴基本实现了面向全体人民的九年义务教育，提高了国民文化水平。义务教育由古巴的小学和初中提供，分别针对6—11岁和12—14岁的学生。其目标是为青少年儿童人格的全面发展奠定基础，着重培养学生西班牙语、数学、自然科学、社会科学、英语方面的基本知识和技能，同时开展艺术教育、体育教育和劳动教育，使学生基本掌握进一步学习所需要的能力。

古巴高中阶段教育不属于义务教育，涵盖了10—12年级，针对15—17岁的青少年，既是青少年拓宽眼界、深化知识、丰富技能的阶段，也是他们为未来职业生活做出关键性抉择的时刻。这一阶段教育的目标是全面培养青少年的综合能力和带头参与古巴社会主义建设的意识，使毕业生具备应对进一步学习和工作的能力。古巴高中又称为大学预科，注重为计划进入高等教育机构的毕业生做准备，并培养学生学习国家优先需要的专业的能力。

二、基本现状

（一）组织结构

小学由1—6年级组成，大多数小学还包括学前班。这6个年级分为两个周期。第一周期涵盖1—4年级，分为第一个发展阶段（1—2年级）和第二个发展阶段（3—4年级）。第二周期涵盖5—6年级，即第三个发展阶段。

学生从一个年级升入下一个年级时，教师之间需要进行工作交接。这有助于教师对每个学生的特点具备足够的了解，以便更好地设计教学方法和策略，使学生能够更高质量地实现每个年级对应的目标。最重要的工作交接发生在以下三个阶段：学前班结束，学生升入 1 年级；4 年级结束，学生升入 5 年级，即下一个周期；6 年级结束，学生升入 7 年级，即初中。

初中由 7—9 年级组成。初中设有管理委员会，其成员由校长、副校长、年级主任、辅导员和财务副主管组成。除该年级相应学科教学人员外，每个初中班级都配有 1 名指导教师。

高中由 10—12 年级组成。高中行政工作的管理机构是管理委员会，每月召开 1 次工作会议。教育活动的管理机构是技术委员会，工作目标是确保教学活动的成功开展。技术委员会直接领导学科小组，为其提供指导方针和信息。学科小组汇集了各学科的负责人和教师，是教学工作方法交流的基本单元，目标是执行方法层面上最多样化的教学活动。教务小组将同一年级的所有教师聚集在一起，至少每两星期举行一次会议，旨在协调各教师在学生的全面发展和提高学习质量方面采取的行动。教务小组在会议上基于学生的知识、作风和能力水平的考核结果，先前制定的评估策略在各学科中应用的效果，学生综合评估的结果以及学校与家庭和社会环境的关系，教师队伍的专业竞争力等方面进行综合分析。

高中还设有学校理事会，由学生家长参与。其基本目标是让家庭积极参与到学校生活中，参与组织各种各样的课内外活动，以增强家庭对子女教育的责任感，并实现学校教育和家庭教育对儿童、青少年的影响统一化。

学校的全体教学人员通常每学年举行两次会议：一次在学年开始时，一次在学年结束时。会议的主要内容是基于学生的评估结果分析教学方法可能存在的问题，以便及时采取相应措施，并且会交流其他学校的有效经验。

（二）入学率和入学人数

表 5.1 和表 5.2 分别显示了 2013—2018 年古巴基础教育入学率，以及 2014—2020 年基础教育入学人数。

表 5.1 2013—2018 年古巴基础教育入学率 [1]

单位：%

年份		毛入学率						净入学率					
		2013	2014	2015	2016	2017	2018	2013	2014	2015	2016	2017	2018
小学	男	103.1	107.7	103.9	103.6	105.8	103.6	98.9	99.0	99.4	99.5	99.5	99.9
	女	101.5	101.8	102.0	101.6	102.0	101.6	99.23	99.0	99.59	99.44	99.86	99.7
	总计	102.31	104.83	102.98	102.63	103.9	102.6	99.1	99.0	99.5	99.5	99.7	99.8
中学	男	88.4	96.0	88.6	83.8	99.9	85.5	84.6	81.0	81.0	81.2	81.4	82.2
	女	90.7	99.3	93.5	88.7	101.8	90.7	87.8	85.8	85.6	85.9	86.6	86.8
	总计	89.5	97.6	91.0	86.2	100.8	88.0	86.1	83.3	83.2	83.5	83.9	84.4

[1] 资料来源于古巴国家统计与信息办公室官网。

表5.2 2014—2020年古巴基础教育入学人数[1]

单位：人

学年		2014—2015	2015—2016	2016—2017	2017—2018	2018—2019	2019—2020
小学	总数	691 648	685 139	684 722	696 288	709 934	721 647
初中	城市初中	356 632	350 174	341 100	325 715	306 009	292 963
	农村初中	30 192	29 655	28 495	25 527	22 545	21 085
	总计	386 824	379 829	369 595	351 242	328 554	314 048
高中	城市高中	136 415	133 483	130 176	127 179	124 380	119 091
	农村高中	15 904	16 411	16 572	16 715	16 290	14 801
	总计	152 319	149 894	146 748	143 894	140 670	133 892

[1] 资料来源于古巴国家统计与信息办公室官网。

（三）毕业人数

表 5.3 显示了 2013—2019 年古巴基础教育毕业人数。

表 5.3　2013—2019 年古巴基础教育毕业人数[1]

单位：人

学年		2013—2014	2014—2015	2015—2016	2016—2017	2017—2018	2018—2019
小学	总数	129 670	126 590	117 874	110 566	102 743	103 369
初中	城市初中	120 533	115 561	110 915	112 982	110 874	104 747
	农村初中	10 311	9 624	9 102	9 393	8 790	7 781
	总计	130 844	125 185	120 017	122 375	119 664	112 528
高中	城市高中	39 892	41 489	41 457	40 241	38 870	38 787
	农村高中	4 023	4 694	4 869	4 864	5 062	5 011
	总计	43 915	46 183	46 326	45 105	43 932	43 798

[1] 资料来源于古巴国家统计与信息办公室官网。

（四）教学设施

表 5.4 显示了 2013—2019 年古巴基础教育学校数量。

表 5.4 2013—2019 年古巴基础教育学校数量[1]

单位：所

年份		2013	2014	2015	2016	2017	2018	2019
小学	城市小学	2 113	2 097	2 083	2 084	2 081	2 080	2 081
	农村小学	4 729	4 730	4 754	4 779	4 806	4 828	4 840
	总计	6 842	6 827	6 837	6 863	6 887	6 908	6 921
初中	城市初中	873	881	890	893	896	886	887
	农村初中	124	121	120	122	114	110	107
	总计	997	1 002	1 010	1 015	1 010	996	994
高中	城市高中	236	242	246	242	240	239	241
	农村高中	30	38	38	39	47	47	42
	其他	17	15	15	15	15	16	16
	总计	283	295	299	296	302	302	299

[1] 资料来源于古巴国家统计与信息办公室官网。

（五）教师人数

表 5.5 和表 5.6 分别显示了 2013—2020 年古巴基础教育在职教职工人数和任课教师人数。

表 5.5　2013—2020 年古巴基础教育在职教职工人数[1]

单位：人

学年		2013—2014	2014—2015	2015—2016	2016—2017	2017—2018	2018—2019	2019—2020
小学（不包括学前班）	城市小学	69 461	69 232	70 823	69 789	67 181	66 648	70 228
	农村小学	37 288	37 197	36 871	36 435	35 564	34 855	36 226
	总计	106 749	106 429	107 694	106 224	102 745	101 503	106 454
初中	城市初中	41 160	39 570	37 522	35 940	33 930	32 065	32 844
	农村初中	5 531	5 117	4 771	4 612	4 274	3 891	3 892
	总计	46 691	44 687	42 293	40 552	38 204	35 956	36 736
高中	城市高中	15 961	15 411	14 741	13 880	13 102	12 562	12 832
	农村高中	2 895	2 870	2 708	2 642	2 657	2 364	2 368
	总计	18 856	18 281	17 449	16 522	15 759	14 926	15 200

[1] 资料来源于古巴国家统计与信息办公室官网。

表5.6 2013—2020年古巴基础教育任课教师人数[1]

单位：人

学年		2013—2014	2014—2015	2015—2016	2016—2017	2017—2018	2018—2019	2019—2020
小学（不包括学前班）	城市小学	46 623	46 884	46 932	46 222	45 145	44 988	47 742
	农村小学	27 673	27 249	27 678	27 594	27 001	26 766	28 008
	总计	74 296	74 133	74 610	73 816	72 146	71 754	75 750
初中	城市初中	38 086	36 375	34 889	33 255	31 457	29 771	30 324
	农村初中	5 051	4 756	4 391	4 194	3 974	3 584	3 568
	总计	43 137	41 131	39 280	37 449	35 431	33 355	33 892
高中	城市高中	14 258	13 903	13 321	12 517	11 889	11 449	11 701
	农村高中	2 622	2 576	2 437	2 392	2 420	2 154	2 161
	总计	16 880	16 479	15 758	14 909	14 309	13 603	13 862

[1] 资料来源于古巴国家统计与信息办公室官网。

（六）课程设置

表 5.7 和表 5.8 分别显示了古巴小学、初中的课程设置情况，以及各年级课程的学时分配。

表 5.7 古巴小学教学计划 [1]

科目	周课时数（每课时 45 分钟）						科目总课时数
	一年级	二年级	三年级	四年级	五年级	六年级	
西班牙语	10	—	10	—	6	6	1 280
数学	5	5	5	5	5	5	1 200
我们生活的世界	1	1	1	1	—	—	160
历史	—	—	—	—	2	2	160
地理	—	—	—	—	—	2	80
自然科学	—	—	—	—	3	2	200
公民教育	—	—	—	—	2	—	80
劳动教育	2	2	2	2	2	2	480
体育	3	3	3	3	2	2	640
英语	—	—	1	1	1	1	160
计算机	1	1	1	1	1	1	240
美术教育	1	1	1	1	1	1	240
音乐教育	1	1	1	1	1	1	240

---

[1] 资料来源于古巴教育部官网。

表 5.8 古巴初中教学计划 [1]

科目	周课时数（每课时 45 分钟）			科目总课时数
	七年级	八年级	九年级	
西班牙语	5	5	5	600
数学	5	5	5	600
历史	2	3	5	400
自然科学	3	—	—	120
生物	—	2	2	160
化学	—	2	2	160
体育	2	2	2	240
地理	—	2	2	160
物理	—	2	3	200
英语	2	2	3	280
计算机	2	—	—	80
公民教育	2	2	1	200
艺术教育	2	—	—	80
劳动教育	2	2	2	240

---

[1] 资料来源于古巴教育部官网。

第二节 基础教育的特点

一、义务教育阶段重视道德教育

古巴的九年义务教育阶段十分重视通过少年先锋队的形式实现道德教育。古巴的何塞·马蒂先锋队的前身最早可以追溯到 1931 年由古巴共产主义青年团创建的先锋联盟，该联盟在 1962 年成为古巴先锋联合会。1977 年，在古巴共产主义青年团召开的第三次大会上，通过了将古巴先锋联合会改为"何塞·马蒂"先锋队的决议。先锋队的组织目标是促进少年儿童的全面综合发展，以共产主义的崇高原则教育他们，使他们具备作为未来共产主义事业接班人的素质和精神。先锋队的指导原则是自觉性、自我引导性、适应性、生活集体性、系统性、游戏性，以及以小分队作为基本单位。为培养少年儿童的研究精神、身体素质和责任感，先锋队组织了多种多样的活动：先锋创造者运动，其特点是发挥先锋队员的研究能力和创造性，鼓励他们在教室、学校或社区中遇到问题时，自行寻找解决方案；先锋童子军运动，该运动有助于先锋队员适应野外生活、培养生存能力、激发对自然的热爱，以及培养爱国情感和公民意识；先锋行动部队，有数十万名先锋队员和教师参加，积极响应国家的号召，自发为祖国的事业做出贡献。这些活动是帮助先锋队队员形成共产主义价值观的一个重要方面。

二、高中教育阶段重视职业指导

职业指导作为一个复杂的过程，要求全面地培养个人，使其才能与社会主义社会发展所需的人才要求相匹配。自革命胜利以来，古巴政府就十分重视职业指导工作。自 1959 年起，政府就开始制定一系列职业指导项目，以满足培养各种重点专业的工人、技术人员和专家的需要。直到今天，职业指导一直是学校教育的重要组成部分。目前的职业指导面临的挑战是如何应对不断加速发展的科技革命。这要求培养出有能力、积极适应变化的专业人才，以满足革命的需要，并实现社会的可持续发展。

古巴著名的教育学家何塞·德拉鲁斯–卡瓦列罗曾提议建立专门的艺术学院、职业学校和师范学校，以便有针对性地培养社会所需要的人才。民族英雄和思想家何塞·马蒂在《教育学思想》一书中谈到职业指导问题时曾指出，国家要根据当时的具体条件，帮助人们为生活做好准备，为他们可以胜任的工作做好准备。实际上，古巴最优秀的思想遗产已经为职业指导指明了方向，制定好了任务。这些任务反映在古巴共产党关于教育政策的决议中，即要从根本上重视少年儿童的职业培训和职业指导工作，并让学校在这项工作中发挥主导作用。因此，各级教育机构有责任根据社会发展的需求，开展旨在保障其学生获得充分职业培训和指导的工作。职业指导有必要让年轻人了解专业内容及其对国家的必要性，并开展教育工作，激发他们的政治觉悟和爱国情感。当年轻人出于对祖国的感情而选择一种职业时，他们会以更强的责任感来从事这项职业。

在整个教育改革进程中，古巴政府制定了各种职业指导计划。1975 年召开的古巴共产党第一次代表大会在其决议中提出，要根据年轻人自身的潜力和国家的需要对他们进行职业指导。20 世纪 90 年代，随着《职业培训和指导条例》的实施，职业指导的发展进入了下一个阶段。该条例规定："各科目教师的任务是保证学生对所学知识的基本掌握程度，使学生对所学习的知识在未来的工作生活中的应用产生兴趣，并在此基础上引导学生将来从事国家最需要的职业。"2000 年，古巴教育部颁布了第 700 号决议，从行政上规定了学校在职业指导和培训活动中的主导作用。在 2008 年 7 月举办的大学生联合会全国理事会上，部分分会场专门展开了关于职业指导和客观职业需求的讨论。共产主义青年团第一书记胡里奥·马丁内斯·拉米雷斯在会议上指出："将职业指导与实际需求相匹配是一项挑战，需要职业培训方面的教育力量。共产主义青年团有责任改变年轻人在所选择的职业和国家真正需要的职业之间存在的二元对立心态。"[1]

职业指导的特点包括：不断支持学生发展自身的认知潜力和驱动力，使他们能够充分主动地选择职业，并在学习过程中提高学习效果；所有教育相关人士（教师、心理专家、教育专家、家长、社区代表）都参与其中；不是针对孤立的个人开展，而是针对属于一个群体（学校、机构、社区）的个人开展；不仅仅是一个应要求帮助学生解决择业困难的活动，而是一个预先开展的教育活动，致力于开发学生的潜力，使其为职业选择做好准备；学生在职业指导过程中积极发挥主观能动性，在考量自身择业动机和所处环境后，主动做出职业选择。

古巴的职业指导与教育心理学紧密结合，体现了教育学和心理学在理论上和方法上的进步成果。目前，满足社会需求是学校开展职业指导的优先关注点，因此职业指导的首要工作是唤醒学生对未来职业选择的驱动力。古巴教育部主张强调学生作为主体的积极性，在教学过程中，通过职业指导，了解其自身能力和社会需求，从而选择对应的职业。

---

[1] 资料来源于古巴教育部官网。

第三节 基础教育的挑战和对策

一、基础教育的挑战

（一）师资力量有待加强

古巴的基础教育系统面临提高师资数量和质量的双重挑战。据统计，自2013—2014学年至2019—2020学年，古巴小学（包括学前班）任课教师总数增加了2 083人，但是任课教师本科率逐年下降，从81.1%减少到了74.1%；古巴初中任课教师总数减少了9 245人，任课教师本科率从86.4%减少到了83.2%；古巴高中任课教师总数减少了3 018人，任课教师本科率从95.0%减少到了93.9%。[1]尽管从2018—2019学年到2019—2020学年，古巴小初高的任课教师数量和本科教师数量都有所回升，但是从总体趋势来看这一问题还未得到解决。

（二）高中在学率较低且区域发展不均衡

据统计，截至2018—2019学年末，古巴小学在学率达到99.8%，初中在学率达到94.3%，而高中在学率仅有84.0%。尽管近十年来，古巴高中在学率在有所回落后基本保持稳步上升态势，从2008—2009学年的79.2%增长到了84.0%，但是和小学、初中相比，仍存在很大的提升空间。此外，高中在学率表现出明显的地区差异。就2018—2019学年的数据来看，在学率最高的关塔那摩省和比那尔德里奥省分别达到93.9%和91.0%，而在学率最

---

[1] 资料来源于古巴国家统计与信息办公室官网。

低的奥尔金省和玛雅贝克省仅有78.1%和78.7%。[1]这反映出古巴高中教育地区性不均衡发展的问题。

二、基础教育的对策

进入21世纪以来，古巴采取了一系列措施增强基础教育的师资力量。2000—2001学年，古巴加强了小学教师和初中教师师范教育的力度，同时颁布新的培养模式。2000—2009年，古巴推出"新兴教师"项目，旨在培训大量青年人成为小学教师，并达成1间教室不超过20名学生的比例目标。[2]参加该项目的教师须先参加1年的集中培训，后于下一学年参加实际工作，同时参加职业面授课。项目推出后，大量古巴青年人加入小学教师队伍，缓解了此前师资力量短缺的问题。2010年起，随着"新兴教师"项目的结束，古巴再次开放师范学校，其中特别开设小学教师专业，以专门培养合格的小学教师。2013年，由于小学教育中缺乏英语专业师资，古巴师范学校新设小学英语教师专业，并为其设计体现小学英语专业特色的培养方案，以适应国内日益变化的教育需求。

此外，古巴于2016年开展第三次教育系统改革，其中针对基础教育教师数量不足的问题提出了相应的解决措施。首先，古巴教育机构采取了灵活的应对措施，如返聘退休教师、聘请没有编制的合同制教师、聘请非师范类专业的大学生和鼓励大学生支教等。其次，在师资培养方面，古巴政府鼓励师范学校尽早为在校生开设职业规划课程，并根据各校情况，采取差异化教学方式提高师范生入学第一年的留校率，提高培养效率。古巴虽已采取众多措施缓解师资力量薄弱问题，但从长远来看，国家还需培养更

---

[1] 资料来源于古巴国家统计与信息办公室官网。
[2] 资料来源于《格拉玛报》官网。

多投身于基础教育事业的专业师范人才。

在提高基础教育教师数量的同时，古巴也十分重视教师质量和教学质量的提高。古巴政府鼓励师范学校毕业生到高等院校教育专业继续深造，同时，师范学校也为教师开设了不同的培训课程，以满足各级教育工作者的进修需求。此外，古巴政府在第三次教育系统改革中修订了各级学校的培养方案，以更先进和更符合社会与时代要求的教学理念与方法指导教师更好地开展教育教学工作。

在第三次教育系统改革中，古巴政府将初中生的升学问题作为工作重点之一，鼓励九年级毕业生到包括职业与技术学校在内的学校继续学习。近年，面对新冠肺炎疫情的冲击，古巴教育部仍未放松九年级毕业生的升学工作。在学生毕业之前，古巴教育部根据各校学生排名和各地实际情况，开设了为期16周的毕业准备工作，其中前8周主要开展就业培训和专业指导活动，该系列活动除有学校参与之外，还邀请了国内知名的组织、公司、工厂、服务商等参加，为学生提供全面的升学建议。在学生毕业之前，教育部也会及时公布学校招生名额和时间表，帮助学生在规定时间前报名自己感兴趣的学校。[1]

古巴政府还采取一系列措施加强小学教育阶段的家校联系，让学生家长参与到学校的建设和教育当中来，共同帮助学生全面发展。[2] 同时，政府也十分重视促进校与校之间的联系，以及对落后地区校舍的维护、修理和重建，期望通过不懈努力，推动全国基础教育的共同进步。

---

[1] 资料来源于古巴教育部官网。

[2] 资料来源于Cubadebate网站。

第六章 高等教育

古巴高等教育机构提供本科和研究生教育，以培养国家发展所需的高级专业人才。本科教育学制一般为 5 年，医学专业为 6 年。研究生教育分为两种，一种是专业进修，不授学位；另一种是学位攻读，设硕士和博士学位。本章从殖民地时期、新殖民地时期和古巴革命后三个阶段考察了古巴高等教育的发展历史，通过多种数据刻画了古巴高等教育的现状，从课程设置和社会意义两方面总结了古巴高等教育的主要特点，并提出了当前面临的主要挑战和相应对策。

第一节 高等教育的发展和现状

一、历史沿革

古巴第一所高等教育机构是哈瓦那圣赫罗尼莫王家与教皇大学，由多米尼加修士会于 1728 年 1 月成立。这所大学在 1842 年被世俗化，并更名为哈瓦那皇家文学大学。到 1899 年，这所大学才获得了现在的名字，即哈瓦那大学。[1]

19世纪前半叶，古巴高等教育资源十分有限。当时的哈瓦那大学仅设置医学、法学和药学专业，到1862年才加入了哲学、文学和自然科学方向的专业。

20世纪40年代和50年代，古巴成立了另外两所高等教育院校，即拉斯维亚斯中央大学和圣地亚哥东方大学。这两所大学的专业结构和之前的高校类似，变化很小。

截至1960年，古巴只有3所公立大学。当时高等教育以传统授课为特征，课程内容较陈旧，专业结构不能反映国家科技进步和社会发展的需求。而且，高等教育机构主持的科学研究很少，研究生活动也很有限。用于维护和发展高等教育机构的国家预算过少则使这种落后的情况更加复杂。

自1961年起，古巴政府基于全体公民都享有受教育权的原则制定了新的教育政策。在政策的引导下，古巴开展了扫盲运动，建立了国家奖学金制度，并实施了大学改革以及其他一系列行动。那时，古巴意识到国家的未来必然是科学人才的未来，因此决定优先建立研究中心，鼓励大学开展科学研究，并大力发展各种形式的研究生教育，特别是博士生教育。

1976年7月，古巴高等教育部成立，负责指导高等教育政策的执行。该部门的首要任务之一是扩大和重组高等教育机构网络。[2] 当时，古巴全国只有5所高等教育机构，而到了1980年，这一数字就上升到了30所。

（一）殖民地时期

自16世纪西班牙殖民者到达古巴以来，王室和教会迟迟没有批准建立大学，哈瓦那圣赫罗尼莫王家与教皇大学直到1728年才正式成立。这也许

---

[1] GUADARRAMA GONZÁLEZ P. Etapas principales de la educación superior en Cuba[J]. Rhela, 2005, 3: 49-72.

[2] 资料来源于古巴高等教育部官网。

是因为在这块通往新大陆的战略要地上，积极培养现代知识分子和专业人员并不符合王室的利益，有挑战其权力的可能。不过在首所大学成立前，古巴岛上的一些宗教组织中已经出现了高等教育的萌芽。例如哈瓦那的圣胡安·德·莱特兰修道院长期以来一直在教授语法、艺术、神学方面的高级课程。

哈瓦那作为海上枢纽，有利于形成开放的、国际化的港口，并且很容易将日益盛行的独立思想传递给其他殖民地。鉴于启蒙思想与现代化革命精神在欧美已十分盛行，西班牙殖民政权始终十分警惕古巴与欧洲或北美的思想交流与学术往来，尤其针对古巴年轻人到法国、德国、英国等地的访学。当1728年哈瓦那大学的前身成立时，巴黎、博洛尼亚、牛津和萨拉曼卡等地著名大学相对衰落，国际环境对学术发展不是很有利。此外，封建制度的衰落、皇家资金的匮乏、新教的兴起、对经院学术的批评和天主教会的势力膨胀等多方面因素也对18世纪上半叶拉丁美洲大学的专业要求和思想发展产生了重要的影响。

自18世纪末起，随着制糖业的蓬勃发展、海地革命后经济危机的爆发和工业革命的兴起，古巴的经济和社会发生了深刻的转变，由此本地精英阶层开始着力发展科学研究和高等教育，以促进资本主义工业发展和资产阶级社会现代化。1842年，哈瓦那大学的前身脱离了教廷，更名为哈瓦那皇家文学大学。

哈瓦那大学在1842年世俗化之后的转变仍有其局限，这表现在经院学术对教学现代化进程的阻碍。不过，天主教会的势力相较之前有所缩减，大学逐渐成为现代独立思想传播与发展的重要阵地，独立运动也随之变得愈发激进。这使得殖民政府非常担心，以至于在1863年通过了一部公共教学法，禁止古巴大学进一步发展独立思想。1892年，殖民政府又颁布了对哲学博士教育的禁令，这引发了哈瓦那大学的第一次学生罢课。幸运的是，在一些私立院校中，自由的哲学教学保留了下来，对抗了殖民政府在哈瓦那大学重建教会控制思想的企图，重振了古巴的独立思想和精神。

面对古巴知识分子在大学中获得的声望及这种现象反映出的意识形态危险，殖民当局十分担忧，并出台了限制知识分子力量的法律规定。到 1898 年，即殖民统治的最后一年，殖民当局给予了古巴大学极大的自主权，使其可以在没有政府干预和教会影响的情况下自行选择其理事。但此时，美国政府已经决心攫取古巴。到了 20 世纪，古巴大学面临新的危机，要采取措施阻止美国军事和政治的干预。

1901 年，受美国政府委托，时任公共教育和财政部部长的恩里克·何塞·瓦罗纳对 19 世纪末古巴高等教育的状况进行了总结："高等教育发展滞后，高等院校数量不足。在战争前的几年中，总入学人数始终保持在 1 000 人以上，但专业仅限于法律、医学和药学方面的理论研究。换言之，大学的专业结构与 18 世纪末相同。在博物馆和实验室等华而不实的名目下，实践教学却几乎无人问津。"[1] 此外，当时的教育还存在着严重的不公平现象。例如，直到 1885 年才出现首位女性大学毕业生，也就是在首所大学成立的 117 年后。性别歧视状况可见一斑。此外，黑人、黑白混血种人以及大部分普通群众缺乏接受初等教育的机会，遑论高等教育。

（二）新殖民地时期

1898 年，美国对古巴独立战争的干预给整个古巴教育系统，特别是高等教育系统带来了影响。由于美国很难通过经济、政治和军事手段实现自身的目的，于是采取了文化吞并的方式。幸运的是，尽管有一些民族资产阶级和地主阶级屈服于美国的新殖民主义政策，但是古巴其他阶层人民坚决反对美国继续在岛上驻军，并尽一切可能证明古巴人有自我治理的能力。

---

[1] GUADARRAMA GONZÁLEZ P. Etapas principales de la educación superior en Cuba[J]. Rhela, 2005, 3: 49-72.

1899年1月，西班牙殖民统治结束，哈瓦那皇家文学大学改名为哈瓦那大学。从1900年起，恩里克·何塞·瓦罗纳开始推进一项重要的大学改革，以消除部分大学存在的官僚主义问题，并根据国家工农业发展的紧迫需求大力建设某些专业，限制对新成立的共和国贡献有限的专业发展。在1898—1902年美国首次军事占领期间，该项目在大学内成立了一些紧缺的学院，如教育学院、兽医学院、口腔医学院、农学院、电气工程学院等。但由于许多教授采取抵制态度，而且受美国控制的新殖民主义共和国的首批统治者不予支持，瓦罗纳计划取得的成果有限。

在1906—1909年美国第二次军事占领期间，美国加强了对古巴大学的政治干预，任何表达独立精神、反帝国主义精神和拉丁美洲主义精神的主张都被压制。但在20世纪20年代，一股年轻的力量在大学出现，并与工人群体和社会主义信仰者联合，大力反抗独裁统治，为守护古巴人民的尊严开展激烈的斗争。这一时期举办了首届全国学生大会，会议基于反资本主义、反帝国主义的精神和对工人运动的支持，通过了创建何塞·马蒂人民大学的决定。学生团体在反独裁统治斗争中的活跃表现导致哈瓦那大学在1931—1932年被政府关闭。这一革命进程随着独裁政权的垮台和废除《普拉特修正案》而告终。之后，哈瓦那大学收获了斗争的成果，于1933年10月宣布自治。学生团体得以直接参与大学管理，免费入学名额增加，使得更多出身普通的学生能够进入大学。

历史学家费尔南多·波图恩多指出，"这场于1930年开始的革命的目标比推翻马查多的暴政要宏大得多，它实际上开启了围绕古巴教育全面改革的紧迫性的讨论。"[1] 虽然哈瓦那大学在20世纪30年代初的专业结构和学术水平与殖民地时期没有太大区别，但毫无疑问，改革的大门已经打开了。在学生的积极参与下，到20世纪40年代末，这所古巴当时唯一的大学的学

---

[1] GUADARRAMA GONZÁLEZ P. Etapas principales de la educación superior en Cuba[J]. Rhela, 2005, 3: 49-72.

术水平得到了显著提高。

到了 1948 年，经过不懈努力，拉斯维亚斯中央大学在圣克拉拉成立，并于 1952 年正式开始学术教育活动。1949 年，圣地亚哥东方大学于古巴圣地亚哥成立并于同年开始授课。这两所新大学的大部分教职人员是本地的知名专业人士，不过首都大学的师资力量也通过开办短期课程和讲座的方式予以支持。

从马查多独裁时期到巴蒂斯塔独裁时期，警察干预和镇压学生运动的情况一直普遍发生，甚至政府一度在民众起义加剧时关闭了 3 所公立大学。新的学生领袖随之在哈瓦那大学诞生，他们的斗争超越大学的围墙，走向对古巴社会的彻底改造，其中就包括菲德尔·卡斯特罗。20 世纪 40 年代，一些寡头势力开始在古巴创建私立大学，以培养符合其利益、不参与古巴人民斗争的专业人才。1946 年，一群来自美国的修士创建了圣托马斯·比利亚努埃瓦天主教大学，按照美国大学的教学计划和课程大纲进行授课。1956 年 11 月，在哈瓦那大学停课期间，何塞·马蒂国家共济会大学以同样的方式成立。此外，还有在比那尔德里奥成立的拉斐尔·莫拉莱斯·冈萨雷斯西方大学、在卡马圭成立的伊格纳西奥·阿格拉曼特大学、在奥尔金成立的北部东方大学等。这些私立大学比起发展学术更注重牟取利益。

随着巴蒂斯塔独裁统治下古巴人民斗争和学生运动的激化，政府对公立大学的干涉行为变本加厉。1958 年，总统候选人安德烈斯·里韦罗·阿圭罗甚至提议将 3 所公立大学完全私有化，只允许私立大学存在于古巴。但是在古巴革命胜利后，历史的进程走向了相反的方向。随着社会主义建设和私营企业国有化进程的推进，所有的私立学校终将消失，包括高等教育子系统在内的国家教育系统将面向全民免费开放。

（三）革命胜利至今

古巴革命胜利后，新政府必须立即采取措施来遏制私立大学的泛滥。当时具体实施的措施之一是通过民主和公开的程序，在充分保障其辩护权的条件下，清除腐败的大学教授和政府官员。这样激进的改革导致阶级斗争加剧，古巴大学成为了政治和文化交锋的重要战场。不过，得益于学生和工人构成的强大堡垒，反革命分子试图通过大学削弱古巴政府的计划没有得逞，革命成果得以在大学中发扬光大。高等教育资源开始向更多的人开放，专业建设加速发展，各所大学扩建校园，还建造了何塞·安东尼奥·埃切瓦里亚大学城。

在革命后的新时代，学生团体在大学活动中的参与度大大提高，于是政府相应加强了对其管理。1960年，古巴内阁成立了大学高级理事会，作为古巴高等教育的领导机构，并向全国3所公立大学派驻代表。这是资产阶级大学改造进程中的一个重要节点。

古巴革命政府与大学之间的联系变得非常频繁。菲德尔·卡斯特罗等政府高层定期访问校园，鼓励年轻一代在新时代的生产、社会、教育和文化任务中发挥更大的作用。为了实现这一目标，古巴不仅要向更广大的群众开放进入大学课堂的机会，而且要提高教师队伍的专业水平、发展研究生教育、建立科学研究中心。为此，古巴政府于1960年4月成立了古巴高等教育改革联合委员会。大学入学人数从20世纪50年代的15 000人跃升到80年代的30多万人。

1962年10月，哈瓦那大学医学院成为维多利亚·德·西隆基础和临床医学研究所。随后，新行政区划规定下的14个省份全部建立了医学研究所。这极大地促进了卫生服务的发展，使古巴人民的生活质量发生质的飞跃。

1964年7月，3所公立大学的教育学院分别被命名为哈瓦那的恩里克·何塞·瓦罗纳师范学院、圣克拉拉的费利克斯·瓦雷拉师范学院和古巴圣地亚哥的弗兰克·派斯师范学院。这些学院后来成为了独立的师范大学，并将其经验在全国各省推广。这些新成立的高等教育机构促进了基础教育发展和完善，对卫生和体育部门也有积极影响。主校区设在哈瓦那的曼努埃尔·法哈多体育高等学院也在其他各省份成立分支机构，从而为古巴近几十年在体育领域的杰出表现做出了巨大贡献。艺术高等学院以同样的方式成为了全国范围内的权威高等教育机构，来自世界各地的青年艺术人才都能在这里得到充分的培训。

从 20 世纪 60 年代到 80 年代中期，古巴高等教育的发展从当时的东欧社会主义国家和苏联得到了许多帮助，其中包括在多个古巴较落后的专业领域培养出急需的人才、在本科和研究生教育领域开展重要合作等。这对提高成千上万的古巴专业人才的学术水平产生了重大影响。

1971 年以来，菲德尔·卡斯特罗提出有必要开展广泛的高等教育普及工作，使其覆盖全国所有城市。为实现这一目标，高等教育部于 1976 年成立，同年，全国高等教育机构数量增加到 27 个。

在 20 世纪的最后 25 年，现有高等教育机构的教育质量得到了巩固，而且新的中心也不断建立。在 1974 年，卡马圭大学和何塞·马蒂军事技术学院成立。1976—1977 年，比那尔德里奥的赫尔曼诺斯·赛兹·蒙特斯·德奥卡大学，马坦萨斯的卡米洛·西恩富戈斯大学，哈瓦那的弗果索·罗德里格斯农业大学，奥尔金的奥斯卡·卢塞罗·莫亚大学、莫阿采矿冶金学院、格拉玛大学、劳尔–罗阿–加西亚国际关系高等学院成立。

自 1977 年起，古巴成立了 8 个军事高等教育中心。其中包括 1978 年创建的谢戈德阿维拉大学、1979 年创建的卡洛斯·拉斐尔·罗德里格斯西恩富戈斯大学、1984 年创建的工业设计高等学院、1986 年创建的应用科技高等学院、1993 年创建的关塔那摩大学中心和 1994 年创建的弗拉基米尔·I·列宁拉斯图纳斯大学中心。

近年来，随着各大学在全国所有城市建立分校，古巴朝着普及高等教育的目标又迈出了重要一步。该项目自 2002—2003 学年开始，仅用了 1 年就建立了 390 所市立大学分校。分校的数量在 2005—2006 学年达到顶峰，共有 3 150 所，不过在 2009—2010 学年骤减至 169 所，最新数据显示，2019—2020 学年古巴全国共有 124 所大学分校。[1]

二、基本现状

古巴的高等教育机构都是公立的，除高等教育部外，还隶属于中央国家行政机关的不同机构，如公共卫生部、教育部、科学技术和环境部、文化部、国家工业设计办公室、武装力量部，以及国家运动、体育教育和娱乐研究所，不过所有大学都受高等教育部的总体领导。古巴高等教育的重心不仅在于提供尽可能高水平的科学技术培训，而且在于培养符合社会主义的、具有团结精神及人文主义道德价值观的人才，并开展与古巴和拉丁美洲历史紧密相关的思想政治教育，以培养学生对古巴文化和拉丁美洲文化的自豪感、对古巴民族英雄的自豪感，以及对第三世界人民争取独立和主权进程的认同感。

---

[1] 资料来源于古巴国家统计与信息办公室官网。

（一）学校数量

表 6.1 显示了 2013—2019 年古巴各类高等教育机构的数量。

表 6.1 2013—2019 年古巴高等教育机构数量[1]

单位：所

年份	2013	2014	2015	2016	2017	2018	2019
高等教育部下属	22	22	22	22	22	22	22
教育部下属	14	8	1	0	0	0	0
公共卫生部下属	17	17	16	16	16	16	16
其他机构	5	4	4	3	3	3	3
总计	58	51	43	41	41	41	41

[1] 资料来源于古巴国家统计与信息办公室官网。

(二)入学人数

表 6.2 和表 6.3 分别显示了 2014—2020 年古巴各类高等教育机构的入学人数，以及 2019—2020 学年各高等教育机构的入学人数及教育类别。

表 6.2 2014—2020 年古巴高等教育机构入学人数[1]

单位：人

学年	2014—2015	2015—2016	2016—2017	2017—2018	2018—2019	2019—2020
高等教育部下属	84 274	90 691	140 622	141 420	151 914	163 565
教育部下属	13 371	2 346	0	0	0	0
公共卫生部下属	69 760	69 734	76 329	81 837	87 215	92 025
其他机构	5 893	3 155	1 692	1 687	1 684	1 757
总计	173 298	165 926	218 643	224 944	240 813	257 347

[1] 资料来源于古巴国家统计与信息办公室官网。

表6.3 2019—2020学年古巴全国各高等教育机构入学人数及教育类别[1]

单位：人

机构类别及名称		教育类别			总入学人数
		全日制	非全日制	远程教育	
高等教育部下属	比那尔德里奥大学	3 348	4 149	396	7 893
	阿特米萨大学	894	3 038	110	4 042
	哈瓦那农业大学	1 647	3 544	242	5 433
	哈瓦那大学	8 538	3 895	3 535	15 968
	"何塞·安东尼奥·埃切瓦里亚"哈瓦那技术大学	5 217	1 815	0	7 032
	信息技术大学	3 181	471	0	3 652
	马坦萨斯大学	2 925	4 998	846	8 769
	拉斯维亚斯中央大学	5 610	4 320	196	10 126
	西恩富戈斯大学	1 480	4 128	164	5 772
	圣斯皮里图斯大学	858	5 207	393	6 458
	谢戈德阿维拉大学	1 146	3 407	264	4 817

[1] 资料来源于古巴国家统计与信息办公室官网。

续表

机构类别及名称		教育类别			总入学人数
		全日制	非全日制	远程教育	
高等教育部下属	卡马圭大学	3 813	9 996	97	13 906
	拉斯图纳斯大学	2 130	4 851	184	7 165
	奥尔金大学	3 460	9 031	241	12 732
	"安东尼奥·努涅斯·希梅内斯博士"莫阿大学	675	793	1	1 469
	格拉玛大学	3 180	5 616	251	9 047
	圣地亚哥东方大学	6 278	10 991	460	17 729
	关塔那摩大学	2 125	7 199	1 219	10 543
	青年岛大学	282	1 199	247	1 728
	"恩里克·何塞·瓦罗纳"师范大学	1 681	3 515	0	5 196
	"曼努埃尔·法哈多"体育高等学院	1 924	2 164	0	4 088
	总计	60 392	94 327	8 846	163 565

续表

机构类别及名称		教育类别			总入学人数
		全日制	非全日制	远程教育	
公共卫生部下属	比那尔德里奥医科大学	4 965	486	0	5 451
	阿特米萨医科学院	2 605	441	0	3 046
	哈瓦那医科大学	16 923	2 460	0	19 383
	玛雅贝克医科学院	1 365	455	0	1 820
	拉丁美洲医科学院	746	—	0	746
	马坦萨斯医科大学	3 854	537	0	4 391
	比亚克拉拉医科大学	6 303	581	0	6 884
	西恩富戈斯医科大学	3 028	454	0	3 482
	圣斯皮里图斯医科大学	3 702	395	0	4 097
	谢戈德阿维拉医科大学	2 855	320	0	3 175
	卡马圭医科大学	5 780	480	0	6 260
	拉斯图纳斯医科大学	3 853	301	0	4 154
	奥尔金医科大学	7 404	566	0	7 970
	格拉玛医科大学	6 316	406	0	6 722

续表

机构类别及名称		教育类别			总入学人数
		全日制	非全日制	远程教育	
公共卫生部下属	古巴圣地亚哥医科大学	8 388	466	0	8 854
	关塔那摩医科大学	5 356	234	0	5 590
	总计	83 443	8 582	0	92 025
其他机构	艺术高等学院	610	806	0	1 416
	国际关系高等学院	162	0	0	162
	"尼科·洛佩斯"高级党校	0	179	0	179
	总计	772	985	0	1 757
总计		144 607	103 894	8 846	257 347

（三）专业类别和人数

表 6.4 显示了 2013—2020 年古巴高等教育各专业入学人数。

表 6.4 2013—2020 年古巴高等教育各专业入学人数[1]

单位：人

专业类别/学年	2013—2014	2014—2015	2015—2016	2016—2017	2017—2018	2018—2019	2019—2020
工程学	32 723	30 204	29 557	30 870	30 346	30 496	29 766
自然科学与数学	4 442	4 399	4 428	4 419	4 365	4 350	4 328
农牧学	6 509	5 481	5 149	9 799	10 250	11 740	12 219
经济学	17 807	13 059	11 997	17 811	18 477	19 931	21 004
人文科学和社会科学	33 995	22 254	17 733	21 224	20 853	22 355	23 719
教育学	22 338	19 656	19 841	45 442	43 664	47 073	54 170
医学	76 933	69 760	69 734	76 329	81 837	87 215	92 025
体育学	11 044	7 018	6 031	11 318	13 769	16 274	18 700
艺术学	1 446	1 467	1 456	1 431	1 383	1 379	1 416
总入学人数	207 237	173 298	165 926	218 643	224 944	240 813	257 347

[1] 资料来源于古巴国家统计与信息办公室官网。

表6.5 显示了 2012—2019 年古巴高等教育各专业毕业人数。

表6.5 2012—2019 年古巴高等教育各专业毕业人数[1]

单位：人

专业类别/学年	2012—2013	2013—2014	2014—2015	2015—2016	2016—2017	2017—2018	2018—2019
工程学	5 360	5 401	4 940	4 669	4 465	4 176	4 003
自然科学与数学	621	709	693	663	625	663	571
农牧学	1 932	1 624	1 147	683	788	885	820
经济学	7 472	5 285	2 670	1 880	1 670	1 595	1 680
人文科学和社会科学	14 976	9 695	5 304	3 143	2 184	1 955	1 958
教育学	12 601	5 449	2 866	2 226	3 869	4 121	3 087
医学	24 889	22 670	16 082	9 015	9 135	8 098	9 450
体育学	2 132	3 323	2 358	1 459	475	584	962
艺术学	358	217	201	233	267	267	272
总毕业人数	70 341	54 373	36 261	23 971	23 478	22 344	22 803

[1] 资料来源于古巴国家统计与信息办公室官网。

（三）教师数

表 6.6 显示了 2013—2019 年古巴高等教育机构的全职教师数。

表 6.6 2013—2019 年古巴高等教育机构全职教师数 [1]

单位：人

年份	2013	2014	2015	2016	2017	2018	2019
高等教育部下属	13 446	15 838	19 640	20 387	19 585	18 630	18 936
教育部下属	6 859	4 226	777	0	0	0	0
公共卫生部下属	21 410	23 175	22 415	32 973	33 461	34 858	34 844
其他机构下属	2 507	2 251	659	267	267	267	279
总计	44 222	45 490	43 491	53 627	53 313	53 755	54 059

（四）课程设置

古巴高等教育的目标是培养具有广泛学科背景、经过扎实基础训练的专业人才，能够在其专业的工作领域中解决最普遍和最频繁出现的问题。高等教育主要分三个方面开展：针对知识和技能的教学、针对价值观的思想政治教育和针对综合能力的培养。其指导原则是教学与教育的统一，力求将认知与意义、个人意识和社会意义相结合，搭建校园与社会之间的桥梁。

高等教育课程类型主要包括常规面授课程（分在职和非在职类型）、远程教育课程（非面授课程）和市立大学分校内开设的新型课程。即使专业

---

[1] 资料来源于古巴国家统计与信息办公室官网。

是相同的，课程内容、形式和时间也会按类型不同有所调整。

本科课程的平均总课时数为 5 700 小时。其中，70% 用于上课（20%—25% 为讲座，45%—50% 为实践和实验课程），其余 30% 用于科研和实习。各专业平均包含 15 个学科、63 个科目、28 次期末考试（44% 的科目采取期末考试形式进行考核）和 8 个课程项目或作业。学制规定为 5 年或 6 年，毕业形式为毕业论文答辩或国家统考。

古巴高等教育课程设置的主要优势包括：确立教育在社会中的优先地位、巩固高等教育机构与各类企业和社会组织机构的联盟、充分培训教师队伍、积极发挥学生在专业学习中的主体性，以及教学过程管理科学有效。

（五）专业评级

古巴的大学专业评级系统是大学认证系统的组成部分，是评估国内不同高等教育机构授予的专业质量并给予级别认证的基本手段，其根本目标是不断提高高等教育的质量。

大学专业认证系统有 3 个级别：授权专业、认可专业和卓越专业。授权专业是系统中的第一级别，根据现行程序规定，这是在高等教育机构开设专业的必要条件。

大学专业评级和认证系统包含《质量标准》《外部评审指南》《大学专业评级条例》3 个基本文件。《质量标准》是大学为取得国家专业认证必须达到的一套标准，根据国际学术评估的理论和实践以及古巴在专业培养方面的经验制定，旨在为国家不同高等教育机构的专业课程确定最低的参照标准。这套标准规定了与专业培养过程相关的一系列质性变量，如相关性和社会影响、教师、学生、基础设施和课程设置等等。其中，某些对于专业认证必不可少的变量是"一票否决"性的，即机构必须在相应变量的衡量指标上取得积极结果，否则不能通过认证。这些变量的衡量指标和相应标准是在《外部评审指南》中规定的。每个指标都对应一套衡量标准，评审时先以此对指标进行定性，再对变量进行定性。除外部评审外，该指南还允许机构中的学位课程管理机构进行自我评估。最后，《大学专业评级条例》包含支持古巴所有高等教育机构的大学专业评级系统的各项基础条例，以及指导整个过程的基本组织和管理程序。

大学专业评级主要分为评估和级别认证两个过程。其中，评估又分为两个阶段，第一阶段是自我评估，第二阶段是外部评审。这一过程始于指导该专业的机构（专业小组、教学部门）基于《外部评审指南》的标准进行的自我评估。自我评估针对该专业的培养质量，促使管理机构考察其各方面已达到的水平，发现优势和劣势，制定改进方案。在自我评估的基础上，该管理机构需决定是否随即要求进行外部评审，或者暂缓进程，在已有基础上弥补其不足之处。如果决定进行外部评审，该高校的校长需向国家评级委员会提交书面申请并附上相应材料。国家评级委员会通过其技术委员会，在60个工作日内彻底审查所提交的材料，并予以答复。

一旦外部评审申请通过，技术委员会就会确定评审日期。国家评级委员会根据技术委员会的建议，选出5位在该专业领域中具有声望和经验的专家，构成评审小组。

评审小组由技术委员会的一名成员领导。该成员负责主持评审过程，培训评审小组成员，核实成员是否有能力开展评审，解答可能出现的任何疑问，并确保评审过程始终遵循相关法律法规。该成员不直接参与各指标的评审。

外部评审的基础是自我评估报告、改进方案及其执行情况，以及关于该专业和该机构的所有信息。评审小组按照相应程序，核实评审材料是否符合标准，并根据指南评价每个指标的表现。小组采取的具体评审行动包括查阅文件，采访和调查教师、学生、雇主、管理人员等，开展学生评价调查，观察教学活动和具体设施，审查财务和行政状况，以及小组认为必要的其他任何行动。

之后，评审小组负责起草报告，总结指南中规定的每个变量和指标的具体表现并授予相应评级，明确该专业的主要优势和劣势，给出关于如何提高专业质量的建议。评审小组不决定该专业的认证级别。该报告将被宣读给该机构或该专业的主管部门，并由其签署确认书。

在上述过程结束后，专业评级进入级别认证阶段。评审小组将外部评审的结果提交给技术委员会，由委员会成员深入研究并交换意见，之后通过协商一致决定该专业的认证级别。认证结论由国家评级委员会理事会进一步讨论，理事会可以同意或反对技术委员会的意见。

一旦认证过程结束，该专业的管理机构有 30 个工作日的时间来制定改进方案，以采纳评审建议，改进评审过程中发现的不足之处。

第二节 高等教育的特点

一、不断改进课程设置

古巴的本科教育在学生人数增加的同时，教学质量也得到了改善。大学教学基于研究与工作相结合、理论与实践相结合的原则，持续更新课程设置，提高了内容整合的水平，引入了新的教学方法，从讲授式授课转变为以学生为中心的自主式学习。自 1976 年高等教育部成立至今，古巴高等教育的课程设置已经经历了四代演变。目前第四代课程设置主要有以下几个特点。

一是促进学生全面发展，培养通识能力。课程设置以专业课程为主，辅以通识课程，以培养学生的信息获取、市场营销、领导管理等多方位能力。

二是增加学制灵活性。一般学制规定为五年，个别专业可根据教学规划做出必要的调整。为方便学生开展社会实践或实习活动，允许学生基于充分合理的理由提出休学，延长学习年限。

三是由国家统一明确教育目标和基本内容的同时，给予各机构一定的自主权。国家专业评级委员会负责制定各个专业课程中的核心必修课程，所有高等教育机构依此执行。其余课程由各机构自行决定，可以设置专业必修课和选修课。

四是降低课时数，以减轻教学负担。之前的课程设置中日间课时数过高，学生负担过重。新课程设置计划逐步降低课时数，强调学生自学。

五是提高人力和物质资源利用率。之前的课程设置在人力和物质资源的利用上不够合理，需要改进。为此需要尽可能地发掘不同专业教学中的共同内容，合并重复资源。

六是提升网络教育质量。随着计算机技术的发展和普及，教师和学生需要在学校里承担新的角色和任务，这些因素必须加以充分考虑并纳入新课程设置中。

七是推动教育评估体系的系统化发展，提高评估质量。评估应在教学过程中发挥主要作用，并相应减少传统形式的考试次数，增加课程项目和作业次数。课程的期末整体评估应侧重于学生在课程期间的表现。

八是建立并完善学分制，以便与国际教育系统接轨。

九是平衡课堂学习与实践活动。新的课程设置要求在课堂教学、科学研究和社会工作实践之间实现整合，以确保实现在每个专业中理论学习与具体实践的平衡。

二、对文化和社会发挥塑造作用

高等教育机构是任何国家在历史发展中必不可少的推动力量,古巴也不例外。古巴高等教育在塑造古巴文化和社会方面发挥了主导作用。在古巴历史上的三个主要时期,古巴大学始终与古巴人民争取自身权利的斗争密切相关,并为实现古巴人民在国家生活不同层面的愿望做出了巨大贡献。

在殖民地时期和新殖民地时期,古巴高等教育是由与寡头势力相联系的精英阶层管理的。只有在古巴革命胜利后,高等教育才彻底转型,显著提高了机构数量和教育质量。

尽管古巴高等教育在其发展过程中常常被不同的意识形态和政治经济权力集团操控,用以满足他们的利益需求,但是古巴大学还是设法在艰难的条件下萌发了进步的解放思想,并推动了高等教育转型和现代化发展。无数的重要历史人物从古巴大学的课堂上涌现出来,他们在古巴的文化和政治生活中的影响一直延续到今天。

例如,在20世纪20年代反对马查多独裁统治的斗争中,哈瓦那大学出现了一位重要学生领袖——胡利奥·安东尼奥·梅利亚。梅利亚于1923年创建了大学生联合会,并于1925年参与了古巴共产党的创立。由于受到当时政府的迫害,他不得不流亡墨西哥,并在那里成为了工会领导人,继续为革命事业发光发热。1929年,年仅26岁的他被马查多雇佣杀手暗杀,结束了自己短暂却又光辉的一生。梅利亚是古巴青年革命者的伟大象征,是国际上公认的反帝国主义斗士。他曾说:"为了(革命)事业的胜利,需要传播者、英雄和殉道者,而这些传播者、英雄和殉道者就在我们美洲的大学青年中。"[1] 为了纪念梅利亚,哈瓦那大学树立了他的半身像,他的事迹也鼓舞着后辈。

---

[1] CANTERO ZAYAS A. La educación superior cubana: logros y perspectivas[J]. Ensaio, 2004, 6(2): 105-114.

第三节 高等教育的挑战和对策

一、高等教育的挑战

自 1959 年古巴革命胜利以来，古巴高等教育虽然取得了巨大的进步，但也面临诸多挑战。

第一，高等教育师资力量不足。随着古巴高等教育改革的不断推进，各高等教育机构对教师的需求也越来越大，但古巴的师范学校培养高等教育教师的能力有限，使得诸多大学的教师队伍构成呈现出以下特点：刚毕业的青年教师和临近退休的中老年教师数量居多，缺乏教学、科研学术经验丰富的主力教师，甚至很多学科出现了"青黄不接"的现象，这不利于古巴高等教育的发展。

第二，教学资源和设备有待更新。囿于互联网技术发展比较迟缓，古巴高等教育机构的教学设备和资源普遍比较落后，导致利用互联网资源广泛开展教学比较困难。此外，古巴高等教育的教材普遍比较陈旧，且诸多教学内容已经过时，使得古巴学生难以接触到学科领域最新的资源，导致古巴高等教育的学科发展滞后，同时也使得古巴高校毕业生在全世界高校毕业生行列中缺乏竞争力。

此外，新冠肺炎疫情的暴发也给古巴的高等教育发展带来不小的挑战。出于疫情防控的考量，线上教学是大势所趋，但古巴互联网技术发展并不成熟，普通民众计算机拥有率和互联网的普及率、覆盖率并不理想，这也使得依赖互联网技术开展线上教育变得困难重重。

二、高等教育的对策

第一,提高高等教育师资队伍水平。注重师范教育的发展,加大资金和人力投入,尤其重视教师队伍的质量,可引进国际先进的教师培训体系、方法,也可聘请国外有经验的师资培训专家,革新古巴本国的师资培训理念和方式。此外,应完善高校教师岗前培训制度和在职培训制度,不断提高任职教师的水平,尝试采取多种补充优秀人才的方式完善高校师资体系,比如可采取引进国内外高层次人才的方式完善师资队伍建设。

第二,革新教学资源和设备。可以通过加强国际合作的方式,促进古巴本国互联网通信技术的建设与发展,尽快实现高速稳定的互联网技术的全民普及,从而为高等教育发展提供重要的学习、教学资源渠道,尽快与世界学科发展接轨;此外,还要加强对高等教育教材的革新,增添符合国家经济社会发展的新内容,尤其注重引进学科发展的最新成果,从而提升教学质量。

第三,充分利用好国际高等教育合作的平台。古巴可以利用组织或者参加国际高等教育会议的方式,了解世界高等教育发展的最新动态,交流高等教育建设的经验和策略,拓展高等教育的国际交流与合作,从而实现古巴教育和国际教育的接轨,如古巴自1998年起每两年举办一届的国际高等教育会议就是很好的契机。此外,还可以通过参加国际性的高等教育组织拓展合作渠道,如由联合国教科文组织成立的拉美及加勒比地区高等教育国际研究所可以为参与国提供高等教育的评估结果和发展建议。

此外,面对新冠肺炎疫情和美国持续加强封锁制裁的严峻形势,古巴应该加强风险应对能力,制定有针对性的高等教育发展策略,提高高等教育体制的灵活性和应变能力。

第七章 职业与技术教育

　　职业与技术教育是指通过职业学校、职业培训机构或校内职业生涯规划教育，使受教育者获得一定的职业技术知识和能力，帮助受教育者顺利从事相关职业的教育活动。古巴职业与技术教育的培养对象以初中毕业生和在职工人为主，通过校企结合，培养熟练工人和中级技术人员，使其获得充分的技术技能和工作能力，助力国家经济社会发展。古巴政府十分重视职业与技术教育，经过多年发展，已形成多级别、多学科、多形式的职业与技术教育系统，为国家各产业、部门输送了大量高素质、有文化、有技术的合格员工。本章将通过梳理古巴职业与技术教育的发展历史与现状，分析其发展的特征和问题，并提出建议和对策。

第一节 职业与技术教育的发展和现状

一、历史沿革

（一）古巴革命胜利前

1510—1898年，古巴受西班牙殖民统治，在殖民统治时期的前三个世纪，古巴并未出现专门培训工人的职业学校。但在这一时期，古巴有一些私立教会学校为年轻人提供与行业相关的理论知识和实践经验，或许可以被认为是古巴在职业教育方面的最初探索。17世纪，古巴手工业蓬勃发展，大城市中出现了很多技艺精湛的工人，一些处于底层的手工业者开始希望获得技术培训。18世纪，随着启蒙运动的发展，古巴出现了工人需要进行培训的观念。1793年，"祖国之友经济学会"成立，该学会汇集了当时古巴知识界、科技界的重要人物，他们以引进技术来培养古巴工人为目标，为古巴职业教育理念与实践做出了巨大贡献，为工人的职业与技术教育推广和发展做出了巨大努力，被认为是古巴现行职业与技术教育政策实施前的重要背景事件之一。[1] 1816年，"祖国之友经济学会"成立教育科，承担监管和领导初等教育的职责。

1833年，时任古巴航海学校监察员的著名教育家何塞·德拉鲁斯-卡瓦列罗向"祖国之友经济学会"教育科提交《古巴航海学校报告》。该报告又称《古巴学院报告》。报告提出，为了促进国家经济进步、推广实用性知识技能、推动基础教育发展、向青年提供更多职业选择，古巴亟需推进科技

---

[1] GARCÍA C. La pedagogía de la educación técnica y profesional en Cuba: sus antecedentes[J]. Revista Trabalho Necessário, 2015, 13(22): 5-33.

教学，设立应用化学、物理等基础性学科，设立初等教育师范学校等。报告对古巴后期实行职业与技术教育具有重要的意义。[1]1882年，古巴教育家费尔南多·阿瓜多-里克创立古巴工艺与职业培训学校，主要负责工人的教育和培养，被视为是古巴职业与技术教育的开端。该校与主要负责工业技术学校教师培训的国家工艺与职业学校相得益彰，为古巴职业与技术教育做出了突出贡献。阿瓜多-里克将其一生奉献给古巴职业与技术教育事业，其教育思想为古巴职业与技术教育发展奠定了基础。

20世纪初，美国开始对古巴进行军事占领。在此期间，美国通过实施一系列教育计划，不断向古巴灌输其教育理念，这在某种程度上也促进了古巴自身教育理念的形成。1958年，美洲国家组织发布了一系列有关培养职业教育教师的手册，这些手册由纽约州立大学出版社编辑出版，为古巴的职业与技术教师教育提供了重要参考。同时，在美国的扶持下，独裁者巴蒂斯塔对古巴人民实施残暴统治，在其统治期间，古巴教育基本处于停滞和落后状态。而随着古巴工人运动的不断推进，古巴职业与技术教育仍在艰难的环境中取得了一定进步。1951年，古巴高级工艺与职业培训学校教师何塞·蒙托·索托隆戈发表《古巴百年工业技术教育》一书，总结了各类职业与技术教育概念的定义，回顾了古巴职业与技术教育的历史，提供了实践和方法论的指导，提出了职业学校教师培训的方式，并借鉴了其他国家的相关经验。总的来说，在美国军事占领古巴期间，古巴职业与技术教育发展缓慢。据统计，古巴革命胜利前，全国仅有25所工业和农牧业专科教学中心，在校学生数十分有限，教学资源匮乏。[2]

---

[1] RIVERÓN MORALES F, BENÍTEZ GARCÍA G J, PALMA CARDONA J, et al. José de la Luz y Caballero: la pedagogía y la escuela náutica[J/OL]. MULTIMED, 2007 [2021-12-01].https://prueba.sld.cu/articulos/2007/V11-S2/16.html.

[2] GONZÁLEZ J P G, VELÁZQUEZ R R. Desarrollo de la educación en Cuba después del año 1959[J]. Revista Electrónica "Actualidades Investigativas en Educación", 2009, 9(2): 1-28.

（二）古巴革命胜利后

1959年古巴革命胜利后，古巴政府对劳动和综合技术教育的认识逐渐深化。在教育改革工作推进期间，古巴政府拨出专款，大力改善各级教育的基础设施。在职业与技术教育方面，古巴于1959—1961年建立了326个学生工艺培训中心、113个劳动专科学校、6所技术学校以及其他教育机构[1]，还制定了新的学习计划，编写适应时代需求的教科书。在革命胜利初期，中小学在教学活动中强调学生未来应从事有利于社会发展的生产劳动，并注重培养学生的劳动能力和热爱劳动的精神。

1962年，由于国家发展需要大量专业人才，古巴政府提出教育应为国家工业化提供技术人才，并正式推出生产与劳动相结合的教育发展方针，使学生不仅能够获得各类基础知识，同时能掌握多种劳动技能。1964年，古巴颁布了关于"教育工艺化"的决议，规定小学和初中推行工艺教育（劳动教育），做到普通教育与工艺教育相结合。决议还规定了学生参与劳动的三种模式，即校内劳动、农牧业劳动和社会公益劳动。决议颁布后，古巴教育部与工业部签署《关于教育部所属工业学校和工业部所属工厂之间互助合作的合同》（以下简称《合同》），《合同》规定"一切教育部门有义务面向工厂，一切工厂有义务面向学校"，在不影响各自发展的情况下，工厂应为学校提供各种支持，学校应为工厂员工提供文化和技术课程。[2] 同年，古巴成立技术教育计划委员会，该委员会主要负责培养农业方面的工人和技术人才，后并入古巴教育部。在该委员会的支持下，人民技术培训学校成立。委员会还通过电视、报纸、手册等方式，向民众推广职业技术知识和课程。与此同时，古巴普通教育学校开始组织学生参加生产劳动。在农村，教师为学生教授农业技术方面的知识，并让学生参加各类农业劳

---

[1] 曾昭耀，石瑞元，焦震衡. 战后拉丁美洲教育研究 [M]. 南昌：江西教育出版社，1994：80.
[2] 顾明远. 世界教育大事典 [M]. 南京：江苏教育出版社，2000：971.

动；在城市，教师主要安排学生在校内的教学车间和校外的工厂参加劳动，每年有1个月到1个半月的时间为劳动时间。据统计，到1963年，古巴全国已有295所中学配备有教学车间。此外，古巴各类职业学校开始得到迅速发展。1961—1964年，古巴职业技术学校和专科学校从50所增至120所，同期学生人数增至48 872人，近翻倍增长。学生可选择两种不同类型的职业学校就读，一类学校专门培养技术员，招收九年级毕业生，学制为2—4年；另一类学校主要培养技术工人，学制2年，学生完成学业后需在工业部门工作1年才可报考技术学院，于技术学院毕业后还需工作2年，国家才承认其学历。除职业学校外，古巴政府还鼓励各部门举办各类职业训练培训班，尤其是在帮助农村青年掌握农业技术方面。20世纪60年代初，古巴各部门和组织曾举办多种形式的免费职业训练培训班，在十余日或几个月时间的课程中，学员可快速掌握一门实用技术。1961年，古巴妇女联合会曾创办"安娜·贝当古农村妇女学校"，专门培训农村妇女，帮助其掌握会计、缝纫、护理等技能。1965—1970年，古巴出现了首个专门培训职业与技术教育教师的学校——工业教师培训学校，教师专业以电力和机械为主。

至20世纪60年代末，古巴教育事业已得到较大发展，但在职业教育方面，仍存在教育质量与学生数量发展不均衡的问题。首先，部分学校以劳动代替教学，对学生的学习时间和质量产生负面影响。其次，综合技术教育通常被手工劳动所代替，从而割裂了劳动和综合技术教育同基本理论知识学习之间的联系，导致学生在毕业时往往缺乏实际工作的基本训练。再次，学校的职业课程带有很大盲目性，一方面是因为这类课程无法契合国民经济各部门的需要，另一方面则是因为课程无法满足学生的个性和爱好需求。这一时期，从古巴职业学校毕业的学生常因缺乏职业训练而无法胜任实际工作。面对这样的情况，菲德尔·卡斯特罗曾于1966年提出，"古巴不仅需要培养技术人员，更需要培养全面发展的人才、合格的爱国者和革命者"。[1]

20世纪70年代初，古巴进行了政治、经济、军事、外交等方面的一系列改革，工农业各部门生产活动逐渐向好，对熟练劳动力和各类职业技术人员的需求激增。在这样的背景下，菲德尔·卡斯特罗在1972年的古巴共产主义青年联盟第二次代表大会闭幕式上发出"教育革命"的号召。此次古巴教育改革的重点即包括协调职业教育与普通教育的关系，并培养有文化、有劳动技能的社会主义新人。改革主要包括如下措施。

首先，大规模兴建农村寄宿中学。在课程设置方面，这类学校既开设基础知识课，又开设农业技术课；在教学活动安排方面，学校要求学生半天学习、半天劳动，通过自力更生，部分或基本解决学校的发展经费问题。实践表明，这类学校不仅基础设施完善，学生留级率也比普通中学要低，考试及格率也很高，农村学生的入学率和毕业率得到很大的提升。

其次，根据"教育与生产劳动相结合"的教育方针，古巴政府对国内中等教育结构也做出了相应调整，其中包括逐步扩大国家所需专业的职业教育招生规模，创立职业技术学校，同时鼓励学生学习农业和工业技术专业，并报考相关技术学校。在这一方面，糖厂等企业自行出资开办技术学校，学生需一边从事生产工作一边学习。学生学习与职业密切相关的课程，有助于他们在毕业后迅速融入工作岗位。与此同时，在普通中学，学生也需接受职业生涯教育，并学会一门技术。农村则普遍开办补习学校，要求不满15岁的留级生均需在补习学校接受"一边学习一边劳动"的补课形式，年满15岁学生则需到新工艺学校学习。

再次，古巴政府还于1975年制定了《全国教育体系改进计划》，其中规定教育系统包括6个子系统，分别为学前教育、普通科技与劳动教育（包括初等教育、中等教育和高等教育）、特殊教育、技术与职业教育、成人教

---

[1] GARCÍA C. La pedagogía de la educación técnica y profesional en Cuba: sus antecedentes[J]. Revista Trabalho Necessário, 2015, 13(22): 5-33.

育、师资培训与进修。[1] 文件还强调学校应引导学生在从事生产劳动的同时重视知识的学习，相应减少劳动教学时间，增加课堂教学时间。

除以上三点主要措施外，古巴还加强了与苏联的技术教育合作，建立了许多新的车间和实验室，引进了新的专业结构和学习计划。1973年，古巴创立职业与技术教育师范高等培训学校，为今古巴埃克托·阿尔弗雷德·皮内达·萨尔迪瓦科学教育大学的前身，该学校大力推动古巴职业教育教师培训的发展。1974年，古巴颁布《工人技术与专业培训法》，规定了职业与技术教育学校和实体生产企业在工人培训方面的具体要求，同时强调了组织科学研究和引进先进科学成果和教学经验的重要性。

20世纪80年代，古巴面临国内经济与政治调整和国际环境变革的双重挑战。80年代初，古巴经济获得快速增长，国家急需大批中等以上技术人员和熟练工人。在这一时期，古巴技术学校增至463所，职业学校增至150所。为适应生产需求，古巴通过减少和整合专业，调整了职业与技术教育的专业结构，并通过教材改革，将中等职业技术教育内容逐渐融入成人中等教育课程中。同时，古巴开始推进以培养"多领域"或"双领域"技术专家为主的教育方针，以确保毕业生能够有更灵活的职业选择。此外，古巴加强了对职业与技术教育教学法的科学研究，也提出并使用了一系列新的教育理论和理念，这对此类教育的发展转型具有重要的影响。

20世纪80年代末，东欧剧变深刻影响了古巴的社会经济发展。由于职业与技术教育与国家经济社会发展深度捆绑，其发展也受到了较大的打击，进入了发展史上最困难的阶段。90年代初，面对美国封锁政策的再次收紧，古巴宣布进入"和平时期的特殊阶段"。尽管受到国内外局势的重重压力，古巴职业与技术教育仍在坚持寻找新的发展方式，以保持较高质量的教学水准。在这一时期，古巴政府未关闭任何一所技术学校，并根据发展需要

---

[1] 毛相麟. 古巴教育是如何成为世界第一的——古巴教育发展模式的形成和特点 [J]. 拉丁美洲研究，2004（5）：45.

和国家经济政策及时调整专业结构和学业计划,将学生的实践教学与实体生产企业更加紧密地结合在一起。古巴政府还采取了许多经济调整政策,要求职工在上岗前做好充分的职业准备和技术培训。职业与技术教育在企业生产中扮演着十分重要的角色。在这一时期,古巴几所大学和研究中心合并成立职业教育研究中心,主要负责职业与技术教育教学法理论模型的优化及该类型教师的培训等。该中心还赞助了一系列国内外职业与技术教育研讨会,促进了该领域理论研究的多样化。因此,该研究中心的成立标志着古巴职业与技术教育进入了理论系统化时期。

进入 21 世纪以来,古巴职业与技术教育取得了更加深入和全面的发展。2011 年,古巴出台新的经济结构性改革政策,放开个体经济,职业与技术教育也顺应政策变化,除了培养中级技术人员和熟练工人外,也开始培养包括个体户在内的各行各业所需要的人才。在这一时期,各职业与技术学校与企业等单位合作建立了附属课堂,即各种各样的工作坊,帮助学生实现理论与实践的充分结合。古巴国内企业积极开放其工厂作为附属课堂,且选派优秀员工作为学生们的导师,保证学生获得充分的实践,一些在附属课堂中表现良好的学生还有机会被企业直接录用。古巴各地社会组织、政府机构、妇女联合会等组织也积极配合企业和学校开展职业与技术教育工作。

此外,在就业方面,国家教育系统积极为职业与技术学校毕业生解决毕业后的安置问题;在师资方面,职业与技术教育教师开始全部由专门的师范类院校负责培养;在理论研究方面,古巴埃克托·阿尔弗雷德·皮内达·萨尔迪瓦科学教育大学做了一系列相关的科学研究,取得了丰厚成果,为该类型教育提供了更坚实的理论支持。[1]

---

[1] GARCÍA C. La pedagogía de la educación técnica y profesional en Cuba: sus antecedentes[J]. Revista Trabalho Necessário, 2015, 13(22): 5-33.

二、基本现状

（一）学制与专业

职业与技术教育一直以来都得到古巴政府的充分重视。其主要培养对象为初中毕业生和在职工人，主要目的在于通过技术学校与实体生产企业的结合，科学领导中级技术人员的初始教育和继续教育，培养熟练工人和中级技术人员，并使受教育者获得完整的人格发展和更高的工作能力，毕业后能胜任各项工作，进而促进国家经济社会发展。

除普通高中外，古巴还设有职业高中，分为理科、师范、体育、艺术、军事等类别，设有7—9年级，主要面向15—17岁的初中毕业生，以培养大学相关专业储备人才为主要目的。部分专业的入学须经过严格的考试和筛选，如理科职业高中，入学测试主要考察学生是否具有相关专业基础知识和能力；而体育、军事等职业高中入学时还须测试学生的体能水平。[1] 此外，17岁以上学生也可进入职业与技术学校，学校设10—12三个年级。据统计，古巴职业与技术教育现有103个专业，专业类别涵盖地理、矿业与冶金，能源，机械制造，制糖，化工与食品，电力、自动化与通信，交通，建筑，水产，经济，卫生健康，艺术等。其中中级技术人员教育有54个专业，下设1 327门课程，熟练工人教育有49个专业，下设491门课程。[2] 受教育者在接受专业技术教育的同时也会接受通识教育，如数学、历史、语言、化学、政治文化、艺术教育等，其中专业技术教育一般占63%，通识教育一般占37%，学生毕业后既可直接进入工作岗位，也可选择继续深造。[3]

---

[1] 资料来源于Directorio Cubano网站。
[2] 资料来源于Directorio Cubano网站。
[3] 资料来源于古巴教育部官网。

（二）学校数量

经过多年发展，古巴的职业与技术教育取得显著进展。2019—2020 学年，古巴有 414 所职业与技术学校，其中 365 所隶属于教育部，49 所由其他组织管理。表 7.1 显示了 2015—2020 年古巴职业与技术学校数量的情况。

表 7.1 2015—2020 年古巴职业与技术学校数量 [1]

单位：所

学年	2015—2016	2016—2017	2017—2018	2018—2019	2019—2020
教育部直属	374	366	356	361	365
其他组织管理	58	55	50	49	49
总计	432	421	406	410	414

（三）学生及教师情况

古巴的职业与技术学校及其专业类型多样，教师资源丰富，培养了大批合格的中级技术人员和熟练工人。2019—2020 学年，共有 193 916 名学生注册入学，其中 152 364 人入学中级技术人员学校，41 552 人入学熟练工人学校。表 7.2 显示了 2015—2020 年古巴职业与技术学校入学人数的情况。

表 7.2 2015—2020 年古巴职业与技术学校入学人数 [2]

单位：人

学年	2015—2016	2016—2017	2017—2018	2018—2019	2019—2020
中级技术人员学校	119 486	125 277	134 019	141 676	152 364

---

[1] 资料来源于古巴国家统计与信息办公室官网。
[2] 资料来源于古巴国家统计与信息办公室官网。

续表

学年	2015—2016	2016—2017	2017—2018	2018—2019	2019—2020
熟练工人学校	78 095	69 388	58 067	49 755	41 552
总计	197 581	194 665	192 086	191 431	193 916

此外，2019—2020 学年，共有 26 360 名教师就职于以上职业与技术学校，其中 20 577 人于教育部下属学校就职，5 783 人于其他组织管理学校就职；共有 39 649 人毕业于职业与技术学校，其中中级技术人员 23 583 人，熟练工人 16 041 人。根据古巴教育部的信息，毕业于职业与技术学校的学生能够胜任各领域工作，能够直接参与各项生产和服务流程。除具备专业技能之外，他们还有充足的人文知识、坚定的思想信念、正确的价值观念和高尚的道德品质。

第二节 职业与技术教育的特点

一、与国家发展需要联系紧密

17 世纪以前，古巴各类职业的发展为职业与技术教育的出现奠定了基础。革命胜利之后，古巴政府也一直将职工的培养作为国家社会经济发展的优先项，认为它是社会主义经济建设的重要基础。职业与技术教育自设立以来，以向古巴的工业、农业、服务业等行业输送合格人才为主要任务，其培养目标也跟随国家社会经济需要而不断变化；同时职业与技术教育也离不开工厂、企业等单位的支持，国内资源丰富也有利于该类教育的不断发展。回顾职业与技术教育的发展历史，我们可以发现，当古巴经济受到东欧剧变、美国封锁等影响而发生动荡时，职业与技术教育也因资金和资源缺乏等问题遇到相应的困难，如缺乏教学材料等；而当古巴持续深化经济领域的改革措施时，职业与技术教育也及时调整发展方向，为国家热门产业、新兴产业或稀缺岗位输送高质量人才。与此同时，为吸引外资企业、营造良好的投资氛围，古巴还充分发挥适龄劳动人口充足、劳动力素质较高的优势，建立了职业培训体系，加强对旅游、金融、行政等领域从业人员的培训力度。截至目前，已培训旅游从业人员 70 余万人，金融、财会等专业从业人员数万人。

此外，古巴虽然承认市场、鼓励发展私营经济和个体经济，但仍坚持社会主义经济制度，坚持国有企业是国家整体经济的支柱，这也就要求职业与技术教育在针对社会需要培养职工的同时，也要坚持培养符合社会主义经济发展目标的人才，为国家经济整体发展做出贡献。

二、重视学员的全面发展

古巴职业与技术教育自始至终以培养全面发展的合格职工为首要任务，在课程设置中除传授专业知识外，也注重学生政治性、人文性的培养。通过学习通识课程，学生能够树立正确的价值观念，了解世界的基本运行规律，为学生今后顺利融入社会做铺垫，也为希望继续到大学深造的学生做好充足准备。进入 21 世纪以来，古巴教育部更加注重教学过程中的实践环节，各级职业与技术教育学校与工业、农业、服务业等行业的公司或工厂展开合作，设立附属课堂，自 2010 年开设首批 375 个附属课堂以来，截至 2019 年已增长至 8 000 多个。[1] 同时，各学校也在培养方案中设置实习环节。

---

[1] 资料来源于《劳动者报》官网。

2009—2010学年，职业与技术学校通过新的培养方案，增加了实践技术教学的学时数，要求学生在受教育期间充分获取实践经验。学校还创新了实践培训方式，邀请在职工人作为导师为学生培训技术要领，并为学生的表现做出评价，此举对国内职业与技术教育的发展有深远的影响。学生在掌握专业知识的同时，还能在实际工作中锻炼个人的动手实践能力，逐渐形成有责任感和集体主义精神、胜任工作、热爱工作、严格要求自己的良好工作品质。[1]

三、积极对外开展医疗职业教育培训

古巴具有完整的医疗卫生保健体系，其医疗水平在全球处于领先位置。此外，医疗作为古巴对外开展国际合作的重要组成部分，是古巴提升外汇收入和国际影响力的重要途径。古巴政府将对外医疗援助、科学研究和医疗教学相结合，整合了国内高等院校、职业与技术学校资源，向拉丁美洲和加勒比地区、亚洲、非洲和大洋洲等地派出了医疗教学队伍，协助当地培养合格的医生，提高当地医疗水平。同时，古巴高等院校医学类专业和职业与技术学校的医疗护理、卫生健康类专业也积极接收来古进修的他国医生。据统计，近50年来，古巴已免费为来自拉美、加勒比、非洲地区及美国、中国等国家的8万名学生提供医学专业培训。[2]

---

[1] MENA LORENZO J A, AGUILAR BLANCO Y, MENA LORENZO J L. La práctica laboral en la Educación Técnica y Profesional. Su historia[J]. Mendive. Revista de Educación, 2019, 17(2): 167-182.

[2] MEJÍAS SÁNCHEZ Y, DUANY MACHADO O J, TOLEDO FERNÁNDEZ A M. Cuba y la cooperación solidaria en la formación de médicos del mundo[J]. Educación Médica Superior, 2010, 24(1): 76-84.

第三节 职业与技术教育的挑战和对策

一、职业与技术教育的挑战

美国对古巴的封锁政策已持续了60余年，影响了职业与技术教育发展所需的教学工具、教学资源、新技术的获取等。而面对新冠肺炎疫情的冲击，古巴经济发展再次受到阻滞，职业与技术教育也受到了一定的负面影响。鉴于此，职业与技术教育学校应勇于担当责任，为国家培养中级技术人员和熟练工人；积极应对变化，将国家生产和服务日益变化和增长的需要作为出发点，发现专业培养中的问题，调整教育培养模式。职业与技术教育机构应施行新的工作方法，推广多学科、跨学科交流，让学生具备充分的工作能力。同时，地方职业与技术教育机构应更多关注当地发展的具体需求，开展切合实际发展需要的教学活动，增设相关专业，填补劳动力的空白。

除顺应国家和地方经济形势变化和社会需要外，职业与技术教育也应当适应新时代的发展，在学校中引进新的技术设备，加强硬件设施投入，为教师提供更多教学工具，鼓励教师利用科学技术开展教学活动，制作视听材料，作为学生学习的补充。

总的来说，新时期的职业与技术教育不能只培养会技术、能工作的职工，而是要培育具有理想信念、品德素质、人文素养、专业知识和专业技能的全面发展的人才，以及能在实际工作中适应外界变化、能将所学知识转化为能力的合格劳动者。因此，职业与技术教育不能只追求大量知识的传授，更需要注重课程的广泛性和灵活性，让课堂学习更加高效，进而提升学生的综合素质。职业与技术教育教师也应关注时代发展的变化和学生的特点，以创新的方式培养学生。[1]

二、职业与技术教育的对策

面对不断变化的国内外形势和经济社会需求，古巴一些地方职业与技术教育机构结合当地特点，在每学年重点招收需求量大的专业的学生，同时根据需求试行和增设新专业。2019年，古巴圣地亚哥的39所职业与技术教育学校将招生重点放在农牧、建筑、食品加工、口腔护理等人才需求量大的专业上，并计划于下学年结束法律和仓储物流两个新专业的试行工作，正式对外招生。此外，吉列尔莫·蒙卡达农牧业教育学院将开设三门专业，农艺、会计和人力资源管理；胡里奥·卡萨斯职业技术学校将开设贸易、烹饪、食品加工、城市建设等专业，同时培养焊接和美容方面的人才。从以上重点发展专业和新设专业内容上看，圣地亚哥的职业与技术学校的专业设置与时俱进、切合当地需求，能够为当地经济发展输送合适的劳动力。[2]

由于教学用具、生产工具等资源的匮乏，古巴政府坚持发展自身生产力，比以往更加重视职业与技术教育附属课堂的建设，通过拉近附属课堂与职业技术学校的距离，让学生有更便捷的学习体验。同时，政府还为适龄的相关专业学生提供直接就学的机会，让更多学生掌握一技之长，为国家建设做出贡献。

---

[1] BORGES LEONARD Y. La formación del técnico medio en contabilidad: perspectiva histórica y retos actuales[J/OL]. Atlante Cuadernos de Educación y Desarrollo, 2019(4)[2022-01-15].https://www.eumed.net/rev/atlante/2019/04/formacion-tecnico-contabilidad.html.

[2] 古巴贸易通. 古巴今年职业技术教育注册人数稳超去年[EB/OL].（2019-08-30）[2022-01-15]. https://mp.weixin.qq.com/s/8oJ6n7TxxdWl1qyYxX2d7g.

第八章 成人教育

成人教育是指为成人提供的各级各类教育，其形式与内容多样，有助于提高国民素质、实施终身教育。古巴的成人教育面向所有古巴青年和成年人，旨在通过结合受教育者的需求、兴趣和动机，为他们提供继续教育的机会，从而提升受教育者的生活水平。古巴政府十分重视成人教育，曾提出"古巴是一所大学校"的口号。自革命胜利以来，古巴已在成人教育发展方面取得重大成就，形成了独立且庞大的成人教育体系，在世界范围内享有盛誉。本章将通过回顾与介绍古巴成人教育的历史与现状，总结其主要特点，分析其发展挑战，并提出对策和建议。

第一节 成人教育的发展和现状

一、历史沿革

古巴革命胜利前几乎不存在大规模的官方成人教育，只有个别个人或机构进行了以减少文盲为主要目的探索。1866年，古巴教育家拉法埃尔·莫拉雷斯在哈瓦那的贫困地区设立免费夜校，教授工人、手工艺者、黑人和妇女等成人识字，为反对奴隶制和反抗西班牙殖民统治做准备[1]，但该学校很快被西班牙殖民政府取缔。1921年，哈瓦那工人联盟成立，联盟在首都工人中心建立了一所学校，专门为工人及其子女提供教育。1923年，学生领袖胡里奥·安东尼奥·梅拉成立何塞·马蒂人民大学，为广大人民提供教育，加强工人、学生和知识分子之间的联系。学校不仅教授文化课，还宣传马克思主义思想。1927年，赫拉尔多·马查多-莫拉莱斯下令将其关闭。1940年，古巴通过了具有资产阶级民主性质的宪法，宪法规定支持成人教育学校系统，旨在减少和预防文盲。

总的来说，在革命胜利之前，古巴成人教育发展尚不具规模且极不均衡。据统计，1959年之前古巴城市有11%的人口是文盲，农村则有47.1%的人口是文盲。仅1958年，古巴文盲数已达100万余人，全国仅有304所成人夜校、1 369名夜校教师和27 965名夜校学生，学生主要由具有小学教育水平的青年人组成，夜校的教育计划和课程设置无法满足广大成人的需要。[2]

古巴革命胜利后，国内教育事业取得了长足进步，其中成人教育取得了最为显著的发展。古巴成人教育的发展大致可以分为三个阶段，第一阶段为1959—1989年，第二阶段为1990—2002年，第三阶段为2003年至今。

（一）第一阶段（1959—1989年）

在该阶段，古巴成人教育又被称作"工农教育"。该阶段的主要事件包括扫盲运动、"六年级战役""九年级战役"、成年教育子系统的完善与确立，以及古巴成人职业教育的发展。

1960年9月，古巴开展全国性扫盲运动，被视为古巴成人教育的开端。

---

[1] HERNÁNDEZ E D. Rafael Simón Morales y González, paradigma de cubano por su pensamiento y acción[J]. Mendive, 2019, 17(3): 466-470.

[2] 资料来源于Cuba Tesoro网站。

1961年为"教育年",扫盲运动一直持续到同年12月底。在一年多的时间内,古巴有70多万人摘掉了文盲的帽子,绝大多数成年人文化水平达到了小学一二年级水平,人民的文化水平和思想觉悟得到了提高。1961年6月,古巴颁布《教育国有化法》,其中明确规定教育平等,学校向全体古巴人尤其是工农大众敞开。1962年,古巴成立专门领导工农成人教育的全国工农教育委员会,为未受过正规教育的成年人提供教育机会。同年,《古巴大学教育改革草案》颁布,古巴高等院校开始开办夜大、农民学习班、工人进修班、工人学院等,为工农大众提供念大学的机会。1963年,古巴涌现出多家专为成人教育培养教师的教师培训学校。自20世纪60年代起,古巴成人教育管理体制也得到进一步完善。古巴逐渐形成从中央至市镇的成人教育体系,由成人教育中心和教育部成人教育司专门负责,并由一名教育部副部长分管这项工作。

然而,60年代的扫盲运动和成人教育发展仍有许多不足,主要包括扫盲质量不高,学生文化程度较低,成人教育以学习文化知识为主,忽略了职业技术教育,因此与国家经济社会发展有所脱节等问题。针对以上问题,1973年,古巴政府开始改革成人教育。古巴工会召开第十三次代表大会,发起以"六年级战役"为中心的群众性成人教育运动,该运动的宗旨是使全国的成年人达到小学六年级文化程度。该运动的发起标志着古巴成人教育不再以扫除文盲为重心,而是以普及成人初等教育为重点。1974年,随着"六年级战役"正式启动,古巴教育部逐渐开始开设直属成人教育学校,各地的成人教育中心均设置日班和夜班,学生在4个学期中接受文化教育、政治教育和技术教育。1980年8月,"六年级战役"顺利结束,全国有150万成人达到小学六年级及以上文化水平,大力推动了古巴成人教育的发展。据统计,1975—1976学年,古巴成人教育学校数量达历史最高值,达2 678所。[1]

---

[1] 曾昭曜、石瑞元、焦震衡. 战后拉丁美洲教育研究 [M]. 南昌:江西教育出版社,1994:98.

随着成人初等教育逐渐普及，为适应古巴社会经济的新发展，1979年古巴全国工会第十四次代表大会决定在1980—1985年第二个五年计划期间开展"九年级战役"，主要面向以工人、农民和家庭妇女为代表的全国成年人，主要目的是使他们达到初中文化水平。1985年，"九年级战役"顺利完成，古巴成年人基本达到九年级文化水平。

在该阶段，古巴逐渐建立和完善了成人基础教育形式，即工农学校，以及成人中等教育形式，即工农初中和工农系。此外，为适应国际交流的需要，古巴成人教育司还设置语言教育局，建立职工语言学校，开设英语、俄语、法语、德语、意大利语、葡萄牙语、中文等课程。至1984年，古巴职工语言学校达94所，在校生2.6万余人。在普及成人初中教育的同时，古巴也大力发展中等专业技术教育和成人高等教育。后者一般由高等教育部领导，设置理工、农牧、技术、教育等专业，所教课程更强调职业性和技术性。成人高等教育机构既包括传统的5年制大学，也包括2年制短期大学，另开设夜大及多种形式的远程高等教育。

（二）第二阶段（1990—2002年）

在该阶段，古巴成人教育的主要事件包括教育改革计划、青年综合提升课程和"制糖农工业文化提升计划"等计划的实行，以及对成人特殊教育的关注。

20世纪90年代，古巴受到苏联解体和美国封锁的冲击，国内社会经济发展陷入困境。1990年，世界全民教育大会在泰国宗滴恩召开，该会议的宗旨之一即强调全民基础教育的重要性。古巴作为参会国之一，签署了《世界全民教育宣言》和《满足基本学习需要的行动纲领》两份文件，并同意在2000年以前完成一系列教育目标。为完成这些目标，维持古巴自革命胜利后所取得的教育成就，同时应对国内外的种种挑战，古巴采取了一系列教育改革措施，中央政府仍坚持覆盖所有教育支出，支持各类型学校和教师的发展。

1991—1992学年，古巴实施了涵盖成人基础教育、成人中等教育、语言教育和西班牙语作为第二外语的教育改革计划，以提高教育服务质量，满足愈加多元化的教育需求。成人教育也加强了与教育部和其他社会组织的联系，以扩大教育的范围和影响力。在改革计划的基础上，古巴还出台了一系列决议，逐渐在成人教育中设置针对有残障的成人的特殊教育课程。自1993年起，成人教育更是在规定的传统教育形式基础上得到扩展，囊括了更多非传统的社区教育形式，如与卫生健康、赡养老人、人际交流、环境保护、传统医学、生活方式等有关的课程。

2001年，为了使民众获得全面且综合的教育，古巴在成人教育中引入"青年文化综合提升课程"。该课程主要面向17—29岁的、辍学或失业1年以上的青年人，同时也面向有犯罪前科的年轻人，主要目的是提高他们的知识水平和工作技能，加强个人自尊心，成为对社会有用之人。[1] 次年，古巴开始实施"制糖农工业文化提升计划"，又称"阿尔瓦罗·雷诺索计划"，并贯彻"学习即工作"的理念。该项计划的费用均由政府支持，工人可脱产接受职业培训，在脱产期间不会被解雇，同时可获得平均工资收入；工人也可在榨糖季结束后接受职业培训，提升文化水平和职业技能。[2]

（三）第三阶段（2003年至今）

在该阶段，古巴成人教育重点关注监狱等场所的教育实施情况，同时在扫盲方面加强国际推广与合作。

---

[1] FRANCO ACOSTA K, GONZÁLEZ YERA Y T. Evaluación del Curso de Superación Integral para Jóvenes en Trinidad[D]. Santa Clara: Universidad Central "Marta Abreu" de Las Villas, 2007．

[2] 资料来源于Monografías网站。

自 2000 年起，随着古巴爱国主义"思想仗"的深入推进，古巴成人教育实施了一系列计划和项目，重点关注监狱囚犯等特殊人员的教育情况，主要目的是提升他们的教育水平，帮助他们重塑价值观并重新融入社会。主要教育项目包括播放视听节目、开设职业教育课程、为有犯罪前科的人员提供接受大学教育的机会、建设图书馆、开展文化和体育项目等，除此之外还包括提升饮食质量、提高生活质量、健康管理和修缮监狱设施等保障生活水准的项目。[1]

2001 年，古巴首创"我能够"扫盲方法。该方法由古巴女教师莱昂内拉·迪亚斯发明，将字母与数字相结合，并通过视听教育，让成年人在 7 周内 65 次课程后学会识字和书写。该方法在古巴取得很大成效，后很快被委内瑞拉、玻利维亚、阿根廷、墨西哥、厄瓜多尔、尼加拉瓜、哥伦比亚等拉丁美洲国家采用，同时在很多非洲国家得到广泛传播。在此基础上，古巴还首创了"我能够深造"扫盲巩固方法，主要针对的问题是如何提高脱盲者的文化水平，保证脱盲者能够达到初等教育水平，并能够继续接受教育或培养工作技能。[2] 以上两种古巴首创的扫盲方法均在世界范围内得到广泛应用并享有盛誉，获得了包括"联合国教科文组织世宗国王扫盲奖"在内的多项国际奖项。

在该阶段，古巴还改革了成人教育的培养计划和组织形式，使成人教育更加适应国家社会经济发展，使青年人的学习与未来职业有了更深入的结合。

---

[1] PÉREZ J C M, VERANES A J, GÓMEZ V N, et al. Los programas educativos en los centros penitenciarios de Guantánamo: ¿utopía o realidad? [J/OL]. Caribeña de Ciencias Sociales, 2019(12) [2021-12-18]. https://www.eumed.net/rev/caribe/2019/12/centros-penitenciarios-guantanamo.html.

[2] 资料来源于 Fidelcastro 网站。

二、基本现状

（一）基本架构

自古巴革命胜利以来，经过 60 余年的发展，古巴成人教育已经具有一套完整的发展模式。现今古巴成人教育主要由三个级别组成，分别为工农学校、工农初中和工农系，此外还包括语言学校、特殊教育、社区教育、监狱教育等。成人教育面向古巴全体成人，尤其是在职工人，也十分欢迎农民、家庭主妇、自由职业者等报名参加。

工农学校主要为成人提供基础教育，毕业后相当于小学六年级文化水平，学制为四个学期，其课程主要以提高成人基础能力为主，设置西班牙语、计算、自然科学、古巴地理、古巴历史等基础课程。学生在结束工农学校的学习后可去工农初中学习，也可学习为熟练工人提供的课程。工农初中主要为成人提供中等教育，毕业后相当于九年级文化水平，学制为四个学期，其课程主要为成人提供更加深入和广泛的文化知识，学生毕业后可去往技术学校或其他培养熟练工人和中级技术人员的学校学习，也可去工农系学习。工农系主要为成人提供大学预科教育，毕业后相当于十二年级，学制为六个学期，其课程主要为成人提供进入高等学校的准备条件，包括数学、物理、西班牙语-文学、历史、地理、化学、生物等课程。学生毕业后可进入高等学校学习，也可在接受短期技术培训后成为中级技术人员。工农系要求学生入学年龄在 17 岁以上，但根据古巴教育部 2015 年颁布的决议，17 岁以下的熟练工人也可入学该级别学校。

除以上三个主要级别之外，古巴教育部还设立了语言学校，为青年人和成人提供英语、法语、意大利语、俄语、葡萄牙语、德语、中文等外语课程。[1] 根据古巴教育部 2015 年颁布的决议，语言学校招收学生应年满 17 周岁，或也可招收 15—16 岁以上的熟练工人学校毕业的职工。此外，语言学校也向家庭主妇、退休老人、无业者或对语言感兴趣者开放。古巴各省会城市一般均设有官方语言学校，为了和职工的上班时间错开，课程一般从下午五点持续到晚上，学生必须以面授形式参加。学校教师均有专业的语言背景，学生从语言学校毕业后应获取基本的听说读写技能。[2] 除官方语言学校外，劳动单位和社区也可根据需要开展语言课堂，优先为职工和 7—17 岁的儿童和青少年提供语言兴趣班。[3]

（二）机构与学生

2019—2020 学年，古巴共有成人教育机构 447 所，比上学年增长了 18 所。其中工农学校 11 所，工农初中 6 所，工农系 318 所，语言学校 112 所，以及 65 个工农系附属语言课堂。表 8.1 显示了 2015—2020 年古巴成人教育机构数量的情况。

表 8.1 2015—2020 年古巴成人教育机构数量 [4]

单位：所

学年	2015—2016	2016—2017	2017—2018	2018—2019	2019—2020
工农学校	25	28	17	15	11
工农初中	4	7	8	10	6
工农系	303	299	312	311	318

---

[1] 资料来源于《格拉玛报》官网。
[2] 资料来源于 Directorio Cubano 网站。
[3] 资料来源于《起义青年报》官网。
[4] 资料来源于古巴国家统计与信息办公室官网。

续表

学年	2015—2016	2016—2017	2017—2018	2018—2019	2019—2020
语言学校	43	75	88	93	112
总计	375	409	425	429	447

在学生方面，2019—2020学年，古巴共有104 216人入学成人教育机构，比上学年减少了3 000人左右。其中4 517人入学工农学校，8 844人入学工农初中，73 220人入学工农系，17 635人入学语言学校。表8.2显示了2015—2020年古巴成人教育机构入学人数情况。

表8.2 2015—2020年古巴成人教育机构入学人数[1]

单位：人

学年	2015—2016	2016—2017	2017—2018	2018—2019	2019—2020
工农学校	13 241	13 441	11 006	6 869	4 517
工农初中	7 736	8 494	9 633	9 379	8 844
工农系	77 646	77 662	76 367	74 841	73 220
语言学校	16 605	17 888	17 125	16 226	17 635
总计	115 228	117 485	114 131	107 315	104 216

（三）扫盲率

古巴于1961年年底结束扫盲运动之后即宣布解决全国文盲问题，70.7万人脱盲，文盲率下降至3.9%，成为拉丁美洲及加勒比地区最早扫除文盲的国家。而随着政府持续大力推进对成人的扫盲后教育和继续教育，

---

[1] 资料来源于古巴国家统计与信息办公室官网。

古巴扫盲率得到了良好的巩固，一直保持拉美地区乃至世界领先位置。据联合国教科文组织1981年、2002年和2012年的统计数据，30年来，古巴成人识字率基本维持不变，均保持在较高水平，分别为97.85%、99.80%和99.75%；青年识字率分别为99.57%、99.96%和99.87%。值得一提的是，古巴的扫盲工作一直秉持男女平等、一视同仁的原则，鼓励家庭主妇等女性接受文化教育。因此，从性别上看，古巴男女识字率差别不大，均能达到99%以上。[1]

（四）教材

古巴政府一直坚持自行编纂、设计、出版、发行各类教育教材，以保证教材高质量、低成本，同时覆盖所有受教育者的需求，尤其是农村地区贫困人口的教育需求。古巴成人教育教材同样符合以上特点，均由古巴政府原创，免费分发至受教育者手中。由于苏联解体和美国封锁，古巴面临前所未有的经济危机和原材料短缺，尽管如此，进入"和平时期的特殊阶段"后，古巴政府仍旧坚持教材的高质量和低成本，坚持免费发行和使用教材，鼓励学生通过多种方式弥补教材短缺的现状，提倡爱惜课本、重复利用，将修补课本和其他教学材料纳入学校劳动课程内容；同时，教师在授课过程中也可结合当地教育需求拓展教材内容。古巴现行成人教育教材多为20世纪90年代前后出版，后经重印和再版。除满足本国需要外，古巴还将教材免费或低价出售给其他发展中国家，如安哥拉和莫桑比克。[2]

---

[1] 资料来源于Datosmarco网站。

[2] GASPERINI L. The Cuban Education System: Lessons and Dilemmas[J/OL]. Country Studies: Education Reform and Management Publication Series, 2000, 1(5) [2022-01-05]. https://web.worldbank.org/archive/website00238I/WEB/PDF/CUBA.PDF.

第二节 成人教育的特点

一、政府和社会各界坚决发展成人教育

自古巴革命胜利以来，古巴政府即将成人教育看作古巴教育发展的首要任务，与普通教育具有同等重要性。革命胜利后，政府即开展教育改革，提出教育机会均等，要求社会各界各部门给予教育特别的关怀，政府还专门拨款支持各级教育机构改造旧学校、培养新教师、增建新校舍，还将一些军营、豪华饭店、俱乐部、乡绅住宅改建为学校。据统计，1959年政府教育和科学文化经费预算比1958年增加了3.6倍。[1]

扫盲运动开始之后，古巴政府更是组织各方力量全力投入运动之中，体现了古巴革命政府强大的组织号召能力和古巴社会的凝聚力。中央和各省市分别带头成立全国扫盲委员会和各省市扫盲委员会；全国各革命组织开始组织扫盲机构，如共青团、少年先锋队、学生联合会、妇女联合会、工会、人民政权地方组织等；各地纷纷建立起扫盲工作者训练所。在"知者教，不知者学"口号的带领下，全国各界尤其是青年积极参与扫盲运动。据统计，全国有30多万人志愿担任扫盲员，其中青年学生占三分之一；3.3万名中小学教师成为教师扫盲员，占全国中小学教师的90%以上；10.4万中小学学生组成学生扫盲队；3万名工人组成工人扫盲队；另有大学生、店员、艺术家、自由职业者等来自各行各业的人士均深入城乡各地开展扫盲工作。扫盲员深入群众，与劳动人民共同学习、生活和劳动，即使在1961年4月美国雇佣军入侵古巴时也没有中断扫盲工作。如火如荼的扫盲运动结束之后，古巴政府并没有就此停止扫盲工作，而是逐渐建立起一

---

[1] 顾明远. 世界教育大事典[M]. 南京：江苏教育出版社，2000：967.

个成人教育体系，并根据此前所获得的经验教训，继续推广扫盲后教育和继续教育，让扫盲成果得以巩固，防止产生新的文盲，大大提高了全民的文化教育水平。

二、教育部门致力于建设完整的成人教育管理体制

古巴教育部门一直有计划地在成年人中开展与正规学校教育相应的学历教育，并逐步建立起一个从上至下完整的成人教育管理体制。其主要实现方式包括以下三个方面。

首先，通过与正规教育的密切配合，将成人教育与初等教育、中等教育和大学预科教育相匹配，逐渐建立成人基础教育、成人中等教育和成人大学预科教育；同时，古巴政府将工人工资与学历紧紧挂钩，通常中等教育毕业生的工资为初等教育毕业生的 2.1 倍，高等教育毕业生工资为普通工人的 3 倍左右，由此提高成人参加学习的积极性。

其次，古巴成人教育还与职业技术教育深入结合，让有需要的青年人和成人在学习文化知识的基础上，还能获得一技之长，助力社会经济的发展。古巴一直坚持劳动与教育相结合的方针，强调劳动教育和技术教育的重要性，这样不仅能够加强学生的综合技术和劳动训练，也有助于学校自给自足。通过结合劳动与技术教育，古巴成人教育也具有了一定的职业性。

最后，古巴政府还积极完善和巩固扫盲后教育和继续教育，对防止新文盲的产生有良好的效果，确保了成人教育的延续性。

通过成人教育体制的建设，古巴真正将国家变成了一所大学校，尽最大努力实行成人终身教育。

三、成人教育涉及范围十分广泛

古巴自始至终强调教育机会人人均等。1961年6月,古巴《教育国有化法》明确规定了这一点。1975年,古巴共产党第一次代表大会更是做出决议,要求不得歧视妇女,应通过教育让妇女参加工作。古巴成人教育则是对古巴政府教育平等理念的很好体现。古巴成人教育的教育对象为社会上的所有青年和成年人,尤其是工人、农民和家庭妇女,这样不仅能够提高全民的文化水平,更有助于消除阶级间、城乡间的不平等差异,解决不平等问题。而进入20世纪90年代,在普及识字和文化知识的基础上,古巴成人教育更是关注到了特殊人群的特殊需求,将教育对象扩大至残疾人、囚犯、辍学失业者、退休老年人等人群,还开展了适应学生和社会需求的各类兴趣班,让成人教育内容更加丰富和多元化。

四、政府积极援助其他国家开展扫盲运动

1961年年底,古巴扫盲运动结束,70多万人成功脱盲,古巴成为拉丁美洲和加勒比地区第一个消除文盲的国家。在扫盲运动中,古巴积累了大量经验,并在不断的总结反思中形成了新颖独特的扫盲教学方式,其中即包括"我能够"和"我能够深造"的扫盲方法。古巴作为世界扫盲运动的典范,积极向拉丁美洲及加勒比地区、非洲和亚洲等发展中国家输出本国经验,帮助其他国家实现脱盲。据统计,截至2007年,全世界16个国家共200多万名文盲通过该种扫盲方法脱盲。[1]

除了输出扫盲法之外,古巴还积极派出教师队伍援助他国,现已成为

---

[1] 殷永建. 古巴:扫盲法风行第三世界 [EB/OL].(2007-03-24)[2022-01-10]. http://news.sohu.com/20070324/n248936867.shtml.

古巴外汇收入的主要来源之一。据统计，截至2013年，古巴共向43个国家援助了2 326名教师，其中向委内瑞拉援助了423名，为援助数量最多的国家；其次为赤道几内亚，援助了221人；还向安哥拉援助了219名教师。对外援助教师不仅能够帮助对象国降低文盲率，其中的硕博士人才更有助于对象国高等教育的发展。此外，古巴还积极向其他国家出口教材和教科书，多方面帮助其他国家提升全民文化教育水平。[1]

第三节 成人教育的挑战和对策

一、成人教育的挑战

古巴成人教育自1959年革命胜利以来已历经三个重要的发展时期。在这60余年的发展中，成人教育始终响应国家和地方对青年与成人的教育需求，建立了完善的教育体系，实现了从扫除文盲到深入提高全民文化水平的教育目标。尽管已取得令人瞩目的成就，古巴成人教育在新的发展时期仍面对新的挑战。

一方面，古巴成人教育各级别课程设置应与当今时代的科学进步发展有更紧密的结合。古巴早已在全国范围内解决了文盲问题，而现今科学技术发展日新月异，成人教育更应在科技进步的基础上改进学科课程内容，革新教学方法，由此可更多关注到工人和成年人的精神世界和文化需求，除了为他们提供入学其他院校所需的基础知识外，更能提高他们在社会各界的工作能力，迎合社会的不同需求。在此基础上，成人教育的教师也应

---

[1] 资料来源于马蒂广播电视台官网。

顺应当今时代发展特点，考虑不同地域和不同情况受教育者的差异化需求。面对新的国家社会文化构成，以及当代年轻人和有继续教育需求的成年人的社会心理特征，教师应更科学地指导成人的学习过程，提高毕业生的质量。同时，国家也应革新成人教育的教材。除在内容上反映社会文化需求外，更需结合时代发展，加强视听材料和电子教育软件的应用。

另一方面，随着国家对外交往的深入和社会经济发展的多元化，古巴语言学校的课程建设亟待加强。近年来，尤其是新冠肺炎疫情暴发以来，古巴向多国派出医疗队进行支援，或在教育、文化、体育等其他方面支援他国。为提高古巴外援工作者的工作效率，古巴可适当完善语言学校的课程设置，改进课程内容，同时加强与相关国家的合作。

成人教育的另一重要挑战即协调国家各部门、社区和人民群众之间的关系，通过改进教学计划，发展更多样的成人教育形式，让社区在成人教育中发挥更重要的作用，通过教育提升人民的生活质量。[1]

二、成人教育的对策

2015年11月，联合国教科文组织发布《教育2030行动框架》。古巴积极响应该行动框架，坚持落实提高教育质量、促进教育公平、提倡终身学习、推进性别平等和机会均等等理念。成人教育在其中发挥了至关重要的作用。2010—2013年，隶属于古巴教育部的中央教育科学研究院对全国教育系统进行评估。根据评估结果，古巴于2016年开展全国教育系统改革。全国多所学校开始推行全新的工作模式，其中，奥尔金省在24个工农系、8所语言学校、3所监狱教育机构共35个成人教育机构试点推进相关

---

[1] PÉREZ M, PÉREZ A. Retos y perspectivas de la Educación de Adultos en Cuba[J/OL]. La Habana: Educación Cubana, 2011[2022-01-12]. https://1library.co/document/yn4736kz-retos-perspectivas-educacio-n-adultos-cuba.html.

工作。[1] 全新工作模式的推行使得社区与教学机构联系更加紧密；在课堂上，教师引导学生对国内外大事件进行探讨，并共同学习古巴历史上杰出领导人的著作，提高了学生的学习质量；在成人语言班方面，古巴在市级工农系下开设了直属语言班，为更多对语言感兴趣或有语言培训需要的儿童、青年、成人和援外教师等人群提供语言教学，成为成人教育改革的重要阵地。[2]

古巴成人教育充分意识到科技进步对教育的影响，积极响应国家政策，在课堂中安装信息化设备，并鼓励教师改变授课方式，多使用高科技产品，为学生传授与科技相关的知识，帮助他们适应日益变化的时代，更加从容地应对工作。

古巴成人教育是推行"终身学习"的重要途径。古巴也是拉丁美洲与加勒比地区老龄化最为严重的国家之一，为贯彻终身学习的理念，体现对老年人的关心，古巴于2000年开设了首所老年大学课堂，隶属于哈瓦那大学，后来该课堂还在哈瓦那市和全国其他城市开设了分课堂。截至2018—2019学年，古巴全国已有19家省级老年大学课堂，10万余名老年人从中毕业。根据老年大学课堂的要求，全国60岁以上的男性或55岁以上的女性均可报名入学，学校教授文化历史、卫生健康、艺术文学等课程，老年人可根据个人兴趣选课，极大地丰富了他们的退休生活和精神世界。[3]

---

[1] 资料来源于《现在报》官网。
[2] 资料来源于古巴国家电视台《圆桌会议》节目官网。
[3] 资料来源于哈瓦那大学官网。

第九章 教师教育

教师教育主要是指对教师的培养与培训，其主要目的在于提高教师的职业素养，为国家输送合格、敬业的师资力量，进而提高整体的教育水平。为推动各级各类教育事业的发展和提高教育质量，古巴政府一贯重视师资力量的培训工作。古巴教师教育的主要目的是为古巴所有教师提供有效的培训，以适应学校和学生的要求和需要，帮助学生全面发展、提高综合素质，进而实现古巴全民教育的目标，促进社会进步。本章将通过总结古巴教师教育的历史、现状与主要特点，分析其面临的问题与挑战，并提出建议和对策。

第一节 教师教育的发展和现状

一、历史沿革

（一）古巴革命胜利前

在长达四个多世纪的殖民统治期间，西班牙殖民政府对古巴教育进行了少量的改革，对教师进行了一定的培训教育，但均成效甚微，且与古巴爱国者的教育理念相去甚远。1833年，古巴著名教育家何塞·德拉鲁斯-卡瓦列罗曾提出建立师范学校，但最终未能实现。

在美国统治古巴时期，古巴教育受到美国的监督和控制，也受到美国教育思想的影响。1899年，古巴教师数量不足，故于次年成立了教师学校，除了培训教师之外，还负责为教师提供资格证考试。该资格证分为三个级别，未能取得资格证的教师不能上岗任职。1901年，约有6 000人参加了教师资格证考试，与此同时，多名古巴教育者被送往美国参加为期两年的学习班。在这一时期，古巴教师教育还加入了大量的英语培训内容。自1901年起，古巴着手建立暑期师范学校。1910—1918年，各省会城市逐渐建立起师范学校，被视为这一时期教师教育的重要进步。尽管有以上的教师教育措施，古巴教师数量仍然短缺，且由于未能考虑到农村地区教育的需要及特殊性，教师教育仍受到很大限制。随着巴蒂斯塔的上台，古巴推出1940年宪法，其中包含保障教师权利的理念和培养农村教师的措施，但最终多为一纸空文。[1]

（二）古巴革命胜利后

1959年古巴革命胜利后，古巴教育开始进入新的发展阶段，并逐渐在真正意义上实现全民教育。在教师教育方面，古巴首先着手建立新的教育管理体制，清退教师中的反革命分子，并全部撤换独裁政权任命的教职人员。此外，1959年12月，古巴通过教育改革法令，关停了革命前成立的一些师范学校，同时要求在全国尤其是农村地区建立1万间教室，而革命前原有的师资力量远不能满足改革对教师数量的需求。面对师资急缺的问题，

---

[1] QUINTANA SUÁREZ R O. Significación del ideario educativo de Fidel Castro en la formación de maestros primarios y profesores de enseñanza media en la Cuba revolucionaria[D]. La Habana: Universidad de Ciencias Pedagógicas Enrique José Varona, 2007.

古巴宣布执行"知者教，不知者学"的应急计划，呼吁初中和高中学生到偏远地区教课，志愿者教师大批涌现。与此同时，古巴开始兴建正规的师范专科学校，将兵营改建为学校城，在落后山区建立师范学校。

1960 年，古巴开展扫盲运动，再次提出"知者教，不知者学"的口号。通过政府的广泛动员，先后有 30 多万志愿者报名担任扫盲员，全国 90% 以上的中小学教师参与扫盲工作，10 多万中小学生也加入扫盲队。1960 年年末，扫盲运动结束，许多扫盲员继续在学校担任教师职务，扩大了古巴的教师队伍规模。由于此前法令取缔了一些师范学校，古巴于 1962 年在各省会城市建立了初级职业师范学校，但很快宣布取消，随后推出一项名为"矿场-托佩斯-塔拉拉"的教师教育计划。该计划持续 5 年，教师需先到马埃斯特腊山区的伏里奥矿场职业中心学习一年，然后到托佩斯德克扬特的教师培训学校学习两年，最后到哈瓦那塔拉拉的马卡连柯教学中心学习两年。该项目要求学生深入山区等条件艰苦的地方学习，以锻炼学生的意志品质，并提前适应未来的工作环境。[1]

自 1964 年起，古巴开始出现教育学院，最早建立的有奥连特大学附属弗兰克·派斯教育学院、拉斯维亚斯中央大学附属费利克斯·瓦雷拉教育学院、哈瓦那大学附属恩里克·何塞·瓦罗纳教育学院，以及随后建立的卡马圭教育学院和马坦萨斯教育学院等。

20 世纪 60 年代，随着古巴教育的快速发展，出现了教育质量跟不上学生和学校发展的情况。许多教师由于培训期短，无法提供高质量的教学。面对这样的情况，古巴于 70 年代和 80 年代均进行了以提升教育质量为目的的教育改革，其中 80 年代的教育改革特别对在职教师的教育进行了规定。主要措施包括：将师范学校的学制从 4 年延长至 5 年；增加师范院校学生

---

[1] CONESA SANTOS M, ENEBRAL RODRÍGUEZ R. Evolución histórica de la formación regular de maestros primarios del nivel medio en Cuba[J/OL]. Caribeña de Ciencias Sociales, 2017(8) [2021-01-20]. https://www.eumed.net/rev/caribe/2017/08/formacion-maestros-cuba.html

的实习时间；增设教师进修学院，举办函授、广播电视等形式的教师培训班，开设周末辅导班；以专业化、现代化的要求革新课程；提高师范院校入学标准等。70年代至90年代末，古巴全国各省均建立了小学和幼儿园教师师范学校。1976年前，这类学校要求入学学生达到六年级文化水平，自1976年起，该要求提升至九年级文化水平。1988年，古巴大学的小学教育专业日课班开课，入学门槛为十二年级文化水平。

20世纪90年代末至21世纪初的经济危机同样影响到了古巴的教师教育，使得学校教师数量减少。为应对危机带来的挑战，古巴政府采取了一系列改革措施以适应学校的需求。2000—2001学年，古巴加强了小学教师教育和初中教师教育的力度，同时推出不同培养模式。2000年，为对抗美国的敌视和封锁，卡斯特罗提出要打一场"思想仗"。在此背景下，国内教师教育同样做出响应，在培训中增加了爱国主义教育等思想政治内容的教学。2000—2009年，古巴推出"新兴教师"项目，旨在培训大量青年人成为小学教师，并要求达到1间教室不超过20名学生的比例目标。[1] 项目教师需参加1年的集中培训，于下一学年参加实际工作，同时进行职业面授课。此项目随后推广至教育界其他分支。项目推出后，大量古巴青年人走进小学课堂，缓解了此前教师数量短缺的问题，但同时也带来了教育质量问题。2010—2011学年，古巴再次开放师范学校，类别包括小学教师、学前教育教师、特殊教育教师。2013—2014学年，由于古巴国内愈加重视英语学科的学习，且小学教育缺乏英语专业师资，古巴的师范学校开设小学英语教师专业，以培训更多优质的教学人员来应对国内日益增长的需求。[2] 在入学要求方面，小学英语教师专业与小学教师专业基本一致。在培养内容方面，两者均开设通识教育、教育学相关课程及实践教学等教学环节，

---

[1] 资料来源于《格拉玛报》官网。
[2] 资料来源于古巴起义电台官网。

但前者的授课内容更突出小学英语专业特色，以英语专业相关课程以及其他文科类课程为主，后者的授课内容则更加注重文理全科发展。[1]

二、基本现状

（一）基本架构

古巴现行教师教育体系由中级和高级两个级别组成。中级教师教育主要包含师范学校和职业与技术院校的技术教育教师培训两部分。其中，前者主要培养小学教育、特殊教育、学前教育、小学英语教育四个类别的教师；后者主要培养电力、建筑、计算机、农牧业、经济、服务业、轻工业和手工业七个专业的教师。根据古巴教育部的规定，入学师范高中的学生须达到九年级文化水平，平均分数达到 80 分，取得初中文凭，且通过综合面试，其中包括教学活动所需的语言和体检测试。此外，青年人还可选择参加大学内开展的为期两年的中高级教师培训课程。

在高级教师教育方面，恩里克·何塞·瓦罗纳师范大学规定了全国高等学校教育学专业的 23 个方向，包括西班牙语–文学、艺术教育、外语、马克思主义–历史、数学、物理、生物、化学、地理、教育学–心理学、学前教育、小学教育、特殊教育、语言矫正、计算机、劳动教育、农牧业、化工、机械化、力学、经济、电力和建筑。入学高等学校教育学专业者须取得高中文凭，同时应通过高考测试。

在以上级别的教育中，受教育者除须完成规定课程内容之外，还须参加实践教学培训。该培训可将理论与实践充分结合，提高学生职业积极性，

---

[1] 资料来源于古巴教育部官网。

使未来的教育工作者做好充分准备。培训主要在学校、家庭和社区中开展，侧重于解决学生在工作和社会环境中将会遇到的种种问题，进而与各地实际情况相结合，提高未来教育者的教学和工作能力。

实践教学培训主要包括毕业设计和实践学时。所有教师教育机构毕业年级学生均须完成一项毕业设计，内容可包括设计一堂课或开展一项教学活动，也包括以教学法为指导开展课程系统、班级、活动或案例研究，以上毕业设计均须体现不同教育类别的特点。而针对不同教育类别，实践教学培训学时内容也有不同要求。如职业教育教师培训要求学生每学年第二学期进行实践教学，学生从助教做起，逐渐熟悉并实际参与教学实践工作，最终能够独立设计并开展课程教学[1]；学前教育教师培训要求学生参与不同幼儿园课程计划规定的活动及其他独立活动，根据学生和环境构思角色扮演活动，结合"教育你的孩子"项目举办联合活动，除此之外还须为家庭提供相关指导；小学教师教育培训要求学生分析某一门课程的教学法或开展某一门课程；小学英语教师教育培训要求学生分析三到六年级某一门英语课程的教学法或开展一门三到六年级英语课程教学；特殊教育教师培训除可进行以上教育实践外，还可开展案例研究。[2]

（二）教师人数

古巴革命胜利后，古巴政府一直重视各教育阶段的教师发展，逐渐形成了具有一定规模的教师队伍。2019—2020 学年，古巴全国教职工总数达 295 060 人，比上学年增长 9 751 人。古巴教师性别组成比例为女多男少，学前教育更是全部由女性教师组成，而在其他教育阶段中，女性教师均占总教师数的 60% 以上。表 9.1 为 2015—2020 年古巴各类型教育的教职工数据。

---

[1] 资料来源于 Pedagogiacuba 网站。

[2] 资料来源于古巴教育部官网。

表 9.1 2015—2020 年古巴各类教育教职工人数 [1]

单位：人

学年	2015—2016	2016—2017	2017—2018	2018—2019	2019—2020
幼儿园	23 010	22 032	20 476	20 843	20 549
学前班	8 466	8 577	8 452	8 377	8 686
小学	107 694	106 224	102 745	101 503	106 454
初中	42 293	40 552	38 204	35 956	36 736
大学预科	17 449	16 522	15 759	14 926	15 200
职业与技术学校	25 875	25 244	23 316	23 920	26 360
师范学校	2 559	2 462	2 607	2 645	3 058
艺术学校	2 593	2 214	2 272	2 214	2 369
体育学校	3 220	3 218	3 548	3 127	3 239
成人教育	4 072	4 221	4 295	4 166	4 221
特殊教育	15 278	14 679	14 016	13 877	14 129
高等教育	43 491	53 627	53 313	53 755	54 059
总计	296 000	299 572	289 003	285 309	295 060

此外，古巴政府还十分重视乡村教师队伍的发展，但乡村教育总体规模还是小于城市教育。表 9.2 为 2015—2020 年古巴城乡教职工数据。

表 9.2 2015—2020 年古巴城乡教职工人数 [2]

单位：人

学年		2015—2016	2016—2017	2017—2018	2018—2019	2019—2020
学前班	城市	5 027	5 054	4 974	4 904	5 018
	乡村	3 439	3 523	3 478	3 473	3 668

---

[1] 资料来源于古巴国家统计与信息办公室官网。
[2] 资料来源于古巴国家统计与信息办公室官网。

续表

学年		2015—2016	2016—2017	2017—2018	2018—2019	2019—2020
小学	城市	70 823	69 789	67 181	66 648	70 228
	乡村	36 871	36 435	35 564	34 855	36 226
初中	城市	37 552	35 940	33 930	32 065	32 844
	乡村	4 771	4 612	4 274	3 891	3 892
大学预科	城市	14 741	13 880	13 102	12 562	12 832
	乡村	2 708	2 642	2 657	2 364	2 368

（三）教师培训

古巴革命胜利后，由于教师数量严重不足，古巴政府呼吁识字者加入教师队伍，并开始逐步设立师范学校，培养出一大批教育工作者。然而，随着社会经济的发展，古巴开始更加注重教师的个人素质和教学质量，允许各级教育工作者到师范学校参加进修和继续教育。师范学校提供多种形式的教师进修课程，供有需求的教师在上班时间进修，或在下班后参加，此外还有全日制进修班和短期进修课程可供选择。该类课程主要关注提升教育者教育效率和质量的问题，同时进行教学练习，以提升教师的教学能力、工作能力和运用新技术的能力等；此外还可根据教师个性化需求开设多种多样的课程，如教育心理学、教学法、课程内容等，也可开设文化课程，如历史、哲学、研究方法论、环境教育、性教育、健康教育等。教师可根据自身需要选课，不会影响其工作和工资。

在学历深造方面，师范专业毕业的大学生可选择继续攻读硕士和博士学位，同时在各级教育机构工作的顾问、主管、领导等也可以继续攻读相关学位，以提升教育管理能力和个人综合能力。据2019年古巴政府的统计数据，在高等教育机构中，11 261名教师正在各教学类专业进修；26 502名学生正在全国 27 所师范学校学习；近 5 年来，21 700 名学生已从师范学校毕业并就职于各级教育机构。[1]

（四）教师评价

古巴于 1959 年即通过相关法律法规，规定对教师的工作进行公平公正的评价，以提高教师的工作水平、发现工作中出现的问题、调整薪资情况。教师评价主要包括三个维度，即教学活动、进修情况、思想道德，并进一步划分为多个具体指标，如授课质量、学生知识掌握程度、学生思想和能力水平等。校长、资历更深的教师、各教育中心领导等均可通过听课、访谈学生与家长、衡量教师教学成效等方式对教师进行打分和评价。自 1959 年起，古巴教师评价模式经过不断发展和完善，已取得巨大成功，并推广至拉丁美洲其他国家。

第二节 教师教育的特点

一、强调教师具备先进的思想政治水平

古巴致力于培养具有爱国情怀、道德情操、人本思想、符合古巴社会主义繁荣可持续发展的人才。为实现这个目标，古巴教师需要以身作则，坚定爱国、革命、反帝国主义思想，坚定维护国家主权、国家历史英雄人物和革命者，坚持党和政府的领导等。在古巴，不管是师范学校还是高等院校中的

---

[1] 资料来源于古巴政府网。

师范专业，在校师范生均须学习政治文化课程，以保证其具有先进的思想政治水平。该课程贯穿师范生在校学习的始终，所学内容涵盖古巴历史、世界历史、马克思主义理论与古巴主要指导思想等。此外，在历史、西班牙语-文学等课程中，思想政治教育也是重要内容之一。通过这样的培养方式，古巴未来的教育工作者逐渐建立起先进的理想信念，在走上工作岗位后能够正确地引导学生，为国家培养出更多符合社会需要的优秀的人才。[1]

二、教师教育从注重数量增长转变为注重质量发展

由于古巴推行全民免费教育以及大规模推进扫盲运动，很长一段时间以来，大幅提升国内教师数量是古巴政府的主要关注点。在这一时期，古巴许多教师现学现教，仅经过匆忙培训就上岗教学，甚至出现为完成普及教育的指标而过分追求升学率、忽视教育质量的情况。这样的教师质量仅能满足基础扫盲需要，不能促进更深层次的教育发展。

随着国家经济社会发展和科技进步，学生日益增长的学习需要与下降的教师质量之间的矛盾愈加凸显，古巴开始给予教师质量以更多的重视。20世纪80年代中期，古巴教育界掀起有关教育质量改革的论战，提高教育质量成为所有教育工作者的共识。在这一时期，古巴政府采取了完善教育领导和管理、改进教学内容和方法、完善师资培训工作等方式提高教育质量。进入21世纪后，古巴政府进一步通过提高师范生入学门槛、推行小班教学、完善师范学校和高等学校师范专业教学内容等方式提高教师质量，促进了各级别教育的发展，更有利于学生、学校和社会的进步。

---

[1] 资料来源于古巴教育部官网。

三、教师教育充分体现理论与实践相结合的理念

古巴教师教育十分重视实践环节，贯穿全日制师范生学习的始终，且鼓励在职教师一边进修一边改进自己的日常工作，更加凸显了实践的重要性。学生从师范学校毕业后，古巴政府还会定期举办毕业生与在校生见面会的活动，活动形式包括教学比赛、交流互动、毕业生教学感受分享、课堂活动等。此举有助于加强新老生之间的交流，让在校生跳出课本，看到真实课堂当中可能出现的问题，也更有利于让即将走上教学工作岗位的毕业年级同学提前感受工作氛围，了解真实工作的任务和挑战。

第三节 教师教育的挑战和对策

一、教师教育的挑战

古巴的教师教育虽已得到充分的重视与发展，但在师资力量上仍面临挑战。2019年，时任古巴部长会议主席米格尔·迪亚斯-卡内尔带领古巴政府对国家教育工作展开督查，发现国家教育系统的教职员工仍无法覆盖所有教学岗位，近9%的各级教育单位的教学岗位仍有空缺。古巴幼儿园的师资力量最为短缺，已造成一万多个入园名额遭到取消，其中大部分集中在哈瓦那。此外，在高等教育机构中，数学教育、物理教育、小学教育、学前教育、劳动教育、技术专业教育等专业入学率尚不足，也造成相关专业教师数量不足。督查工作还发现，增强职业培训和生涯引导是提高师范生入学率的关键，其中师范学校和高等院校有至关重要的作用，但这两类院校在该方面所做的工作仍然十分有限。

教材是教师教学的关键载体，而现今古巴各级教材包容性尚不足，与实际生活联系尚不紧密，教材内容不足以激发学生的学习兴趣，因此，也较难达到应有的教学效果。

从提高教师教学质量方面来说，教师是多学科融合的一门职业，除所教授专业之外，教师还需要学习教育学、教学法、心理学、社会学等学科的内容，才能更好地胜任教学任务。而当前古巴教师在教育学相关知识上的培训尚不足，在科学方法论上的学习还有待进一步提升，尤其是学前教育和小学教育教师多会遇到多动症儿童，在如何面对该类儿童展开教学方面，教师还应学习更多理论和技巧。[1]因此，古巴各级教师应从接受教师教育培训伊始便开始学习以上多学科内容，并在从事教育工作时不断学习和进修，进而提升自己的教学水平，获得更好的教学效果。[2]

与此同时，科技进步是大势所趋，古巴政府坚持推行信息技术设备入课堂，这也要求教师具备较强的使用高科技产品的能力，同时也要求教师正确分析所接受到的大量信息，理解不同的价值观念，将信息转化为知识。教师应成为数字教育的推动者，这对全国教师来说都是一项挑战。而古巴教师对信息科技的掌握不足，在教学中尚不能充分使用科技手段，这与当今时代的发展方向有所冲突。

而从社会层面上看，古巴教师地位还需得到进一步的提高。此前国家对教师在课堂当中的作用有所限制，导致社会对教师产生偏见，进而导致教师数量下降。古巴社会应认识到教师这一职业和其所承担的责任对全社会的作用，进而提升教师的责任感和幸福感，让更多人投身于教育工作。

---

[1] LUIS BOMBINO L, JIMÉNEZ PUERTO C L. La preparación del docente y su papel como líder del proceso enseñanza-aprendizaje[J/OL]. Caribeña de Ciencias Sociales, 2019(7)[2022-01-25].https://www.eumed.net/rev/atlante/2019/07/preparacion-docente-ensenanza.html.

[2] CABEZAS M. El proceso de formación del maestro primario en Cuba: experiencias y nuevas perspectivas[J]. Revista electrónica de Pedagogía, 2015, 12(22): 18-41.

二、教师教育的对策

古巴于 2016 年开展第三次教育系统改革。经过了 5 年的发展，古巴在教师教育方面已取得了一定成就。首先，针对师资力量不足的情况，古巴各学校采取了不同的应对方式，如返聘退休教师、聘请合同制教师和聘请非师范类专业的大学生等，一定程度上能够缓解教师数不足的情况。与此同时，古巴政府认为，学校应当尽早帮助师范类学生规划职业生涯，各校应根据本校情况，采取差异化方式提高师范生入学第一年的留校率，从而提高培养效率，以及让更多师范学校毕业生到高等院校继续深造，由此培养出更多优秀的教师。此外，古巴政府在本次改革中的一项重点即是为在校教师修订各学校、各专业培养方案，以更先进和更符合社会与时代要求的教学理念与方法指导教师更好地进行教育教学工作。

在教材方面，古巴政府坚持优化各级教育机构所使用的教材，与时俱进地增添新的内容，包括新的与实际生活密切相关的活动和练习，更加体现教材的包容性。此外，编者还以更加风趣幽默的语言编写教材，更好地激发学生探索、研究问题的兴趣，让使用教材的教师能更充分地运用其教学方法、施展其教学能力。

在数字教学方面，古巴政府继续坚持在各级院校中安装平板电脑等信息技术设备，支持教师运用高科技手段辅助教学。2005 年，古巴设立教育新技术硕士专业，在全国 17 所隶属于教育部的高等院校中招生，专业涉及信息技术基础、信息时代的教育等内容，让学生更好地理解信息与教育之间的关系。[1] 古巴政府认为信息技术教育应贯穿教师教育的始终，让教师更好地适应时代，才能让学生紧密地跟上发展的步伐。

---

[1] AVELLO MARTÍNEZ R, LÓPEZ FERNÁNDEZ R, ÁLVAREZ ACOSTA H, et al. Experiencia cubana sobre la formación del docente latinoamericano en tecnologías para la educación[J]. Educación Médica Superior, 2014, 28(3): 587-591.

此外，古巴政府认为应继续完善各级教育机构管理结构，加强师资队伍的培养和稳定；继续重视教师人才的发展和培养；继续维护和完善各级教育机构，努力在三年内大幅减少评级较低的机构，且应持续采取措施以防止基础设施资源较差的机构再次出现相关情况。[1]

为应对新冠肺炎疫情，古巴多地学校采取了封校停课的措施，但古巴教育部坚持认为包括师范学校在内的所有学校的教学活动不能因此而停止，故教师教育也采取了电视教学的方法继续进行。古巴教育部还邀请到国内有丰富教学经验的老教师针对不同的学科为师范学校学生和广大教育工作者分享电视教学的经验方法，为提高全社会在特殊时期的教学质量做出突出贡献。[2] 在电视授课的过程中，古巴政府还要求教师加入卫生健康、防疫措施等内容，帮助学生更好地应对新冠肺炎疫情。

---

[1] 资料来源于古巴政府网。

[2] 资料来源于古巴教育部官网。

第十章 教育政策

教育政策是一国为实现一定历史时期的教育发展目标和任务而制定的关于教育的行为准则。自古巴革命胜利后，古巴领导人根据不同历史时期的基本任务和基本方针制定了不同的教育政策，这些政策既一脉相承又与时俱进，对古巴的教育实践起到了重要的规范和管理作用。本章选取了古巴重要的法律法规、政策规划等文件，以分析解读其教育的发展方向及政策的实施效果。

第一节 法律与政策

一、法律法规

古巴并没有专门的教育根本大法，这一点和很多国家有区别。关于教育的基本原则和宏观法律依据主要体现在以下两部法律中。

（一）《教育国有化法》

1959 年古巴革命胜利后，为了改革陈旧的教育制度和方法，并消除私有教育、确立革命教育，古巴于 1961 年 6 月颁布《教育国有化法》，旨在为全民教育构建必要的上层结构。部长会议之所以通过《教育国有化法》，主要鉴于以下情况：第一，教育是国家的职能，不得委托或者转让；第二，提供免费教育可以保障所有公民能够平等地接受教育；第三，各级教育必须以整合到统一教育体系为导向，以充分满足国家发展过程中的文化、技术和社会需求；第四，在很多私立教育机构，教师和职员受到雇主的剥削，这一点与基本革命思想相悖，也与古巴全国人民代表大会在《哈瓦那宣言》中谴责剥削的内容相矛盾；第五，在许多私立教育机构，尤其是天主教管理下的教育机构，部分管理者和教师开展反革命工作，这种行为极大地损害了对青少年的智力、道德和政治素养的培养；第六，上述私立教育机构仅针对上层阶级开放，这不仅违背了教育免费的原则，还加剧了阶级分化和特权优待；第七，古巴革命致力于将一切教育和文化资源服务于所有古巴青少年。

《教育国有化法》具体内容如下：[1] 教育职能为公有，教育服务为免费。这一点与国家依据现行法令设立的机构的教育职能相适应。为实行国有化，该法律颁布后，不论是自然人还是私营法人经营的所有教育机构及其所有资产、权力、管理全部收归国有。上述教育机构的国有化由相应部委负责执行并颁布必要的决议以将上述教育机构纳入国家教育体系并履行本法的规定。教育部向现行法律中所规定的教育机构的所有者给予相关补偿，前提是教育机构的所有者、经营者和教师没有进行过反对古巴革命和损害古巴国家利益的行为。根据教育部的决议，那些由于师生数量或者其特殊性

---

[1] 资料来源于联合国教科文组织官网。

质不包含在内的教育机构不适用于此法。

通过《教育国有化法》的颁布，古巴开始建立起新的公有制教育体制，将教育职能与机构收归国有，并规定了教育的公平性、免费性和全民性原则。这些原则至今成为古巴教育的基本法律依据。

（二）新宪法

古巴现行宪法于 2019 年 4 月颁布实施。该宪法于 2019 年 2 月经由古巴全民公投，以 87% 的支持率通过，系 1959 年古巴革命胜利后制定的第三部宪法，其中关于教育的主要规定如下：[1]

第三十二条 国家指导、鼓励和促进各种形式的教育、科学和文化事业发展。教育、科学和文化方面的政策遵循以下原则：

（1）以科学、发明、技术、创新、思想进步和古巴以及世界的先进教育传统为基础。

（2）教育是国家的职能，教育是世俗的，教育应基于科学贡献以及古巴社会的原则和价值观。

（3）教育有利于促进对国家历史的了解，推动形成高尚的伦理观、道德观、公民观，培养爱国主义精神。

（4）推动公民参与到教育、科学和文化事业中去。

（5）指导、鼓励和促进将各种形式的健身文化、娱乐活动和体育运动作为教育手段，以此促进人的全面发展。

（6）科学创新及研究活动是自由的。鼓励着眼于发展和创新的科学研究，优先指导解决与社会和人民利益密切相关的问题。

---

[1] 资料来源于古巴司法部官网。

（7）推动国家发展所需的人才培训与就业，以此保证科技和创新能力。

（8）根据国家文化政策及社会主义社会价值观所基于的人文主义原则，促进各种表达形式的艺术创作自由。

（9）鼓励并发展艺术和文学教育，培养大众文艺创作及鉴赏的能力。

（10）捍卫古巴身份及文化，维护古巴艺术、遗产及历史财富。

（11）保护以自然风光或艺术及历史价值闻名的国家文化和自然遗址遗迹。

第七十三条 人人享有受教育的权利，国家有责任保证免费的、普惠的和优质的全面教育服务，从学前教育到研究生教育全覆盖。

为落实公民的受教育权，国家建立了广泛的教育体系，涵盖各个类型各个级别，为全体公民根据自身能力、社会要求和国家经济社会发展需求开展学习提供了可能性。

社会和家庭在教育方面负有责任。

法律规定了受教育的强制性，即至少应该接受最基本的教育；成人教育、研究生教育及其他继续教育仍可得到国家资助。

由以上条款可知，宪法从宏观的角度规定了古巴教育的基本原则和根本要求，体现了教育在古巴国家发展中的重要地位，突出了国家对公民教育的支持与重视，强调了公民的受教育权利和义务，并将爱国主义与社会主义价值观贯穿其中，具有提纲挈领的作用。

二、政策方针

(一)《2016—2021年党和革命的经济社会政策指导方针》

2017年7月,古巴发布《2016—2021年党和革命的经济社会政策指导方针》,对该时期古巴的经济、社会发展有着重要指导意义,其中关于教育的主要方针如下。[1]

第一百二十条 规定义务教育的最低水平,持续提高教学质量和严谨性,强化教师对学生的作用,提高在校效率;持续提升教师队伍水平,提倡尊师重道,关注教师发展并改善其工作条件;完善家庭在青少年教育中的作用。

第一百二十一条 培养优质严谨的教师队伍以满足各省市不同教育层次的教育机构要求。

第一百二十二条 推进教育体系信息化。合理开发远程网络使用服务和教育技术使用服务以及数字和视听内容生成服务。

第一百二十三条 调整小学班级容量及师资力量,根据经济和社会人口及居民分布扩大儿童托管中心容量。特别重视图尔基诺计划[2]的开展。

第一百二十四条 确保不同专业的招生情况与经济社会的发展相适应;提高以下专业的入学率:农牧业、教育学、技术以及相关基础科学。在生产与服务单位,政治、学生与群众组织以及家庭的共同参与下,保证从小学起进行职业教育与指导。继续推进对中级技术人员

---

[1] 资料来源于《格拉玛报》官网。
[2] 图尔基诺计划是古巴国务委员会于1987年制定的发展计划,旨在实现山区及偏远地区的整体发展和可持续发展。

和技术工人的资质认证。

第一百二十五条 加强机构、单位、行政委员会以及其他经济行为体在培养和开发技术劳动力方面的责任。根据新技术发展和经济社会模式更新的需要，调整大学的培养计划和研究计划。

（二）《2021—2026年党和革命的经济社会政策指导方针》

2021年4月，古巴共产党第八次全国代表大会通过了《2021—2026年党和革命的经济社会政策指导方针》，提出了在美国对古巴实行封锁和新冠肺炎疫情压力下有助于该国发展的优先事项，以此为未来五年的工作确定方向，其中关于教育的主要方针如下。[1]

第九十一条 在与家庭更好融合的基础上，尤其基于新冠肺炎疫情的背景，保持并提高教师培养质量和儿童及青少年价值观教育质量。继续提高教育系统的信息化水平，优化远程信息处理网络服务、教育技术服务、机器人技术引入服务、自动化服务以及数字和视听内容生成服务。

第九十二条 精准推进各省市师资培训以适应不同教育层次院校的需求。关注教师职业发展，持续提升教师队伍水平，提倡尊师重道。

第九十三条 与经济和社会人口的发展相适应，继续学校网络的重组并扩大儿童托管中心和新型托管中心的接纳量。

第九十四条 确保高水平劳动力的培养全面满足国家和地区社会经济发展的需求。优先提高以下专业的入学率：教育学、农牧业以及相关基础科学。巩固各机关单位、各级政府、组织和家庭在培养和发

---

[1] 资料来源于古巴最高人民法院官网。

展高水平劳动力过程中的作用。

第九十五条 巩固大学在培养专业人才和提高专业人才水平方面的作用，倡导尊重古巴历史并践行社会主义价值观。加强大学与科学创新单位以及生产和服务部门的联系，根据国家发展情况，探索具有古巴特色的科研成果。

透过古巴2016—2026年这十年的教育政策指导方针，可以看出古巴对于提高教育系统信息技术化水平、加强师资队伍建设的重视，特别结合当下新冠肺炎疫情的背景，古巴还尤为突出了远程教育的重要性。此外，古巴始终重视将人才培养与国家发展相结合，以便使教育更好地服务于古巴的社会主义事业。

第二节 实施与挑战

一、成功经验

（一）强有力的立法保证与积极的政策支持

1959年革命胜利后，古巴通过立法的形式为教育改革提供了根本依据和保障，如1959年9月颁布的《教育改革法》、1961年6月颁布的《教育国有化法》和《古巴共和国宪法》，以及根据教育具体发展情况颁布的诸多法条法令等，这些都为古巴教育的发展与改革提供了法律层面的保障。此外，古巴政府还为教育发展制定了详尽的战略、政策和目标，为古巴教育的开展提供制度和管理支持。

在立法与政策的双重支持下,古巴教育局面发生了翻天覆地的变化:将教育变成了国家的职能,彻底扭转了革命前90%以上的文盲率情况,在拉美率先实现了扫盲运动的胜利;普及了九年义务教育,提高了古巴人口的整体教育水平;消除了教育特权与阶级分化,使得全民能够享受免费教育。

在立法与政策的大框架下,古巴构建起了完善的教育体系,该体系由以下五个教育子系统构成:学前教育、小学教育、初中教育、大学预科教育、职业技术教育。古巴教育体系的完备程度在拉美地区遥遥领先,甚至在2018年世界银行的报告中有这样的评价:"除了古巴之外,拉美地区没有一国达到了全球教育指标。"

(二)充足的教育资金投入

1959年革命胜利后,古巴领导人和政府高度重视教育的发展,将大量的经费投入到教育领域。古巴教育经费的支出在政府财政总支出的占比长期远高于联合国教科文组织建议的6%这一指标。

如表10.1所示,根据古巴国家统计与信息办公室公布的数据,2016—2020年,古巴的教育预算支出始终维持在80亿比索以上,在国家预算总支出的占比一直在12%以上,甚至在2020年新冠肺炎疫情大面积暴发的严峻形势下,这一比例不降反增,达到了16%以上。

这反映了古巴政府始终坚持优先发展教育的战略,即便国内经济困难,仍然保证对教育的充分投入。古巴将教育划归为国家职能,所以一切教育费用均由国家负责承担,如教师工资、食品、教学设施、校服、交通、校舍维修等物资和服务开支。也正是由于国家对教育的持续大量投入,才使得古巴在教育方面取得了显著的成果和进步。

表 10.1　2016—2020 年古巴教育预算支出 [1]

单位：百万比索

年份	教育预算支出	国家预算总支出	占比
2016	8 235.3	57 812.6	14.24%
2017	8 178.2	63 905.7	12.80%
2018	8 029.0	65 497.5	12.26%
2019	9 357.1	65 774.9	14.23%
2020	12 372.1	74 257.4	16.66%

（三）与国家经济社会发展相适应

古巴教育的发展与国家性质、社会改革密切相关。

第一，重视以人为本理念。古巴革命后的教育改革是按人的社会化目标模式进行的，古巴领导集团不是完全从经济的角度来看待教育，而是从整个社会的变革、发展和进步来看待教育的战略意义。在古巴，教育不仅是发展生产力的手段，而且本身就是发展的目标；发展教育不仅是社会进步的首要任务，而且还是民族独立和人民解放的最高旗帜。古巴政府从一开始就把发展农村教育看成是完成革命主要目标的基本战略，并逐步在农村普及中等教育，努力从根本上解决城乡不平等问题，把成人教育列为教育改革的重要任务，并在完成扫盲任务后，相继发动了普及成人初、中等教育的"战役"。[2]

第二，重视思想政治教育。从古巴宪法可以看出，古巴高度重视坚持社会主义价值观和开展爱国主义教育，并将思想政治教育融入到学校课程

---

[1] 资料来源于古巴国家统计与信息办公室官网。

[2] 曾昭耀. 论教育在现代化进程中的战略地位——关于中国和拉美国家教育改革经验的比较思考 [J]. 拉丁美洲研究, 1994（2）：20。

中，从而有利于统一人民思想，服务于古巴的社会主义建设事业。

第三，重视劳动教育。为了使教育与国家经济社会发展相适应，古巴制定了一套从幼儿园、中小学到大学的劳动教育大纲和细则，针对不同年龄提出不同的要求与劳动形式，使得教育与古巴的社会生活相联系，从而培养了学生的实践能力、提高了古巴的劳动力素质与水平、促进了古巴的生产力发展。

第四，重视信息技术应用。古巴从20世纪80—90年代开始在学校大规模使用视听媒体教学手段，主要是给每个教室配备电视机，同时将计算机课程引入教学，且于2000年成立了信息通信部，负责制定、监督和管理国家在通信技术方面的政策，这为古巴开展信息化教育提供了制度保障。技术方面的投入拓展了古巴的教育手段，特别是2002年成立的信息技术大学为古巴培养了诸多计算机、软件工程等方面的技术人才。2020年，面对突如其来的新冠肺炎疫情，古巴积极开展线上教学，停课不停学，主要依托电视，利用教育频道，向全国免费开放中小学教育课程；同时，为电脑和手机开发了适用于成人和儿童的教育网站（如：Cubaeduca）和应用程序，可供其免费下载教育资源，从而为疫情期间古巴教育的持续有序开展提供了技术保障。这一经验也得到了联合国教科文组织的肯定，为其他国家尤其是发展中国家开展线上教育提供了借鉴。

二、问题与挑战

（一）教育支出过高

正如上节数据所示，古巴近年来的教育预算支出在国家预算支出中的占比一直在12%以上，这会影响国家在其他领域的支出。尤其在当前全球经济衰退的情况下，这一比例会超出古巴的财政承受能力，加重国家负担，从而影响古巴整个经济社会的发展。

（二）教育体制灵活性不足

1959年革命后，古巴将教育收归国有，取消了私人教育。时至今日，私人学校在古巴仍属于违法的形式。虽然从巩固和建设古巴社会主义革命成果角度来讲，这种做法成效显著，但是从国家、社会以及教育的长期发展来看，少了私人教育对教育形式的补充和完善，会使教育体制缺乏灵活性。

（三）美国封锁制裁的不利影响

从特朗普上任起，美国逐步收紧了对古巴的政策，尤其是在2020年对古巴的封锁禁运等制裁政策达到峰值，古巴的经济社会受到了巨大冲击，教育也不例外。为此，古巴教育部于2021年专门推出一份题为《封锁制裁对古巴教育体系的影响报告》。[1] 报告中提到，古巴每年都需要向美国进口大量教育服务、资源、技术和产品，而美国的封锁制裁使得古巴无法获得教育方面的必需品。尤其是互联网技术方面，由于封锁，古巴国内无法获得诸多数字化教育产品和资源，深深影响了古巴教育数字化计划的开展，影响了其教学质量。此外，对于所需的教育产品，古巴只能舍近求远寻求向他国进口，其中最主要的就是中国，但距离遥远，无疑大大增加了古巴的进口成本。再加上新冠肺炎疫情的严峻形势，古巴的教育开展面临很大的挑战。

---

[1] 资料来源于古巴教育部官网。

第十一章 教育行政

古巴的教育行政机构分为中央和地方两个层级，中央教育行政机构主要由教育部和高等教育部构成，地方教育行政的最高机构为省教育厅，下设市教育局。地方教育行政机构依法接受中央教育行政机构的领导，并与之协作和配合，共同完成对教育体系的管理和监督。本章通过介绍古巴的中央和地方教育行政机构，展现其职能与行政模式。

第一节 中央教育行政

1976年，古巴进行了教育行政机构的改革，成立了高等教育部。教育部和高等教育部共同构成古巴国家最高教育行政机构。

一、教育部

教育部的基本职能是指导、执行和监督国家和中央政府政策在教育活动（除高等教育外）中的实施。教育部负责学前教育、中小学教育、特殊教育、成人教育、职业技术教育和师范教育。

具体职能如下：[1]

• 制定国家在学前教育、初等教育、特殊教育、初级中等教育（初中教育）、大学预科教育（高中教育）、成人教育、职业技术教育以及师范教育和师资培训方面的教育计划，并监督实施。

• 为不同教育子系统下的教育中心和机构制定目标、进行分类和划分专业。

• 规范、指导和监督各级各类教育法令方针的执行以及国家机构、社会组织和群众组织教育活动的开展。

• 批准隶属于国家其他机构的教育中心（隶属于古巴革命武装力量部的教育中心除外）的学习计划，此类计划的目的是对学员及工人进行初级和中高级职业技术评定，批准其学习计划的整体结构，并为相关课程提供方向、建议和方法指导，协调上述教育中心同相关机构、古巴劳动和社会保障部以及古巴工人中央工会的关系。

• 根据国家经济和社会发展的优先事项以及现有的教育中心网络，协同其他政治或者群众性机构和组织制定由政府批准的继续学习计划提案，上述提案的受众为未接受高等教育的且为非现役军人的六年级、九年级和十二年级的毕业生。

• 为各省教育厅和师范类大学提供系统指导和建议以促进其职能的充分发挥，并通过不同渠道对其职能的履行进行系统监督和管控。

• 批准师范类大学的架构和人员编制，对各级省、市教育中心的管理结构和人员编制进行指导和监督。

• 规范隶属于教育部的教育中心及校舍的创建、转让、合并、迁移和关停要求，根据级别和规模对相应教育中心及校舍进行批准。

• 提升学生、教师及教学管理人员的思想政治素养，加强爱国主义军

---

[1] 资料来源于古巴教育部官网。

事教育，把控国际主义教育的主要方向，在革命发展的每个历史时期对青少年产生适当的影响。

• 制定、指导和监管教育部各级各类教育中工学结合原则实施的规范和要求。

• 根据国家经济和社会发展的需要，制定与新一代职业培训及职业指导相关的政策，指导并监督政策的执行情况。

• 指导、监督教职工聘任相关政策的实施。

• 指导和监管古巴家庭教育计划的实施，旨在使各个家庭了解教育及子女发展的最重要内容。

• 制定与艺术培训相关的政策，指导并监督政策的落实。

二、高等教育部

根据古巴部长会议第 4001 号决议中规定的主要职责，高等教育部是负责指导、提议、执行和管控国家和政府高等教育政策的机构。

根据图 11.1 的组织架构所示，高等教育部由核心机构、直属大学、直属科学、技术和创新单位以及直属企业构成。其中，核心机构负责国家和政府的高等教育政策的方向规范、方法指导和贯彻执行。其组织架构基于人道主义、科学、技术、创新、融合和对古巴社会负责的理念，旨在通过高水平专业人才的培养，推进繁荣、可持续的社会主义社会建设，符合古巴革命的要求，为研究生教育和培养、科学技术创新以及大学扩建做贡献，并对经济社会产生深远而高质量的影响。

古巴高等教育拥有一个由大学和科技创新型单位构成的网络，致力于推动古巴的社会发展，推动并促进古巴共产党代表大会通过的繁荣可持续社会主义的建设，符合古巴 2030 发展计划，并为古巴的经济发展做出贡献。

第十一章 教育行政

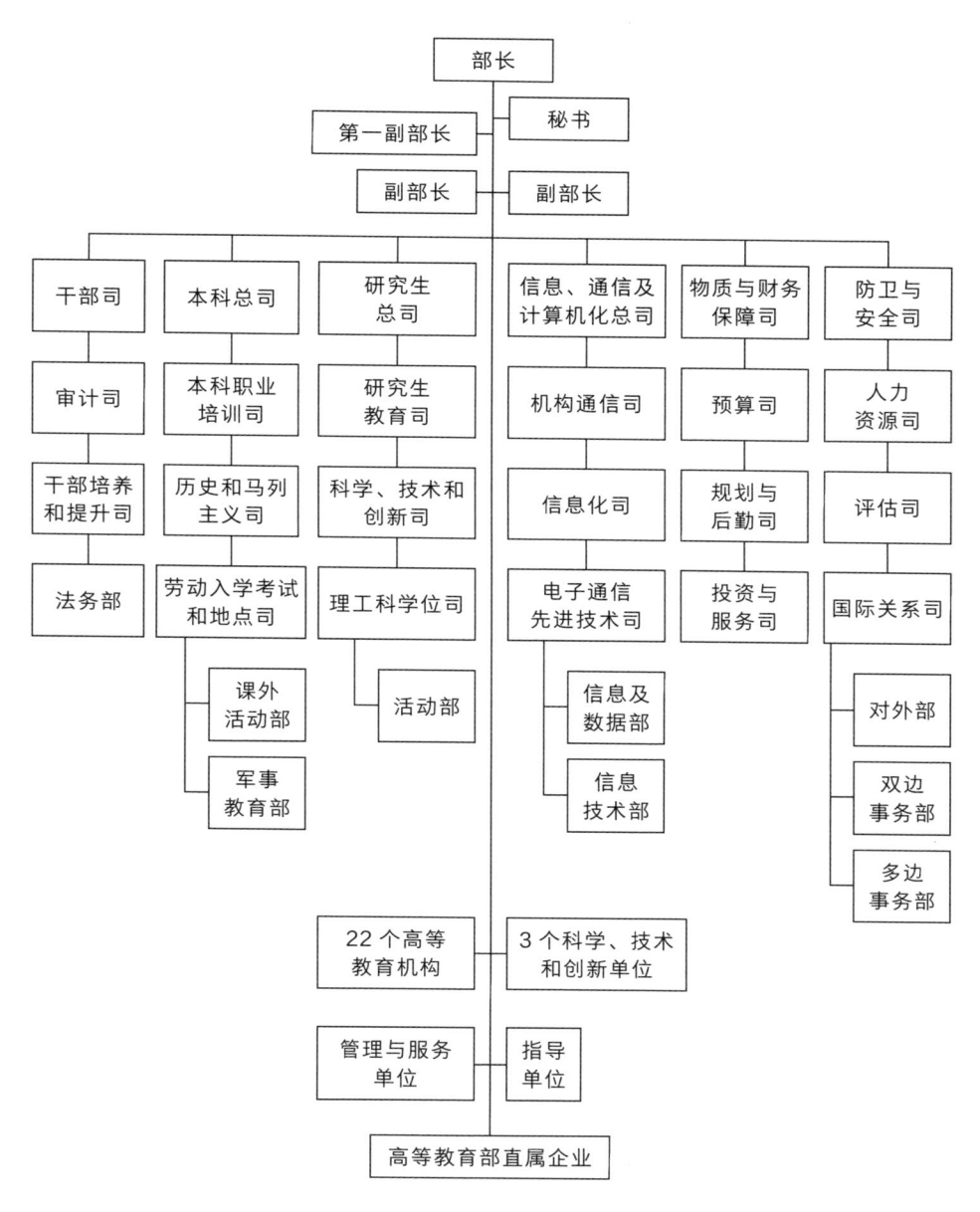

```
                              部长
                               |
              第一副部长 ─── 秘书
                               |
              副部长 ─── 副部长
                               |
  ┌────────┬────────┬────────┼────────┬────────┬────────┐
 干部司   本科总司  研究生   信息、通信及  物质与财务  防卫与
                  总司    计算机化总司  保障司     安全司
  │        │        │        │        │        │
 审计司  本科职业  研究生   机构通信司  预算司   人力
         培训司   教育司                        资源司
  │        │        │        │        │        │
 干部培养 历史和马列 科学、技术和 信息化司  规划与   评估司
 和提升司  主义司   创新司              后勤司
  │        │        │        │        │        │
 法务部  劳动入学考试 理工科学位司 电子通信   投资与   国际关系司
         和地点司             先进技术司  服务司
           │        │        │                  │
          课外     活动部    信息及              对外部
          活动部            数据部
           │                 │                  │
          军事              信息              双边
          教育部            技术部            事务部
                                               │
                                              多边
                                              事务部

          22个高等    3个科学、技术
          教育机构    和创新单位

          管理与服务   指导
          单位        单位

          高等教育部直属企业
```

图 11.1 古巴高等教育部组织架构[1]

---

[1] 资料来源于古巴高等教育部官网。

古巴高等教育体系满足了专业人才和干部培训提升的要求和需求，并将博士的培养放在优先位置。高等教育已经在与国家优先事项相关的科学、技术和大学创新方面取得了成果。此外，知识和创新方面的大学管理影响并促进了地区和地方的经济发展。高等教育部拥有高素质且积极进取的干部，他们通过有效安排现有资源，以高度的归属感进行领导工作，旨在提高工人素质、改善其学习、工作和生活条件，最终圆满达成目标。

2017—2021年战略规划期内，高等教育部的首要工作是大学的思想政治工作，该工作必须细化在各个目标、准则中，也必须体现在所有活动中。

高等教育部将人道主义、爱国主义、责任意识、反帝国主义、尊严意识、诚实正直品质价值观置于优先位置，并将其渗透在各个活动中，培养具有深厚人文情怀、坚定政治思想意识、有能力、有文化并致力于古巴革命事业的综合型专业人才以实现工作中拟定的高水平战略目标。

第二节 地方教育行政

古巴全国划分为15个省和1个特区（青年岛特区）。省下设168个市。各省包括特区都设有教育厅作为本地区的教育行政机构，但高等教育不属于省（区）教育厅领导。教育厅接受教育部和地方政府的双重领导。各市设有教育局。

一、省教育厅

省教育厅的任务是指导、执行和监督本省教育政策的落实情况，协调和整合社会各机构、组织和院校，以实现全面培养社会主义接班人的目标，以及加强师资队伍建设。省教育厅的职能和古巴教育部的职能存在一致性，但也有其特殊之处。下面以谢戈德阿维拉省教育厅为例，介绍其具体职能：[1]

• 制定本省在学前教育、初等教育、特殊教育、初级中等教育（初中教育）、大学预科教育（高中教育）、职业技术教育以及成人教育方面的教育计划，并监督实施。

• 对10个市区、3个省级中心以及各个何塞·马蒂先锋组织[2]机构的教育工作进行方法指导和监督。

• 系统而整体地推动、组织、促进和协调参与教育活动的各个机构和组织的工作。

• 为不同教育子系统下的教育中心和机构制定目标、进行分类和划分专业。

• 规范、指导和监督各级各类教育法令方针的执行以及国家机构、社会组织和群众组织教育活动的开展。

• 根据该省经济和社会发展的优先事项以及现有的教育中心网络，协同其他政治或者群众性机构和组织制定由政府批准的继续学习计划提案。上述提案的受众为未接受高等教育且为非现役军人的六年级、九年级和十二年级的毕业生。

• 为各市教育局和省级教育中心提供系统指导和建议以促进其职能的充分发挥，并通过不同渠道对其职能的履行进行系统监督和管控。

• 规范隶属于教育部的教育中心及校舍的创建、合并、迁移和关停要求，根据级别和规模对相应教育中心及校舍进行批准。

• 提升学生、教师及教学管理人员的思想政治素养，加强爱国主义军事教育，把控国际主义教育的主要方向，在革命发展的每个历史时期对青少年产生适当的影响。

• 制定、指导和监管各级各类教育中工学结合原则实施的规范和要求。

---

[1] 资料来源于古巴谢戈德阿维拉省政府网站。
[2] 何塞·马蒂先锋组织：古巴的少年先锋队组织。

• 根据本省经济和社会发展的需要，制定与新一代职业培训及职业指导相关的政策，指导并监督政策的执行情况。

• 指导、监督教职工培训、职务保留、能力提升、聘任相关政策的实施。

• 设计、指导和管控古巴家庭教育计划的实施，旨在使各个家庭了解教育及子女发展的最重要内容。

• 对省教育厅及其下属单位活动的年度和月度规划进行指导。

• 对特殊教育人才储备的干部政策的实施、设备配备和完成情况进行决策和监管。

• 实施和监管学习计划和现行项目。指导和监督教学过程中教育法令方针的执行。

• 遵守有关学位授予和文凭颁发的规定。按照规定评估和监管其负责的活动中的技术发展和转化过程、科学潜力的有效运用和开发过程。

二、市教育局

市教育局作为行政单位，要遵守国家的宪法和法律，负责辖区内教育政策的实施情况，为古巴社会主义事业的建设做贡献。市教育局的职能与古巴教育部、省教育厅的职能存在一致性，但也有其特殊之处。下面以瓜伊马洛市（位于卡马圭省）教育局为例，介绍其具体职能：[1]

（一）作为国家行政机关共有的职能

• 遵守古巴共和国宪法、法律、法令和全国人民政权代表大会、国务

---

[1] 资料来源于古巴瓜伊马罗市政府网站。

委员会、部长会议的各项决议及国家中央行政机构领导人颁布的各项决议。

- 保护其职责范围内的国有资产。
- 根据经济和社会整体发展的需要，指导和监督其职责范围内批准通过的政策的实施情况；根据其职权同其他机构协调、共同制定和提出解决方案。
- 支持捍卫祖国和社会主义革命原则的活动。向政府提供国防经济准备管理文件中的一般指导方针，指导分配给本机构的国防任务的整体筹备工作，遵守民防措施的实施并完成相应计划。
- 按照既定程序参与省级经济社会发展计划的制定；确保下属单位的计划符合政府批准的政策，一旦获批，要对其执行情况进行评估；在其职权范围内参与制定地方人民政权机关下属的活动计划。
- 按照既定程序分析预算草案，一旦获批，要对其执行情况进行监督和评估。
- 在其职权范围内，促进可增加、创造出口或替代进口的产品和服务的发展。
- 监督投资的实施情况，并对其利用效率进行评估。
- 根据获批的发展政策和在每个阶段确定的目标，有效利用资源，监督并评估下属单位在行政和管理中的财政决算。
- 与经济社会的可持续发展相适应，将环境层面纳入本行政机构执行的政策、计划、规划、方案和其他行动中；遵守国家环境政策的规定和措施，并在职权范围内颁布相应的规定并监督其实施。
- 基于本省需要和优先事项，持续提高职能效率，符合既定政策和具体计划的要求，促进科学技术的发展及科技研究和服务计划的执行。
- 按照规定，评估和监督活动中的技术开发和转让过程，促进科学潜力的有效运用和开发。
- 在职权范围内批准、制定并监督所负责活动的技术标准。

- 促进大学管理结构和组织形式的持续改进，推动大学与市教育局下属单位在管理方法和财政运行机制方面的有机配合。
- 在政策的遵守、实施、监督方面，为地方人民政权机关单位和行政部门提供指导，且上述规定由市政府监管，其职权在国家主要职能范围内。
- 在其职权范围内进行审计、核查和检验工作；按照既定程序提供职权部门所需的数据、会计、财务等信息。
- 实施并监督大学干部及其储备人才的培训、选拔、发展和晋升政策；在其职权范围内支持、管控和执行培训及提升活动。
- 按照既定程序实施和评估其职权范围内的劳动、工资、工作保障及卫生政策。
- 向相关社会组织及专业组织提供支持，以促进其发展和目标的实现。
- 在职权范围内支持和协调工会开展的活动。
- 关注和回应公民提出的投诉和请求。
- 向公众普及和其职能活动相关的一般知识。

（二）其他共有职能

- 调整目标，规划活动，并对其短期、中期和长期实施情况进行监管。
- 和共同参与的组织一起制定、协调、监管市教育局工作计划的实施。
- 指导和发展作为政府和教育部信息体系组成部分的市教育局信息体系。
- 指导和监督教育法令方针的执行。
- 为各教育机构提供系统指导和建议，促进其职能的充分发挥，并通过不同渠道对其职能的履行进行系统监督和管控。
- 按照已获批的市教育局架构和人员编制要求，完善各级分局、处、教育机构各部门架构和人员编制情况。

- 提升学生、教师及教学管理人员的思想政治素养，加强爱国主义军事教育，把控国际主义教育的主要方向，在革命发展的每个历史时期对青少年产生适当的影响。
- 促进和监管外部融资项目。
- 经领导委员会和干部委员会审批通过合作单位名单。

（三）市教育局的特有职能

- 制定本市在学前教育、初等教育、特殊教育、初级中等教育（初中教育）、大学预科教育（高中教育）、成人教育、职业技术教育方面的教育计划，并监督实施。
- 为不同教育子系统下的教育中心和机构制定目标、进行分类和划分专业。
- 规范、指导和监督各级各类教育法令方针的执行以及国家机构、社会组织和群众组织教育活动的开展。
- 根据国家经济和社会发展的优先事项以及现有的教育中心网络，协同其他政治或者群众性机构和组织制定由政府批准的继续学习计划提案。上述提案的受众为未接受高等教育且为非现役军人的六年级、九年级和十二年级的毕业生。
- 为本市各教育机构提供系统指导和建议以促进其职能的充分发挥，并通过不同渠道对其职能的履行进行系统监督和管控。
- 规范隶属于教育部的教育中心及校舍的创建、转让、合并、迁移和关停要求，根据级别和规模对相应教育中心及校舍进行批准。
- 制定、指导和监管各级各类教育中工学结合原则实施的规范和要求。
- 根据国家社会和经济发展的需要，制定与新一代职业培训及职业指导相关的政策，指导并监督政策的执行情况。

• 指导和管控合理任用教学及管理人员的相关政策的实施。

• 指导和监管古巴家庭教育计划的实施，旨在使各个家庭了解教育及子女发展的最重要内容。

（四）市教育局的其他特有职能

• 指导市教育局及其下属单位制定年度和月度规划。

• 对特殊教育人才储备的干部政策的实施和完成情况进行监管。

• 实施和监管学习计划和现行项目。

• 遵守有关学位授予和文凭颁发的规定。

• 提高各级教学人员的科学文化水平和素养，以便其能应对教育改革，并能将结果应用到教学实践中和效果评估中。

• 落实博士培养战略。

• 与项目协调部门配合，确定本市发展的优先事项。

• 加强市科学委员会的职能，以保证下级委员会的工作，提高其工作质量。

• 促进教学人员在其专业领域的科学和智力产出。

• 通过计算机网络，将新通信技术引入每项培训活动中，加强信息的检索、交换和处理。

• 完善科学技术创新计划，加强科技创新成果在科技论坛、全国革新者和合理化建议者协会、青年技术队中的使用和普及，将科技创新影响纳入学生培养评价体系中。

• 合理利用资源，发挥科研人员在项目指导和执行中的主导作用。

第十二章 中古教育交流

中国与古巴的教育交流源远流长，日益深化，形式丰富，且越来越向着体系化、制度化方向发展。本章通过介绍中国与古巴的教育文化交流历史、现状、模式与原则，同时结合中古两国教育交流合作中的典型案例——哈瓦那大学孔子学院，分析其成功经验和存在的问题，对未来中古双方在"一带一路"框架下的教育文化交流提出建议。

第一节 交流历史

一、21世纪以前

中古两国交往历史源远流长。早在19世纪中叶，第一批中国移民以华工的身份来到古巴，他们为古巴的繁荣和发展做出了巨大贡献。为纪念华人在古巴两次独立战争所做的贡献，古巴于1931年修建落成了"旅古华侨协助古巴独立纪功碑"，这也成为了中古两国友好情谊的见证。

清光绪年间，古巴哈瓦那曾开设中西学堂，帮助华侨子弟学习中文和西文。文字既通，又分门学习武备、制造、算学、律例等。20世纪30年代，古巴开设了 1 所华侨学校，1936 年在古巴设立长老会中华学校，1950 年停办。[1]

1960 年，古巴同中国建交，成为了新中国成立后第一个同中国建交的拉美国家，由此拉开了中国与拉美国家教育交流合作的序幕。

古巴是最早接受中国公派留学生的拉美国家。早在 20 世纪 60 年代初，古巴就同中国政府签订了交换留学生的协议，开始接受中国公派留学生。该时期中国派出了首批 100 多名留学生赴古巴学习西班牙语，而古巴也派出了多名西班牙语专家来华工作。此外，1965 年，古巴的华侨小学发展到 23 所。

自 20 世纪 60 年代后半期起，由于中苏关系恶化，中古关系出现了曲折，双方的教育合作中止。直到 20 世纪 80 年代中古关系逐步改善，教育合作才渐渐恢复。

20 世纪 80 年代，古巴已建成完整的教育体系，在发展中国家居于前列。高等教育师资力量雄厚，其医学、烟草种植、生物学、制药学、信息学、师范教育、旅游等专业在国际上均享有盛誉。中古两国有着传统友谊，因此古巴逐渐成为新的留学热点国家。20 世纪 80 年代后期，中古两国恢复交换留学生，中国每年向古巴派出十多名留学生。[2] 中古两国在 1987 年 9 月签订了《中华人民共和国政府和古巴共和国政府文化合作协定》，为加强两国在文化、教育、体育和科学领域的交流奠定了坚实基础。

20 世纪 90 年代，由于古巴经济困难，中国派往古巴留学的学生数量减少。但随着 1993 年江泽民访古、1995 年菲德尔·卡斯特罗访华，两国关系进入了深入而广泛发展的阶段。1995 年 2 月，中古双方签订《中华人民共和国和古巴共和国文化、教育和科技合作协议》，文化教育方面的交流也随之加强。

---

[1] 顾明远. 教育大辞典：增订合编本（上）[M]. 上海：上海教育出版社，1998：4953.

[2] 何霖俐. 中国与拉丁美洲留学人员交流与培养：回顾、现状与展望 [M]. 北京：中国社会科学出版社，2018：44-45.

在中古教育交流的过程中，必须要提及中文教学的发展，因为语言是文化的重要载体。古巴的中文教学可以追溯到几十年前，来自中国的移民在古巴扎根生活，把中文教给自己的孩子，然后他们的孩子再把中文传授给后人。但因为那时古巴的中国移民多数来自广东地区，所以当时的中文教学多用粤语，这种情况一直持续到 20 世纪 60 年代初。

20 世纪 60 年代中期，古巴哈瓦那的一些机构和学校里才开始教授普通话，主要教学点是隶属于古巴教育部的亚伯拉罕·林肯语言学校。20 世纪 70 年代，哈瓦那的巴布罗·拉法格外国语学院也开设了中文课程。20 世纪 90 年代初，在哈瓦那唐人街复兴的过程中，隶属于哈瓦那市历史学家办事处的中国艺术与传统之家也开始教授中文，该机构同前文所述的亚伯拉罕·林肯语言学校至今仍开设中文课程。

二、21 世纪以来

进入 21 世纪，中古双方高层往来不断，两国关系取得进一步发展，双方在科技、文化方面的往来不断加强，同时开始积极探索教育领域合作的新内容和新形式，中古教育交流与合作进入了新的发展时期。

2001 年 4 月，中古双方签订《中华人民共和国教育部和古巴共和国教育部、高等教育部教育交流协议》，从而为两国在高等教育领域开启交流互动提供了保障，每年互相提供奖学金名额增至 30 个。截至 2003 年，中国共接收 127 名古巴留学生，向古派遣 45 名留学生。除了双方的公费留学项目之外，21 世纪初，古巴也开始接收中国自费学生到古巴留学。2002 年和 2003 年，第一、二届中古大学校长交流会分别在哈瓦那和北京举行。

在中文教学方面，哈瓦那大学于 2002 年开始和中国商务部合作开展中文教学，并接收了两位中国教师承担 2002—2004 年和 2003—2005 年两年制的两门课程。2005年，该课程做了调整，在哈瓦那大学的语言实验室为古巴中央行政机构开设了为期10个月的强化课程。2004年6月，古巴向中国政府提交了一项为期3年的中文学习计划提案，由古巴和中国合作开展。在中国政府的提议下，该计划的第一阶段于2004—2005学年在哈瓦那大学开始实行，旨在为有志于在中国大学修读口译、笔译、教学、跨文化交际专业的学生提供学习机会，并培养此类学生在古巴工作，发挥促进中古双方跨文化交流的作用。参与该项目的古巴学生可享受奖学金资助，当他们完成头两年在古巴的学习之后，可以前往中国大学继续学习，之后可以从中文专业毕业。该项目的第一批学生共43人，他们于2006年8月出发前往中国。该计划一直持续到2011年，共计有209名古巴学生从中受益。[1]

2006年，中古双方提议建立一个附属于哈瓦那大学的孔子学院，以面向古巴人民教授中文，同时也在古巴开展中国青年培训计划。此外，古巴方面也提议向中国欠发达地区青年免费教授西班牙语。上述提议旨在加强中古两国在教育领域的合作，支持和促进古巴的中文教学，增进两国人民的相互了解和友谊。

2009年，古巴哈瓦那大学设立孔子学院，面向古巴民众教授中文。截至目前，古巴民众学习中文的热情越来越高涨，孔子学院学生数量也逐年增多。自2006年起，中国与古巴政府间教育合作项目——古巴政府单方奖学金项目开始实施。该项目是在古巴革命领袖菲德尔·卡斯特罗亲自倡导和直接关怀下，专门为支持中国中西部地区12个省市（自治区）（内蒙古自治区、河南省、广西壮族自治区、重庆市、四川省、贵州省、云南省、陕西省、甘肃省、青海省、宁夏回族自治区、新疆维吾尔自治区）培养人才特别设立的。可报名人员有高中毕业生、大专院校西语专业低年级学生和在职人员。此项目在古巴的全部费用由古方负责，包括学费、食宿费、医

---

[1] ALEMÁN A. Lazos entre China y Cuba: una visión general del período 1900–2020[J]. Intus-legere historia. 2021(15): 135-152.

疗费、古巴国内交通费、网络通信费用、每个月的生活补助等，国际交通费用由赴古学生自己负责，补助以古巴比索形式向学生发放。截至2008年，已有四批共计2 544名中国学生通过该项目赴古巴留学。

古巴政府单方奖学金项目从2009年起首次纳入中国全国高考招生系统。该项目包括西班牙语、旅游、教育学、医学和护理学等五个专业，其中西班牙语专业学制4年，医学专业学制6年，其他专业学制5年。考生被录取并抵达古巴后，第一学年统一由哈瓦那大学组织学习西班牙语，第二学年起，西班牙语、旅游专业的学生进入哈瓦那大学学习，教育学专业的学生进入古巴高等教育学院学习，医学、护理学专业的学生进入拉丁美洲医学院学习。本科期间学习合格者将获得受中国承认的学士学位证书。2011年7月，首批131名西班牙语专业的中国留学生从哈瓦那大学顺利毕业。古巴政府单方奖学金项目也提供硕士研究生教育。根据中国国家留学基金委的政策，自2015年起，参加此项目的医学与护理专业学生如获古巴或其他国家院校、单位硕士研究生录取，可申请国家留学基金资助出国攻读硕士学位。留学期限为1—2年，期间可获得国家留学基金提供的奖学金生活费（含海外健康保险）、一次性往返国际旅费以及必要的学费。[1] 该项目是中古建交以来规模最大并受到广泛关注的教育交流项目。

2008年11月，中古两国签订了《中华人民共和国政府和古巴共和国政府关于高等教育学历、文凭、证书的互认协议》，以此保障留学生的权益。

2010年，即中古建交50周年之际，在中国驻古巴使馆教育组的指导下，第二批次中国赴古巴公费留学生创建了古巴首个中国留学生学联组织——中国在古巴留学生联合通讯社，又称"胜利社"。该组织旨在配合古巴政府单方奖学金项目顺利进行，面向全体中国在古巴留学生的学联组织，致力于见证中古友谊，丰富留学生活，增强信息交流。

---

[1] 何霖俐. 中国与拉丁美洲留学人员交流与培养：回顾、现状与展望[M]. 北京：中国社会科学出版社，2018：46-47.

2014年习近平主席访问古巴时,双方共签署了29项合作协议,其中也涉及教育领域。

2018年,古巴与中国政府签署共建"一带一路"谅解备忘录,表明双方的交流与合作进一步深化,特别是中国在5G技术方面的建设与布局将对古巴的发展做出巨大的贡献。在此背景下,中古双方的教育交流进一步加强。

2019年10月,中国教育部部长陈宝生会见了来访的古巴共和国高等教育部部长萨博利多一行。双方就学生交换、语言教学、校际合作等议题交换了意见。会后,双方共同签署了《中华人民共和国教育部和古巴共和国高等教育部2019—2022年度教育交流协议》,这深化了两国之间的教育交流,推进了双方在高等教育、学前教育、特殊教育和职业教育领域的交流合作。

2020年正值中古建交60周年,双方开展了一系列庆祝活动,双方都将这一事件作为规划双边关系新发展阶段、落实双边共识的契机。为促进两国文化交流,由古巴驻华大使馆授权成立的中国古巴文化交流中心于2020年10月17日在北京举行授牌仪式,该中心将在今后举办文化讲座、艺术教学和交流等丰富的中古文化活动。

2020年10月29日,中国教育部中外语言交流合作中心同古巴教育部在哈瓦那签署中古汉语教学合作协议。该协议的签署标志着汉语课程朝着正式进入古巴国民教育体系迈出了关键一步。协议由中国驻古巴大使陈曦代表中方、古巴教育部初级中等教育司司长阿达尔维托·雷维利亚博士代表古方签署。协议规定:将在古巴初级中学开设汉语选修课;中方将根据古巴当地具体教学需求选派汉语教师在古开展汉语教学;古方将分别指派1名国家级、省级和市级初级中等教育教学督导,在指定中学或双方商定增设的中学督导汉语教学开展情况。协议的签署表明两国关系日益密切,合作日益广泛深入。

自2020年新冠肺炎疫情暴发以来,中古积极开展抗疫合作,同时也继续加强教育方面的交流与合作。2020年6月,教育部副部长、中国联合国教科文组织全国委员会主任田学军同古巴驻华大使卡洛斯·佩雷拉举行抗疫合作视频会谈。田学军积极评价疫情期间中古在多双边平台上的相互支持与紧密合作；佩雷拉转达了古巴教科文全委会主任口信，表示愿借鉴中方疫情期间停课不停学及疫后复学促学经验。双方就进一步加强教育合作交流、巩固拓展教科文组织平台上的协调配合交换了意见。[1]

2021年，中国教育科学研究院与古巴中央教育科学研究院签署教育科研交流合作协议。2021年12月，中古签署《中华人民共和国政府与古巴共和国政府关于共同推进"一带一路"建设的合作规划》。规划提出，加强两国教育部门和机构间合作，鼓励两国学生到对方国家留学，中方继续向古优秀学生提供中国政府奖学金。推广在古中文教学，欢迎古方具备条件的教育机构举办孔子学院和孔子课堂。[2]

第二节 现状、模式与原则

一、交流现状与模式

中古教育交流源远流长，合作基础深厚，成果丰富。随着2015年中拉论坛的正式启动，中古教育交流更是被纳入中拉合作的大框架中。

中拉相关合作文件及其与教育有关的内容见表12.1。

---

[1] 中华人民共和国教育部. 田学军同古巴驻华大使举行视频会谈 [EB/OL].（2020-06-02）[2022-02-28]. http://www.moe.gov.cn/jyb_xwfb/gzdt_gzdt/moe_1485/202006/t20200602_462027.html.

[2] 中华人民共和国外交部. 驻古巴大使马辉会见古教育部长贝拉斯克斯 [EB/OL].（2022-01-21）[2022-02-28]. https://www.fmprc.gov.cn/zwbd_673032/wshd_673034/202201/t20220121_10631385.shtml.

表 12.1 中拉相关合作文件及其与教育有关的内容

发布时间	文件名称	与教育有关的内容
2008年11月	《中国对拉丁美洲和加勒比政策文件》	• 中方愿通过双边科技合作混委会和高层协调机制，促进同拉美国家的科技交流。 • 加强双方共同感兴趣的航空航天、生物能源、资源环境技术、海洋技术等领域合作。 • 积极推动中国节能技术、数字化医疗、小水电等科技成果和先进实用技术在拉美的推广应用。 • 开展技术培训，提供技术服务和示范。 • 利用双边和多边合作机制，促进中拉教育合作和交流。 • 推动签订学历学位互认协议，增加向拉美国家提供政府奖学金名额。
2015年1月	《中国与拉美和加勒比国家合作规划（2015—2019）》	• 促进教育领域交流、流动性研究项目以及教育部门和教育机构间合作。 • 加强人力资源开发、能力建设和各领域合作。中方将在2015—2019年向拉共体成员国提供6 000个政府奖学金名额、6 000个赴华培训名额及400个在职硕士名额。 • 中方将从2015年起正式实施为期10年的"未来之桥"中拉青年领导人千人培训计划，并继续举办好拉美青年干部研修班项目。 • 促进汉语、英语、西班牙语、葡萄牙语等语言人才培养。中方鼓励和支持拉共体成员国在中小学开设汉语课程，将汉语教学纳入国民教育体系。拉共体成员国鼓励中方在中国学校开设西班牙语和英语课程并开展教学，鼓励中方在中国学校推广拉共体官方语课程。 • 继续推动拉共体成员国孔子学院／孔子课堂建设和发展。 • 在机构建设方面开展技术合作项目。

续表

发布时间	文件名称	与教育有关的内容
2016年11月	《中国对拉丁美洲和加勒比政策文件》	• 促进中拉教育领域交流、流动性研究项目以及教育部门和教育机构间合作。 • 鼓励和支持汉语、英语、西班牙语、葡萄牙语等语言人才培养，支持拉美和加勒比国家推广汉语教学，继续推动孔子课堂建设和发展。 • 加强人力资源开发、能力建设和各领域合作，增加向拉美和加勒比国家提供政府奖学金名额。 • 积极开展职业教育交流合作。
2018年1月	《中国与拉共体成员国优先领域合作共同行动计划（2019—2021）》	• 深化和拓展人力资源和学术交流领域合作。中方将在2019—2021年向拉共体成员国提供6 000个政府奖学金名额。 • 在学术、研究和发展领域促进中拉大学和智库的交流。 • 中方将继续办好中拉智库论坛并落实好"未来之桥"中青年领导人才人培训计划。
2021年12月	《中国—拉共体成员国重点领域合作共同行动计划（2022—2024）》	• 支持高等教育机构、研究院所、智库间加强交流，开展师生、学术等多种形式的交流合作，加强国别和区域、特别是妇女研究领域合作。 • 中方将在2022—2024年向拉共体成员国提供5 000个政府奖学金名额和3 000个培训名额。 • 继续举办中拉智库论坛、中拉高级别学术论坛，视情举办中拉大学校长论坛，促进性别平等受益。 • 推进青年领导人交往，落实好"未来之桥"中拉青年领导人才人培训计划，举办好中拉青年发展论坛。 • 中方支持拉共体成员国开展中文教育，助力中文纳入成员国国民教育体系，基于互惠基础上在拉美开办孔子学院或孔子课堂。

由表 12.1 可以看出，中国对拉教育政策逐步完善和细化，形式和内容越来越丰富，涉及奖学金项目、干部培训、高校合作、科研学术论坛、语言教学等多个方面。中国政府的支持力度也越来越大，这将有利于促进中拉教育进一步发展，同时也会促进中古教育的交流与合作。

中国与古巴签订的有关教育合作的重要文件见表 12.2。

表 12.2 中国与古巴签订的有关教育合作的重要文件

发布时间	文件名称
1960 年 7 月	《中华人民共和国和古巴共和国文化、教育和科学合作协定》
1987 年 9 月	《中华人民共和国政府和古巴共和国政府文化合作协定》
1995 年 2 月	《中华人民共和国和古巴共和国文化、教育和科技合作协议》
2001 年 4 月	《中华人民共和国教育部和古巴共和国教育部、高等教育部教育交流协议》
2008 年 11 月	《中华人民共和国政府和古巴共和国政府关于高等教育学历、文凭、证书的互认协议》
2008 年 11 月	《中华人民共和国教育部与古巴共和国高等教育部、教育部 2008—2011 年度教育交流协议》
2014 年 7 月	《中华人民共和国教育部与古巴共和国高等教育部、教育部 2014—2017 年度教育交流协议》
2019 年 10 月	《中华人民共和国教育部和古巴共和国高等教育部 2019—2022 年度教育交流协议》

通过分析表 12.2 可以发现，中古双方的教育合作非常密切。从 20 世纪 80 年代以来，中古双方多次签订教育方面的合作协议。进入 21 世纪以来，中古不断对年度教育交流协议进行续约，这既为双方教育交流提供了制度保障，也使得双方教育交流保持良性的状态。

（一）教育代表团互访

中古双方教育代表团互访既有国家和政府指派的形式，也有校际的，还有一些民间团体和非政府组织之间的交流。

高层互访对于推动中古两国教育合作制度框架建立有着重要的作用，这方面的一些重要事件有：1961年11月，中国国务院副总理陈毅接见来华访问的古巴教育代表团；1963年9月，中国国务院副总理贺龙接见由古巴体育、教育和文娱委员会行政部长赫苏斯·贝当古率领的古巴体育代表团；1964年5月，国家主席刘少奇会见古巴教育代表团；1988年11月，中国教育代表团应古巴教育部邀请抵达哈瓦那进行访问；2008年9月5日，国务委员刘延东在北京会见古巴国务委员会办公厅代表里斯特·迪亚斯·卡斯特罗率领的古巴教育代表团一行，她感谢古巴政府为中国培养人才所做出的努力，并希望双方密切合作，加强互派留学生和哈瓦那大学孔子学院的建设工作，推动两国教育交流合作提高到新的水平；2008年11月，国家主席胡锦涛在古巴进行国事访问，看望在哈瓦那大学塔拉拉分校学习的1 100多名中国留学生；2009年8月，教育部部长周济和副部长郝平分别会见了古巴国务委员会官员、古巴政府单方奖学金项目总协调人里斯特·迪亚斯·卡斯特罗博士率领的古巴代表团一行，双方就中古教育交流深入交换了意见；2011年，古巴高等教育部、教育部的多位副部长访问中国教育部及教育机构；2014年，国家主席习近平出访古巴，双方签订了包括教育在内的多项协议；2016年10月，教育部副部长郝平会见了来访的古巴高等教育部副部长米莉安·阿尔比萨一行，郝平积极评价了两国在学生互换、语言教学等方面的交流与合作，对古方为中国培养3 000多名优秀人才表示感谢，阿尔比萨感谢中国政府向古巴青年提供来华奖学金，希望双方高校在联合科研、人才培养等方面加强合作；2019年10月，教育部部长陈宝生会见了来访的古巴共和国高等教育部部长萨博利多一行，双方就学生交换、语言教学、校际合作等议题交换了意见，会后，双方共同签署了《中华人民共和国教育部和古巴共和国高等教育部2019—2022年度教育交流协议》；2022年1月，中国驻古巴大使马辉会见古巴教育部部长贝拉斯克斯，双方高度评价近年来两国关系的发展成果，并就推动两国教育交流合作交换意见。

校际的教育团互访对于确立中古学校之间的教育交流合作有着重要的意义。进入21世纪以来，武汉大学、中国政法大学、重庆医科大学、西安外国语大学、北京语言大学、四川外国语学院、大连外国语大学、四川科技大学、青岛理工大学及北京市、甘肃省、山东省、深圳市等多个教育代表团前往古巴访问；深圳大学、西安外国语大学、重庆医科大学等与哈瓦那大学及哈瓦那医科大学等签订了校际交流合作协议，在联合培养、互派师生、共同承担科研项目等方面探讨合作；2019年4月，古巴共产党中央委员、比那尔德里奥省省委书记罗德里格斯率领古巴共产党代表团一行到访中国人民大学，双方就青年思想政治教育等问题进行交流；2020年，河北外国语学院教育代表团访问哈瓦那理工大学，双方达成了多项校际合作协议。

民间团体和非政府组织之间的交流也是促进中古教育合作中不可或缺的组成部分，例如，人民教育出版社代表团于2006年曾赴古巴考察当地的基础教育教材出版及远程教育教学的有关情况。

（二）互派留学生和教师

20世纪60年代，古巴为中国培训了约150名西班牙语留学生。1984年起双方恢复互派留学生。2004年11月，双方签署教育交流协议，中国每年向古巴提供30个留学生名额，派遣20名留学生赴古巴学习。2006年2月，双方商定将每年互换留学生名额由30个增至100个。自2006年起，古巴政府单方奖学金项目开始实施。截至目前，该项目已为中国培养了大量人才，为中古教育交流做出了巨大贡献。

2002年年底，哈瓦那大学成立汉语教学中心并开设第一个汉语班。2004年9月，中国派遣3名教师赴哈瓦那大学开展第一期汉语教学，为期1年。2005年9月，中国另派2名教师赴古开展第二期汉语教学合作。后同意第一、二期汉语教学工作延期，并再派2名汉语教师赴古开展第三期汉语教学项目。

中古双方通过互派留学生和教师促进了文化教育的交流与合作，为双方培养了诸多人才，促进了中古双边关系的发展。

（三）参加国际教育交流会议

参加国际教育交流会议是了解国外学术动态、交流教育科研成果的重要方式，中古双方在这方面互动频繁。2002年、2003年和2006年，第一、二、三届中古大学校长交流会分别在哈瓦那、北京和哈瓦那举行；2010年，中国教育部组织中国高校代表赴古巴出席第七届国际高等教育大会，期间中国教学仪器设备有限公司与会展示中国教学仪器设备，引起拉美地区各国与会代表的强烈兴趣；2019年11月，中国代表参加了在古巴哈瓦那举办的第二届国际基础教育研讨会，就"可持续发展与包容性教育"等议题展开了讨论；2021年2月，中国教育部副部长郑富芝出席了以视频形式举行的第十七届古巴国际教育会议，他强调了古巴和中国在教育领域的团结关系，同时提出了三项国际教育合作倡议——加强团结，深化交流，推动创新；2021年10月，古巴驻华大使卡洛斯·米格尔·佩雷拉·埃尔南德斯先生出席了在北京举行的第二十二届中国国际教育年会全体会议，会议由中国教育部部长怀进鹏主持，众多教育工作者和嘉宾参加了此次活动，共同交流了教育领域的新战略和最优实践经验，拓展了新的合作伙伴关系，并为全球挑战提供了优质创新的应对办法；在2022年2月举办的第十三届古巴国际高等教育大会上，中国驻古巴大使马辉出席了开幕式，表示中国愿同古巴继续深化高等教育领域合作。

（四）推广语言教学

语言是文化的重要载体，语言教学是中古教育交流的基础。中古双方早在20世纪60年代就开始了语言教学方面的交流与合作。在中文"走出去"方面，最重要的依托就是孔子学院，2009年古巴哈瓦那大学设立孔子学院，为向古巴民众传播中国文化、教授中文提供了重要媒介；同时，在西班牙语"引进来"方面，古巴也给予了中方积极的支持，推出了"古巴政府中国青年培训计划"，于2006年开始实施，该计划巩固了西班牙语作为第二语言教学的经验，是在古巴革命领导人菲德尔·卡斯特罗的倡议下发起的，其主要目标是进行综合培训，培养专业教师和优秀学员，起初仅在西班牙语领域开展，之后拓展到其他专业。[1]

（五）举办研修培训

研修培训对提高在职人员尤其是管理者的管理能力有着重要作用，中古双方在研修培训方面的教育合作非常丰富，形式多样，涵盖领域广泛。

古巴学员来华参加的研修班多由中国国家部委或者各省市的外事办负责，例如，工业和信息化部主办的"中古电动汽车研修班"、国家发改委主办的"古巴城市规划研修班"、农业农村部主办的"古巴农业项目设计管理研修班"、商务部主办的"古巴建筑项目管理研修班"、商务部主办的"古巴旅游企业管理研修班"、商务部组织的"大数据应用影响力和电信业务

---

[1] 维嘉. 古巴政府中国青年培训计划（2006年9月—2016年7月）[M]. 北京：外语教学与研究出版社，2016：3.

解析研修班"、自然资源部组织的"古巴石油天然气领域现代技术、方法和制度的合理应用研修班"、湖南省外事侨务办主办的"可再生能源研修班"等;在干部培训方面主要由国家或地方行政学院负责,例如,国家行政学院组织的"古巴干部能力建设研修班""古巴公共管理行政能力研修班""古巴经济增长及国有资产管理研修班"等、山东行政学院组织的中古干部教育培训研修班等;也有中国高校主办或者承办的研修班,例如,中国矿业大学主办的"古巴高等教育创新与研究、国际化及研究生教育研修班"、中央财经大学承办的"古巴中国对外贸易审计流程经验研修班"、北京交通大学承办的"古巴铁路机车运用管理海外研修班"等。

中国学员赴古巴参加的研修班类型也比较丰富,例如,在干部培训方面主要由古巴国家和政府高等干部学院负责,中国党政干部曾多次赴古巴接受培训;在教育方面中国学员曾多次参加研修班,例如,"思政课程建设研修班""古巴高等教育可持续发展管理海外研修班"等。

(六)进行学术科研合作

古巴是首个和中国签订技术合作协定的拉美国家。20世纪60年代,中古双方就展开了科技合作,当时的合作领域主要集中在石化、冶炼、甘蔗烟草种植、土壤研究等领域。1989年11月,双方签订了《中华人民共和国政府和古巴共和国政府科学技术合作协定》;1995年2月,双方签订了《中华人民共和国和古巴共和国文化、教育和科技合作协议》,为双方合作提供了制度保障。

从1990年3月起,双方举行了中国-古巴政府间科技合作混委会第一次会议,此后每两年举行一次会议。2021年12月,中国-古巴政府间科技合作混委会第十二次会议以视频方式举行,双方均表示愿意进一步开展紧密合作。近年来,中古两国在生物医药、数字电视、脑神经科学等领域的合作取得了务实成果，双方愿在"一带一路"科技创新行动计划框架下，创新合作机制，营造良好科研生态，凝练互利合作成果，加强科技人文交流。

2021年11月，由古巴高等教育部和古巴卡马圭大学主办的第二届国际科学技术大会举行，中国代表也参加了会议，在本次会议上首次增设中文为大会官方语言之一。

中古双方在学术交流方面成果丰硕。2006年7月，中国社会科学院拉丁美洲研究所成立古巴研究中心。中古双方政府都十分重视该研究中心，中国方面向该中心布置了多项课题研究任务，促进了中国对于古巴的了解；而古巴方面也经常在学术研究和促进中古关系方面和该研究中心开展合作并多次派遣代表团访问拉美所。

二、交流原则

（一）平等互利原则

作为世界上最大的发展中国家，中国始终不渝走和平发展道路，始终不渝奉行互利共赢的开放战略，愿在和平共处五项原则的基础上，同所有国家发展友好合作。中国同古巴开展合作也秉承着这样的原则。早在1987年9月中古双方签订《中华人民共和国政府和古巴共和国政府文化合作协定》中的第一条就明确提出："缔约双方同意在平等互利原则基础上，开展文化、艺术、教育、体育、科学、出版、广播、电影和电视方面的合作和交流"，在2001年4月中古双方签署的《中华人民共和国教育部和古巴共和国教育部、高等教育部教育交流协议》里指导原则的第一条也指出："双方应在平等和互利的基础上开展两国间的教育合作与交流"，这项原则成为双方开展教育合作的基本原则。

（二）互助共赢原则

中古双方始终坚持守望相助。在教育方面，既有中国向来华的古巴留学生提供的政府奖学金项目，也有古巴为支持中国中西部建设而向中国提供的古巴政府单方奖学金项目。这体现了中古双方对于彼此国家社会建设发展的支持与帮助；此外，面对新冠肺炎疫情的重大挑战以及其他困难，中国也积极伸出了援助之手，不仅多次提供抗疫物资，同时在教育方面也给予了古巴支持。中国与古巴分享电子通信技术的知识和经验，通过援助和商业融资等多种方式，支持古巴发展数字电视和宽带网络等基础设施，为古巴数字化转型做出了积极贡献，并主动同古巴交流线上教育的经验，促进了双方教育在新形势下的发展。

第三节 案例与思考

一、哈瓦那大学孔子学院

孔子学院是以传播中国语言文化、支持当地中文教学为基本任务的非营利性社会公益机构，是中外文化交流和各国人民学习中文的平台。哈瓦那大学孔子学院是古巴第一所孔子学院，也是目前古巴唯一的一所孔子学院，由北京语言大学和哈瓦那大学联合建立。中古双方于2007年10月签署合作协议，在双方签订的《中华人民共和国教育部与古巴共和国高等教育部、教育部2008—2011年度教育交流协定》中曾明确写明"中方继续支持在古巴哈瓦那大学汉语中心及其他古巴院校的汉语教学项目。中方将在力所能及的范围内通过各种资助方式向古方提供教学所需的书籍、资料和设备,并派遣汉语教师前往古巴任教。"[1] 在中古双方的共同推动下,哈瓦那大学孔子学院于2009年11月30日正式揭牌运营。

哈瓦那大学孔子学院刚开办就受到了古巴当地民众的热烈欢迎,当时开设了3个本科汉语班,2009—2010年学生注册人数为52人。开办不久学生人数便成倍增长,2010—2011年学生注册人数达225人,开班数达到6个,2011—2012年学生注册人数超过600人。2015年10月,孔子学院从哈瓦那大学校园内迁移到了中国传统文化氛围浓厚的哈瓦那老城华人街最繁华的地段,一栋2500平方米的四层小楼之内,办公区、教学区、活动区规划分明,从而使得办学场地更加宽敞,接收学生能力扩大,可以满足1000名学生的学习要求。截至2015年,哈瓦那大学孔子学院注册学员累计达2500人次之多;到2018年,已累计培训各类学员5000余人;2019年,共有注册学员1821名(包括长期班和各类短期班在内)。2020年12月,哈瓦那大学孔子学院为2019—2020学年的毕业生举行毕业典礼。自2009年成立以来,2020年是毕业生最多的一年,共有39名毕业生,包含在校学习了4年的21名青少年班学员和学习了6年的18名成人班学员。2020年由于新冠肺炎疫情影响,哈瓦那大学孔子学院暂停了线下课程,改为了线上授课,2021年12月,重新恢复了线下课程。自开办以来,哈瓦那大学的校领导和孔子学院的院领导曾组成高级别学术代表团数次访问中国,以共同开展学术科研活动,加强中古双方师生交流;中方代表也曾数次走访哈瓦那大学孔子学院,考察了解建设情况,并就孔子学院的未来发展交换意见;此外,孔子学院也接待了来自多个国家的外国代表团,互相交流经验,从而促进了哈瓦那大学孔子学院的发展。

哈瓦那大学孔子学院开设有成人班和青少年班,使用的主要教材分别为《新实用汉语课本》(1—6册)和《快乐汉语》,其他辅助教材还有《跟

---

[1] 资料来源于中华人民共和国教育部官网。

我学汉语》《体验汉语》《博雅汉语》等。其中，成人班学制为 6 年，分为以下级别：初级 1、初级 2、中级 1、中级 2、高级 1、高级 2，每班每周安排 6 个学时，每学期 96 个学时；青少年班学制为 3 年，分为以下级别：青少年 1、青少年 2、青少年 3，每班每周安排 3 个学时，每学期 48 个学时。此外，还有针对汉语考试（HSK/HSKK/YCT）的培训班、暑期短期培训课程（内容涵盖手工、书法、中医、历史、哲学、围棋、烹饪等多个方面）。目前，哈瓦那大学孔子学院除了在孔子学院本部开设了汉语学习课程以外，还在哈瓦那大学文学系、中华传统艺术馆（华人社团）、古巴武术学校、马坦萨斯省设立了教学点。

孔子学院领导层由古方执行院长、中方院长、副院长各 1 名组成；其师资由中方公派全职教师、古方全职教师、中方志愿者教师、古方兼职教师构成，总人数一般在 20 人左右；其他工作人员还包括行政管理人员、财务人员、后勤人员、网络信息管理人员、图书管理员等。

孔子学院除了教授汉语课程外还承办汉语考试、与社区机构合作建立中文课堂等，此外，它还定期举办丰富多彩的文化活动，例如，中国重要节日的庆祝活动、学术讲座、摄影和图片展览、放映中国电影和电视节目、组织汉语比赛等。中国驻古巴大使馆与古巴高等教育部每年共同举办"汉语桥"古巴预赛，并选派得奖者去中国参加世界"汉语桥"大赛。2020 年疫情期间，哈瓦那大学孔子学院学员在"汉语桥"大学生、中学生中文比赛拉美中心才艺大赛等比赛中获得 9 个奖项。

二、问题与思考

哈瓦那大学孔子学院经过将近 13 年的发展，注册人数从 50 多人增长到千百人，为古巴培养了大量中文人才。尽管成果喜人，但是孔子学院的发展也存在一些问题，主要表现在以下几个方面。

第一，师资方面的问题。如前文所述，汉语教师主要由中古双方全职、兼职和志愿者教师组成，一般总数在20人左右。如今学生注册人数能达到千人，但教师数量并未及时跟上，所以给教师授课也带来很大的压力。此外，教师队伍中能够长期全职任教的教师，尤其中方教师不足，而同时懂西班牙语的中方教师就更少了，其中的兼职教师和志愿者教师流动较大，使得教学的完整性和连续性受到削弱。就古巴本土中文教师而言，有相当一部分就是孔子学院的毕业生，虽然更加熟悉当地人的学习特征和困境，但他们的中文水平比较受限，也缺乏对中国文化的深入了解，尚不能完全满足学生学习中文的需求。因此，中古双方亟须共同努力建设一支优秀充足的师资队伍。

第二，硬件方面的问题。古巴仅有1所孔子学院，尚不能完全满足古巴民众对于汉语学习的需求。从设备配备上来讲，哈瓦那孔子学院和其他发达国家和地区的孔子学院相比还是比较落后的，多媒体教学主要依托的是电视机和录像机，而电脑使用较少，因为通信技术的建设对于古巴还是一个不小的挑战。新冠肺炎疫情使得线上教育的需求也随之加大，给古方带来的压力进一步加剧。哈瓦那大学孔子学院一度中断线下课程将近2年之久，直到2021年12月才开始恢复线下课程；此外，在教材图书资料和设备建设方面很多时候还需依赖中方的援助，这为开展中文教学带来很多限制。

为解决上述问题，可尝试以下改进措施。

第一，建立中古合作的中文教师培养机制。鉴于师资方面的问题，中古双方可以合作共同培养中文教师，例如，可设立有关奖学金项目，也可实现中方和古方大学合作进行联合培养中文教师的机制。目前，中国国内的西班牙语专业本科生从数量和质量上来讲都有了很大的提高，国际汉语教育专业发展也比较成熟。因此，可以考虑培养"西班牙语＋国际汉语教育"的复合型人才，然后输送到古巴进行中文教学。此外，在古巴有相当一部分华人华侨团体，孔子学院可以和当地华人华侨合作，从而补充师资力量，丰富教学形式。而就古巴本身而言，也可由政府加大对培养和培训本土中文教师的投入，比如，可聘请中国的国际汉语教育专家进行讲学，此外，可以酌情提高中文教师的薪资待遇水平以示激励。

第二，加强中古教育合作，以科技带动教育发展。由于美国封锁制裁和古巴自身通信技术发展的滞后，古巴教育中的多媒体手段运用受限，可以通过加强中古通信技术合作，特别是在教育方面的科技合作，从而革新教学手段，助推中文教育在古巴的开展。此外，中国可以加强在古巴孔子学院建设的投入，帮助改善设备设施，例如平板电脑资助等，同时加强中文教材的本地化建设，使中文教材更加符合时代发展的要求和古巴当地民众的需求，并加大对古的教材、图书、资料的援助。

综上，中古教育交流是从语言学习开始的，又是从语言学习强化的。前者指的是20世纪60年代中国派往古巴的首批西班牙语留学生，后者指的是21世纪哈瓦那大学孔子学院在古巴的落地与发展。语言是了解一国文化的重要载体和窗口，孔子学院为古巴人民了解中国提供了一个重要的平台。如今，汉语也在逐步进入古巴的国民教育体系，这是古巴人民对中文的学习由兴趣向专业迈进的一大飞跃。展望未来，中国和古巴在教育方面的合作将在"一带一路"倡议的框架下进一步加强和加深。中古都是社会主义国家，有着相似的被压迫的历史，同时面临着类似的机遇和挑战。在全球充满不确定性的今天，中古双方都将继续秉持平等互惠的原则，守望相助，共同推进科技、文化、教育向着互利共赢的方向发展。

结　语

古巴革命胜利后，采取了一系列重要的教育改革措施，聚焦初等教育、中等教育和高等教育领域，进行了若干次重要而深刻的教育改革，形成了符合国情、独具风格和卓有成效的教育发展模式，建立了公平、公正和优质的教育体制，塑造了以高包容性、高普及率和高质量为基本特征的教育格局，为教育体制乃至经济发展带来了深远的影响。

一、古巴教育改革的经验与特征

古巴的教育规模和质量居于第三世界国家前列，可与发达国家相媲美，探索古巴教育发展的成功之道对我国的教育改革具有一定的借鉴意义。古巴教育改革的成功主要得益于其卓越科学的教育改革理念、系统有序的教育改革规划、积极稳健的教育政策保障、充足持续的教育财政投入。此外，古巴的教育改革还比较重视产教融合发展、教师队伍建设和政治思想教育。

（一）秉持卓越科学的教育改革理念

古巴教育改革的成功首先得益于其兼顾公平与质量的卓越改革理念。第一，坚持教育公平。就其本质而言，古巴的教育发展模式是一种由国家主办、全社会参与、同劳动相结合、不断改革和创新的模式。该模式的核心是社会公正原则,即保证所有人都有平等的受教育机会。教育公平是社会公正原则在古巴教育改革过程中的具体表现。教育公平奠定了古巴教育改革的价值基础。古巴的教育公平主要体现在以下方面:各教育阶段入学机会的高度均等,从学前教育、初等教育、中等教育到高等教育阶段都保持较高的入学率;男、女入学机会的高度均等,在中等、高等教育阶段女性的入学率甚至高于男性;"教室内"的公平,即实行小班授课制;教育政策的公平,古巴政府的一贯政策是向农村、向底层、向困难和弱势群体倾斜。[1] 古巴将实现教育公平作为革命和社会主义建设的重要目标和任务,通过提高人们对教育的认识、发展各种形式的教育、加强教育立法等方式实现教育公平。优先发展教育,实行全面免费教育,缩小教育的区域、城乡、校际差距,展现了古巴政府对教育的责任和担当,全社会参与教育则体现了古巴人民对教育公平的热切关注。第二,追求教育质量。高质量教育是古巴教育改革的追求目标。在古巴的教育改革中,政府推出了一系列举措,旨在提高教育质量。例如,古巴政府针对片面追求入学率、忽视教育质量的问题积极进行政策调整,加强教师专业发展与教师队伍建设并在管理上给予教师人文关怀,都反映了古巴教育改革的质量诉求。

古巴教育改革的成功还得益于其与时俱进的科学改革理念。古巴政府决策层具有一定的前瞻性,将媒体和教育相结合,不仅拓宽了教育的普及面,而且使教育手段也变得多样化。此外,古巴也积极推进不同于传统教学模式的各种新型教育模式。

---

[1] 李木洲,张继明. 古巴教育发展"三步曲"及其启示 [J]. 世界教育信息,2009(5):68-71.

（二）实施系统有序的教育改革规划

古巴先后进行了三次较为重要的教育改革，分别在 20 世纪 60 年代、20 世纪 70 年代，以及 20 世纪末 21 世纪初。教育改革逐渐推进，逐步深化，形成了比较健全的工作规划体系。每次改革都具有明确的目标和坚实的基础。第一次改革主要聚焦于由扫盲运动主导的初等教育的普及和教学设施、资源的增加；第二次改革的重心是中等教育的普及和教学质量的提升；第三次改革主要涵盖增大教育投入、引入新技术新模式、普及高等教育。[1] 古巴教育改革在很大程度上是由政治格局变化所导致。古巴教育成就的取得，与其在政治历史转折点所采取的路线方针密不可分。例如，第二次教育改革主要是为了抵消 70 年代古巴介入非洲独立战争以及冷战后期苏联对古巴支援降低等一系列政治因素带来的负面影响。第三次教育革命的开展背景是苏联解体导致的国内经济危机，随后的经济美元化和旅游经济的开发也促使古巴政府对教育领域采取了相关措施以弥补其带来的负面影响。

（三）提供积极稳健的教育政策保障

纵观古巴教育改革历史，所取得的成就与古巴稳定的教育政策密不可分。自古巴革命胜利后，古巴领导人根据不同历史时期的基本任务和基本方针制定了不同的教育政策，这些政策既一脉相承又与时俱进，对古巴的教育实践起到了重要的规范和管理作用。例如，古巴政府 1960 年开始的扫盲运动，以规模大、时间短、成效显著而载入世界教育史册。为了使各级教育更好地满足国家经济发展的需要，使受教育者能成为国家的建设人才，古巴政府制定了《全国教育体系改进计划》。1978 年 11 月古巴第 14 届全国

---

[1] 吴孙沛璟. 1959 年后社会主义模式下的古巴教育革命 [C] // 中国环球文化出版社. 2019 年南国博览学术研讨会论文集（五）. 北京：中国环球文化出版社，2019：513-516.

代表大会上提出,到 1980 年,古巴工会将要使 100 万工人达到六年级教育水平,并在此基础上争取在 1985 年前打好"九年级战役",以便在 1990 年前使这些工人提高到十二年级教育水平。1986 年,古巴共产党第三次代表大会提出,应该把教育工作的重点及时从数量转到质量上来。菲德尔·卡斯特罗甚至指令全国开展"提高教育质量的革命"。[1]

(四)加大充足持续的教育财政投入

古巴领导人把发展教育事业作为革命的主要目标之一。教育是政府的一项重要工作,始终是经济和社会发展的优先考虑。无论经济情况如何,古巴政府都保持对教育的充分投入,这为教育事业的发展提供了物质保障。教育经费的高投入不仅是古巴教育得以迅速发展的前提条件,也是古巴全体公民享受教育平等的重要保障。革命胜利后至 20 世纪末,古巴为了大力发展教育事业,不断增加教育经费的投入力度。进入 21 世纪,古巴的教育财政投入比例持续提升。例如,2001 年,政府教育经费总额占国民生产总值的 9.0%,占政府支出的 16.8%;2002 年教育经费为 31.21 亿比索,占国内生产总值的 11.4%;2004 年用于教育的投入约占政府财政总支出的 20%,远远高于联合国教科文组织建议的 6% 这一比例。而当时世界其他地区教育经费比例是在 3.6%(拉丁美洲)和 5.9%(北美洲)之间。

(五)注重"双结合的"产教融合发展

古巴教育改革坚持教育与社会发展相结合、学习与劳动相结合。第一,坚持教育与社会发展相结合。古巴教育发展的最大成功之处就是把教育与

---

[1] 王承就. 古巴的教育公平论析 [J]. 理论月刊, 2015(7): 183-188.

社会发展紧密结合起来，注重培养学生的社会适应与实践操作能力，诸如教育与农业、教育与工业等有机结合，既锻炼了学生的动手能力和改造能力，又通过他们自己劳动所创的收入作为学校经费补给之用。古巴高等教育还强调把教学、研究和生产结合起来。第二，坚持学习与劳动相结合。这是古巴教育的一个特点和突出的成就之一。古巴宪法规定，教育的基础"是学习与生活、劳动和生产的密切联系"。古巴领导人认为，实行学习与劳动相结合的原则是为了将马克思关于人的全面发展的思想和马蒂关于如何教育古巴人民的理论付诸实践。

（六）重视高素质的教师队伍建设

古巴教育取得巨大的成绩与拥有一支高素质的教师队伍是分不开的。自 20 世纪 70 年代中期起，师资发展计划的重点便从数量的增加转向质量的提高。具体措施主要包括两个方面：一是大量兴建师范院校，以正规师范毕业生补充教师队伍；二是以多种形式培训在职教师，帮助他们提高水平，使他们早日成为合格的教师。古巴政府尤其注重培养青年教师，即使在经济困难时期也没有停止对青年教师培训的投入。古巴的教师具有高度的政治觉悟，广大教师的敬业和奉献精神是古巴教育获得成功的主要原因之一。

（七）加强社会主义政治思想教育

作为社会主义国家，培养新一代具有社会主义觉悟的青年对国家的命运、社会的发展至关重要。古巴宪法规定，国家教育政策的原则是"加强新时代的爱国主义教育和共产主义教育，培养儿童、青年和成年人的社会能力"。古巴共产党认为，只有继续坚持马列主义思想教育、何塞·马蒂思想教育和卡斯特罗思想教育，才能拯救祖国、拯救革命、拯救社会主义。[1]因此，古巴将学校教育视为开展马克思主义理论教育的主渠道和主阵地，其教育目标是改善国民整体素质，造就社会主义新人；其教育方针是学习与劳动相结合，使学生从小就养成进行创造性劳动的习惯，以培养全面发展的人才；充分动员共产主义青年联盟、少年先锋队员联盟、大学生联合会和中学生联合会等学生组织开展丰富多彩的政治思想教育。

二、古巴教育面临的挑战与举措

目前，古巴教育系统由学前教育、小学教育、初中教育、大学预科教育、职业与技术教育等五个教育子系统，初等教育、中等教育、高等教育等三个教育层次构成。尽管古巴教育已经取得了显著的成就和进步，但是因受到美国经济封锁政策、全球新冠肺炎疫情等因素的影响，古巴教育仍然面临诸多现实挑战。为此，古巴政府直面危机和挑战，采取了积极的应对举措。

（一）学前教育面临的挑战和举措

古巴学前教育主要针对6岁以下的儿童，包括机构式学前教育和非机构式学前教育两种类型。古巴学前教育系统面临的最大挑战是机构式学前教育资源有限，增加了通过机构渠道普及学前教育的难度。学前教育机构所需的物质资源、人力资源都意味着高昂的经济成本投入，也为保障学前教育质量带来了挑战。为此，古巴加强非机构式教育机构的建设，通过推出灵活性较高、适应性较强的"教育你的孩子计划"，弥补机构式学前教育资源不足的缺

---

[1] 李木洲，张继明. 古巴教育发展"三步曲"及其启示 [J]. 世界教育信息，2009（5）: 68-71.

陷；加强非机构式教育的系统培训，通过对各级相关人力资源的跨部门、多样化、针对性、持续性培训；加强非机构式教育的系统监测，对"教育你的孩子计划"的质量给予极大关注，确保项目质量得以提高、实施得以优化、优先项得以确定。此外，由于政府开办的学前教育机构无法满足国内所有适龄儿童的学前教育需要，古巴公共卫生部、劳动和社会保障部授权开办和负责监管私立托儿所，允许其在私人场地接收学龄前儿童。

（二）基础教育面临的挑战和举措

古巴基础教育包括初等教育、中等教育两个层次。古巴基础教育面临提高师资数量和质量的双重挑战。尽管近年来古巴小初高的任课教师数量有所回升，但是该问题并未得到根本性解决。为此，在进入21世纪后，古巴采取了一系列措施增强基础教育的师资力量，加强了小学教师和初中教师师范教育的力度。同时，古巴于2014年开展第三轮《全国教育体系改进计划》，针对基础教育教师数量不足的问题采取了返聘退休老教师、聘请合同制教师、采取差异化教学方式提高师范生培养效率等灵活的应对措施。在提高基础教育教师数量的同时，古巴还通过鼓励师范毕业生继续深造、修订各级学校培养方案、创新教师教学指导理念与方法等途径提升教师教学质量。此外，古巴基础教育还面临高中在学率较低以及地区性不均衡发展的问题。为此，在第三次教育体系改革中，古巴政府将初中生的继续升学问题作为工作重点之一，鼓励九年级毕业生到包括职业与技术学校在内的学校继续学习。

（三）高等教育面临的挑战和举措

古巴高等教育包括本科教育和研究生教育，以培养国家发展所需的高级专业人才。在新冠肺炎疫情的影响下,古巴高等教育机构面临极大挑战,高校的资金和行政管理能力、远程教育能力、师资力量储备、课程设置灵活性等各方面都受到了考验。中国政府重视高等教育,主动加强同世界各国的互容、互鉴、互通,深入参与全球重大教育行动与教育治理。为此,古巴通过深化同中国高等教育领域的合作,共同应对疫情背景下高等教育的危机和挑战。

(四)职业与技术教育面临的挑战和举措

古巴职业与技术教育主要针对初中毕业生和在职工人,以校企融合为主要培养途径,为国家培养合格的熟练工人和中级技术人员,促进国家经济社会发展。古巴政府十分重视职业与技术教育,形成了多级别、多学科、多形式的职业与技术教育体系。美国对古巴的封锁政策已持续了60余年,严重影响了职业与技术教育发展。而面对新冠肺炎疫情的冲击,古巴经济发展再次受到阻滞,职业与技术教育也受到了负面影响。面对不断变化的国内外形势和经济社会需求,古巴部分地方职业与技术教育机构结合当地特点,在每学年重点招收需求量大的行业所需专业的学生,同时根据需求试行和增设新专业。由于资源匮乏,古巴政府更加重视职业与技术教育附属课堂的建设,通过拉近附属课堂与职业技术学校的距离,让学生有更便捷的学习体验。同时,政府还为适龄的相关专业学生提供直接就学的机会。

(五)成人教育面临的挑战和举措

自革命胜利以来,古巴成人教育始终响应国家和地方对青年与成人的教育需求,形成了独立且庞大的成人教育体系,实现了从扫除文盲到深入提高全民文化水平的教育目标。古巴成人教育在新的发展时期仍面临新的挑战。首先，古巴成人教育各级别课程设置亟须与科学进步发展保持紧密联系。古巴成人教育积极响应国家政策，在课堂中安装信息化设备，并鼓励教师改变授课方式，多使用高科技产品，为学生传授与科技相关的知识，帮助青年与成人适应日益变化的时代。其次，成人教育亟须协调国家各部门、社区和人民群众之间的关系，发展更多样的成人教育形式，提高社区在成人教育中的作用。古巴积极响应联合国教科文组织发布《教育 2030 行动框架》，坚持落实提高教育质量、促进教育公平、提倡终身学习、推进性别平等和机会均等等理念。

（六）教师教育面临的挑战和举措

古巴教师教育旨在为古巴所有教师提供有效的培训，以适应学校和学生的要求和需要。尽管古巴的教师教育已得到充分重视与发展，但在师资力量上仍面临挑战。为此，古巴各学校通过返聘退休教师、聘请合同制教师、聘请非师范类专业的大学生、提升师范生培养效率等来缓解教师数不足的情况。为推广各级各类教育事业的发展和提高教育质量，古巴政府一贯重视师资力量的培训工作，但是古巴教师在教育学相关知识上的培训尚不足，在科学方法论上的学习还有待提升。古巴各级教材包容性不足，与实际生活联系不紧密；教材内容不足以激发学生的学习兴趣。为此，古巴政府对各级教育机构使用的教材进行优化升级，与时俱进增加新内容，更加彰显教材包容性；以更加风趣幽默的语言编写教材，激发学生的探究兴趣，增强教师的教学效果。古巴教师对信息科技的掌握尚不足，在教学中不能充分使用信息设备。为此，古巴政府继续坚持在各级院校中安装平板电脑等信息技术设备，支持教师运用高科技手段辅助教学。

三、古巴教育体制的问题与反思

当今世界正经历百年未有之大变局,许多事情正处在发展变化过程中,古巴的教育也处于大变革期。古巴教育管理体制和教育投资体制改革将在很大程度上取决于古巴政治、经济和社会形势的发展变化。

(一)教育管理体制的问题与反思

古巴现行的教育体制基本是参照苏联的模式建立的,适应了古巴当时高度统一的中央集权政治制度和高度集中的一元化经济体制的实际需要,使得古巴在教育上取得了举世瞩目的成就。但是这种教育体制本身仍然存在诸多问题。例如,这种体制无法及时适应不断发展变化的政治经济形势。未来古巴社会可能会面临市场经济准入的转型,在没有国家的导向及控制的情况下,古巴教育政策能否继续维持其一贯性?未来古巴政府是否继续垄断教育事业?如若不是,哪些组织将会成为政府的合作伙伴?古巴的教育体制能否继续吸引、鼓励具有较高教育素养的个人为教育系统服务?现行的教育体制如何从由国家及政党控制转向向外发展的与海外一致的教育目标与教育内容?[1] 以上有关古巴教育管理体制的深层次问题值得深究。

(二)教育投资体制的问题与反思

古巴政府高度重视教育事业,一贯坚持对教育进行高投入。一方面,在社会对教育的需求日益增加且国家总体资源不足的状况下,继续采取对教育的高投入模式有可能会导致国家的资金入不敷出。另一方面,增长过

---

[1] 毛相麟. 古巴教育是如何成为世界第一的——古巴教育发展模式的形成和特点 [J]. 拉丁美洲研究,2004(5):41-49+64.

快的教育投资必然会减少生产投资并影响经济发展。尽管国家对教育的高投入保证了教育的质量,但从长远发展角度看,生产投资与教育投资比例失当,教育投资的经济效益不佳会潜在影响古巴的经济发展。教育投资体制改革会影响到对教育的投入与对教育资源的分配,从而制约着古巴的教育发展。[1]因此,如何改革古巴教育投资体制亟待深究。

四、中古两国教育交流合作的对策与建议

中古文化教育交流源远流长,合作基础深厚,合作日益密切。在新时代,中古两国亟需进一步加强教育领域的交流合作,互惠学习,取长补短,促进双方教育事业的共同进步与发展。

(一)深化互惠学习理念

当今世界格局复杂多变。中国适时提出了构建人类命运共同体的宏伟理念。然而,在人类命运共同体所勾勒的美好图景背后,单边主义、极端主义、恐怖主义不断抬头,铤而走险,逆势而为。个体之间、组织之间、国家之间、区域之间,总是同时伴随着合作与冲突。在此背景下,命运互联互通的共同体内部成员如何寻求共识、共融和共存?互惠学习的作用与价值得以彰显,愈发地不容忽视。互惠学习是一种跨个体、跨组织、跨国家、跨区域的学习模式,更是一种跨语言、跨文化和跨文明的学习模式。近些年,日益频繁的国家与国家、国家与双边组织、国家与多边组织之间的人文交流,便可视为文明互惠互鉴的明证。互惠学习的功能不止步

---

[1] 毛相麟. 古巴教育是如何成为世界第一的——古巴教育发展模式的形成和特点[J]. 拉丁美洲研究, 2004 (5): 41-49+64.

于"模仿",更在于引发创生与革新。教育是承继前人文化的过程,同时也是文化创生、不断产生预期和不可预期的种种特殊事件的过程。一个国家、一个民族,唯有善于参与互惠学习,才能创设出扎根本土的、具有本国特色教育模式。[1] 中古友好关系源远流长,自建交以来,两国高层来往不断,党际合作日益密切,经贸合作发展势头良好,各领域合作交流不断深化。同为社会主义国家,中古两国在政治体制、教育体制等诸多领域均存在互惠互鉴的空间。未来,中古两国应深化互惠学习理念,增进教育互惠交流。

(二)秉承平等互利原则

作为世界上最大的发展中国家,中国始终不渝走和平发展道路,始终不渝奉行互利共赢的开放战略,在和平共处五项原则的基础上,同所有国家发展友好合作。古巴自然也不例外。自20世纪80年代两国关系正常化以来,中古两国多次签订文化教育方面的合作协议。1987年9月中古双方签订的《文化合作协定》明确提出:"缔约双方同意在平等互利原则基础上,开展文化、艺术、教育、体育、科学、出版、广播、电影和电视方面的合作和交流。"进入21世纪,中古不断对年度教育交流协议进行续约,不仅为两国教育交流提供了制度保障,也使得两国教育始终保持良性的交流状态。2001年4月中古双方签署的《教育交流协议》也明确指出:"双方应在平等和互利的基础上开展两国间的教育合作与交流"。由此可见,平等互利原则已经逐渐成为中古两国开展教育交流与合作的基本原则。在平等互利原则的指导下,中古两国教育交流与合作得到了长足的发展。例如,在留学生教育方面,两国均向对方留学生提供政府奖学金项目,为留学生活提供大力支持与帮助。在线上教育方面,中国通过援助和商业融资等多种方

---

[1] 李明. 互惠学习之教育哲学省思 [M]// 王定华,秦惠民. 北外教育评论:第1辑. 北京:外语教学与研究出版社,2019:218-222.

式，支持古巴发展数字电视和宽带网络等基础设施，促进古巴的数字化转型；主动同古巴交流在线教育的成功经验，促进古巴在线教育的可持续发展。未来，中古两国应继续秉承平等互利原则，加深教育交流与合作。

（三）拓宽交流合作渠道

中古双方自建交以来，教育合作日益密切，交流合作渠道广泛。中古双方开展教育代表团互访，融合政府委派模式、校际交流模式、民间团体和非政府组织间交流模式；互派留学生和教师，培养教育交流人才，促进双边关系发展；举办国际教育交流会议，增加双方互动交流频率；推广语言教学，促进双方教育交流；举办研修培训，丰富合作内容，创新合作形式，拓宽涵盖领域；进行学术科研合作，产出学术交流成果。进入 21 世纪，中古双方在科技、文化、教育方面的往来不断加强。中国和古巴开始积极探索教育领域合作的新内容和新形式，中古教育交流与合作进入了新的发展时期。未来，中古两国应该以建交 60 周年为契机、以中国古巴文化交流中心等组织机构为纽带，促使两国人民相互借鉴，增进友谊，加深理解。

参考文献

一、中文文献

本书编写组．习近平总书记教育重要论述讲义 [M]．北京：高等教育出版社，2020．

陈逢华，靳乔．阿尔巴尼亚文化教育研究 [M]．北京：外语教学与研究出版社，2021．

陈岚．开启加勒比海的金钥匙——古巴 [M]．杭州：浙江工商大学出版社，2021．

冯平，刘东岳，牛江涛．世界近代文学简史 [M]．北京：中国环境科学出版社，2006．

冯增俊，陈时见，项贤明．当代比较教育学 [M]．2版．北京：人民教育出版社，2015．

戈特．古巴史 [M]．徐家玲，译．北京：中国大百科全书出版社，2013．

顾明远．顾明远教育演讲录 [M]．北京：人民教育出版社，2014．

顾明远．教育大辞典：第12卷 [M]．上海：上海教育出版社，1992．

顾明远．教育大辞典：增订合编本（上）[M]．上海：上海教育出版社，1998．

顾明远．世界教育大事典 [M]．南京：江苏教育出版社，2000．

国家信息中心"一带一路"大数据中心．"一带一路"大数据报告（2017）[M]．北京：商务印书馆，2017．

何霖俐．中国与拉丁美洲留学人员交流与培养：回顾、现状与展望 [M]．北京：中国社会科学出版社，2018．

贺国庆，朱文富，等．外国职业教育通史 [M]．北京：人民教育出版社，2014．

黄雅婷．塔吉克斯坦文化教育研究 [M]．北京：外语教学与研究出版社，2021．

教育部课题组．深入学习习近平关于教育的重要论述 [M]．北京：人民出版社，2019．

卡斯特罗．卡斯特罗言论集：第2册 [M]．北京：人民出版社，1963．

卡斯特罗．历史将宣判我无罪 [M]．史之，译．北京：世界知识出版社，2003．

李洪峰，崔璨．塞内加尔文化教育研究 [M]．北京：外语教学与研究出版社，2021．

刘辰，孟炳君．阿联酋文化教育研究 [M]．北京：外语教学与研究出版社，2021．

刘迪南，黄莹．蒙古国文化教育研究 [M]．北京：外语教学与研究出版社，2021．

刘捷．教育的追问与求索 [M]．北京：人民出版社，2021．

刘捷．专业化：挑战21世纪的教师 [M]．北京：教育科学出版社，2002．

刘进，张志强，孔繁盛．"一带一路"高等教育研究（2019）：国际化展望 [M]．北京：北京理工大学出版社，2020．

刘欣路，董琦．约旦文化教育研究 [M]．北京：外语教学与研究出版社，2021．

卢晓中．比较教育学 [M]．北京：人民教育出版社，2020．

陆有铨. 教育的哲思与审视 [M]. 北京：人民教育出版社，2016.

秦惠民. 教育法治与大学治理 [M]. 北京：人民出版社，2021.

任钟印. 东西方教育的覃思 [M]. 北京：人民教育出版社，2017.

石筠弢. 学前教育课程论 [M]. 2 版. 北京：北京师范大学出版社，2014.

滕大春. 教育史研究与教育规律探索 [M]. 北京：人民教育出版社，2019.

王承绪，顾明远. 比较教育 [M]. 5 版. 北京：人民教育出版社，2015.

王定华，秦惠民. 北外教育评论：第 1 辑 [M]. 北京：外语教学与研究出版社，2019.

王定华，杨丹. 人类命运的回响——中国共产党外语教育 100 年 [M]. 北京：外语教学与研究出版社，2021.

王定华. 教育路上行与思 [M]. 北京：人民出版社，2020.

王吉会，车迪. 刚果（布）文化教育研究 [M]. 北京：外语教学与研究出版社，2021.

王晶，刘冰洁. 摩洛哥文化教育研究 [M]. 北京：外语教学与研究出版社，2021.

维嘉. 古巴政府中国青年培训计划（2006 年 9 月—2016 年 7 月）[M]. 北京：外语教学与研究出版社，2016.

吴式颖，李明德. 外国教育史教程 [M]. 3 版. 北京：人民教育出版社，2015.

习近平. 论坚持推动构建人类命运共同体 [M]. 北京：中央文献出版社，2018.

习近平. 习近平谈"一带一路" [M]. 北京：中央文献出版社，2018.

徐世澄，贺钦. 古巴 [M]. 北京：社会科学文献出版社，2018.

杨汉清. 比较教育学 [M]. 3 版. 北京：人民教育出版社，2015.

杨鲁新，王乐凡. 北马其顿文化教育研究 [M]. 北京：外语教学与研究出版社，2021.

袁世全. 誉称大辞典 [M]. 上海：汉语大词典出版社，2002.

曾昭曜，石瑞元，焦震衡. 战后拉丁美洲教育研究 [M]. 南昌：江西教育出版社，1994.

张方方，李丛. 安哥拉文化教育研究 [M]. 北京：外语教学与研究出版社，2021.

张弘，陈春侠. 乌克兰文化教育研究 [M]. 北京：外语教学与研究出版社，2021.

郑通涛，方环海，陈荣岚. "一带一路"视角下的教育发展研究 [M]. 广州：世界图书出版广东有限公司，2017.

朱睿智，杨傲然. 莫桑比克文化教育研究 [M]. 北京：外语教学与研究出版社，2021.

二、外文文献

GUERRA R. Historia de la Nación Cubana: tomo VII[M]. La Habana: Editorial Historia de la Nación Cubana, S.A., 1952.

MARTÍ J. Obras completas: volumen 19[M]. La Habana: Editorial de Ciencias Sociales, 2011.